《说文解字》法律语域词语
与中国古代法律文化

李清桓　著

上海古籍出版社

图书在版编目(CIP)数据

《说文解字》法律语域词语与中国古代法律文化／
李清桓著. —上海：上海古籍出版社，2017.11
ISBN 978－7－5325－8548－9

Ⅰ.①说… Ⅱ.①李… Ⅲ.①汉字－古文字学－研究
②法律－文化－研究－中国－古代 Ⅳ.①H161
②D909.22

中国版本图书馆 CIP 数据核字(2017)第 186489 号

海南省社科博士点建设课题［HNSK(B)12－3］

《说文解字》法律语域词语与中国古代法律文化
李清桓 著
上海古籍出版社 出版发行
(上海瑞金二路 272 号 邮政编码 200020)
(1) 网址：www.guji.com.cn
(2) E-mail：gujil@guji.com.cn
(3) 易文网网址：www.ewen.co
启东市人民印刷有限公司印刷
开本 890×1240 1/32 印张 8.625 插页 2 字数 209,000
2017 年 11 月第 1 版 2017 年 11 月第 1 次印刷
印数 1—1,050
ISBN 978－7－5325－8548－9
K·2359 定价：32.00 元
如有质量问题,请与承印公司联系

目　录

引　言

　　语言是人类最重要的交际工具,随着社会发展变化而发展变化。法律语言是人类语言的变体或分支,因法的产生而形成,扩大了语言的交际功能,同时亦促进、完善法的制定和执行。汉语法律语言的产生、发展与变化既与汉语发展变化紧密相关,又与中国法制的产生和法律活动紧密相连。法律词汇是构成法律语言最重要的部分,最能迅速反映法制和法律活动发展变化的情况,"法律与社会生活的密切程度,要远远大于一个时期内的经书"①。我国上古时期由于法律活动较为简单和单纯,法律词语散见于历史人物言谈和事件中,未作系统整理、归纳和考释,虽然《尔雅》存有"法律活动使用领域的词语共 14 条 72 个词"②,但那主要是为了通经的便利而作的简单纂集和释义,未能分门别类,亦未明示意义来源。《说文解字》(简称《说文》)是东汉许慎所撰,收字 9 353 个,为我国第一部分析字形、解读字音、探求本义的字典,由于上古汉语词汇以单音节词为主,因此《说文》是我国词典最早的雏形。以《说文》为研究对象,揭示其法律词汇面貌与语义的成果,有白琬琳的硕士学位论文《说文解字法律词语研究》。此论文揭示《说文》所蕴含的法律词汇面貌以及所反映法

---

① 王宁:《训诂学原理》,中国国际广播出版社,1996 年,第 195 页。
② 潘庆云:《中国法律语言鉴衡》,汉语大辞典出版社,2004 年,第 50—51 页。

律文化内涵,但是作者未能深入、全面地考释《说文》法律词义产生与变化,对其文化的阐释亦不多。《说文》是我国古代文化的宝库,古今学者极为重视《说文》所储存文化元素,大力发掘其所反映文化类别,如臧克和的《〈说文解字〉的文化解说》、王平的《〈说文〉与中国古代科技》、黄宇鸿的《〈说文解字〉与民俗文化研究》等专著。

　　《说文》汇集了众多的法律语域的词语(简称法律词语)。"语域—指语体,一指语言应用领域。语体,已有专词表示;语域,还是不指语体为宜。我们这里所说的语域就是指语言应用语域。"①我们采用张志毅观点:"语域就是指语言应用语域。"张志毅从社会语言学三个角度,划分三种语域变体,其中从社会行业角度得出行业语言变体(主要是术语),如法律语言、商业语言、政治语言等。《说文》所收的法律词语有下面一些特色:第一,收录一些法源词,即本义为法律意义的词,同时对其中部分法源词的理据进行简单解说;第二,一些法律词语,在古代文献中未见用例,仅见之于《说文》,有助于我们较为全面地了解上古法律词汇面貌;第三,《说文》所收一些法律词语的词形更能表明当时人对法律的认识,之后所换用的另一词形,反而在一定程度上模糊古人对法律的看法;第四,《说文》所收的单音节法律词,由于汉语词语双音化,随后降格为双音词的一个语素,所构成的众多的双音词依然是法律语词,且该双音词的词义取决于《说文》所收的单音词的意义,即便一些单音法律语域词后来未能成为法律语词,演变为全民语域的词,也可从中看到法律词的构词能力的强大或者法律文化深远而巨大的影响。

　　语言不仅本身是文化,且是传承文化之舟。《说文》显示古代法律文化主要通过以下方面:第一,许慎对字形的解构及注释

---

① 张志毅、张庆云:《词汇语义学》,商务印书馆,2005 年,第47—48 页。

用语,特别是因为其编排体例是"据形系联""分别部居""不相杂厕",故《说文》归于同一部首的法律词汇集中地体现了古代法律文化某一类别,甚至比较精细地反映了古代法律活动程序的先后。第二,《说文叙》曰:"博采通人,至于小大,信而有征。"《说文》引用了较多法律语料,这些语料不仅能与古时语料相互参证,且能反映古代法律制度产生和变迁。第三,许慎注释词的意义,有时不注词的本义,而是注释该词的法律意义,此举目的在于强调该词的法律意义与法律文化内涵。第四,许慎运用同训、递训等注释方式,强调词的法律语义类别与法律文化,即用相同的法律词语注释不同词语,从而把相类法律词语贯通,提示我们这一系列词所蕴含的法律语义与法律文化。

总之,我们由《说文》之法律词以及许慎的注释可以窥见汉语词语与意义的发展变化和系统性,且较之其他文献,《说文》更汇聚性、系统性、明晰性、客观性地反映了我国古代法律词语与法律文化。诚然,《说文》释义的主要倾向是探求词的本义,但不是对所收每个词的本义进行了探讨,所释的词义为常用义或文化义;另外《说文》所释词的义项大多是一个,因此未能全面显示全民语域义项和法律语域义项;又《说文》所收录的词本是法源词,但是所释的义项不是法律语域意义,因此在一定程度上,《说文》未能全面揭橥古代法律词语语义和古代法律文化,但是我们可凭借古代文献、古人注解语料和传统语言学、认知语言学等理论与方法考释出其法律语域意义及古代法律文化内容。

古今学人在法律语言研究尤其是在法律词汇、语义等方面的研究,迄今硕果累累。无论是法律语言本体研究的成果,还是应用研究方面的成果,皆为构建汉语法律语言学的大厦做出了巨大贡献。他们运用的理论与方法多样,主要使用传统语言学、当代认知语言学、语用学等理论和方法来探究法律词语意义来源、词义演变、词语的组合规律、法律词语使用规则、法律词汇系统性等内容。这些成果有的通过专著、学位论文等形式以求全面、系统展现;有的通过单篇与系列论文形式而呈现某个专题研究。如清代沈家本主要采用训诂学的考据方法对法律词语进行考证,也探讨法律词语演变途径,辨析法律同义词,阐释法律制度与法律文化的发生与变迁,其代表作是《历代刑法考》;近人程树德的《九朝律考》,亦是搜罗宏富语料,阐释法律词语语义,展示法律制度发展变迁;潘庆云的著作《中国法律语言鉴衡》初步勾勒汉语法律语言发展的历史分期,在专门的章节中论述了汉语法律词汇特征;李振宇的《法律语言学新说》虽不是专门研究汉语法律语言的成果,但是对法律语言学的"法律术语""法律词语""法律用语"进行界定与辨析;董志翘先生的《〈唐律疏议〉词语考释》①一文,考释了绝时、阑遗、铺、手实、跞跌(折跌、蹉跌)、相须(不相须)、指斥等 10 个法律词语;还有邓海荣、冉启斌、王启涛等人主要运用传统训诂学方法对中古法律词语意义进行探究,王东海的《古代法律词汇语义系统研究——以〈唐律疏议〉为例》②一书,则"基于训诂学原理,结合西方结构语义学和认知语义学理论,从具体材料的整理、分析、描写中归纳了许多符合汉语特点的法律词汇语义理论,并着力探索了训诂学语义理论与西方语义理论的沟通"。对汉代及以前法律词汇词语意义进行系统研究有:魏德胜(2003 年)的专著《睡虎地秦简词汇研究》、李明晓(2003年)的硕士论文《〈睡虎地秦墓竹简〉法律用语研究》、李娟(2006年)的博士论文《〈汉书〉司法语义场研究》、沈刚(2008 年)的专著《居延汉简词语汇释》、郝慧芳(2008 年)的博士论文《张家山汉简词语通释》、李丰娟(2011 年)的硕士论文《秦简字词集释》、

---

① 董志翘:《古籍整理研究学刊》,2003 年第 1 期。
② 王东海:《古代法律词汇语义系统研究——以〈唐律疏议〉为例》,中国社会科学出版社,2007 年。

宋培超（2014年）的硕士论文《尹湾汉墓简牍集释》等。筚路蓝缕，以启山林，刘村汉先生曰："前人同类论著，既是一种资源、一种昭示、一种借鉴，也是一种挑战。"①前贤时彦的工作对我们启发很大，可助之处弥多。故在充分借鉴基础上，我们主要择取、归纳、考释《说文》中法律词语，显示法律词汇系统性，探索法律语义形成和变化，揭示其蕴含的法律文化内容。

本文拟采用的主要理论和方法简述如下：

第一，传统训诂学理论和方法。王宁继承并发展了众多学者的训诂学理论和方法，其集大成之作是《训诂学原理》。王宁在该书中条分缕析地阐述了词义的引申规律、词义引申义列、本义——造意与实义、类聚与场、词源原理等内容。关于词义发展，王宁提出两种词义引申规律：一种是理性的引申，它又分为同向、异向两种。同向引申包括：时空的引申、因果的引申、动静的引申。异向引申包括：施受的引申、反正的引申。另一种引申是状所的引申，它又细分为：同状的引申、同所的引申、通感的引申②。高守刚则提出了词义引申规律中的两种相反趋势，一种是从具体到抽象，从个别到一般；一种是抽象到具体，从一般到个别③。其实，词义反映人类认知的方式和结果，人类认知发展以连续的递进的方式发展，即前一阶段（起点）具体（个别）的认知发展到抽象（一般）的认知，下一阶段（起点）的认知是建立在前阶段的抽象（一般）认知上，进而变为具体（个别），即具体（个别）和抽象（一般）是相对的，故可以说词义引申既能从具体到抽象，从个别到一般，也可从抽象到具体，从一般到个别。

---

①　见黄宇鸿：《〈说文解字〉与民俗文化研究·序一》，广西师范大学出版社，2010年，第1页。

②　王宁：《训诂学原理》，中国国际广播出版社，1996年，第55—58页。

③　高守刚：《试论词义引申的两种相反趋势》，《天津师范大学学报》，1984年第5期。

第二,并置理论。"并置理论认为:某些词与另外一些词之间具有相关语义联系。并置理论(collocational theory)研究的是词汇之间的搭配关系,也可以说它研究的是相关词汇之间的一种或然关系。并置,也叫搭配,是指语言中的某些词习惯上连在一起使用;是指一类词和另外一类词之间具有同现关系(co-occurrence)。"①换言之,具有相关词义的词会经常连用或邻用,这是从显性的、静止的角度而言,其实从逆向、动态、变化、语用角度而言,连用或邻用的词语之间的语义可能相互影响,"观其伴而知其意"(You shall know a word by the company it keeps),"近朱者赤,近墨者黑",这在词语之间亦如此。在并置的框架中,词义会发生变化,对此较多学者提出了自己看法,如蒋绍愚的"相因生义"说、江蓝生的"类同引申"说、伍铁平的"词义感染"说、张博的"组合同化"说等②。胡敕瑞的"格式同化"说和"反流"说认为③,上述关于词义产生的原因并非由于引申,因为引申义都是从本义发展出来的意义,如"轮渡"之"轮"具有"船"义,是从并置框架"轮船"中产生,并非从"船"引申来。

第三,语义场理论。语义场理论,究其实乃是一种分类理论、范畴论。中国古代学者虽未明确提出语义场理论,但在哲学上和训诂实践、训诂材料纂集、字典辞书的编纂上体现了古人对词汇语义系统性的"类义关系"看法。杨端志先生曰:"中国传统训诂

---

① 李福印:《语义学概论》,北京大学出版社,2007 年,第 107 页。
② 蒋绍愚:《古汉语词汇纲要》,北京大学出版社,1989 年,第 82—87 页;江蓝生:《相关语词的类同引申》,载江蓝生:《近代汉语探源》,商务印书馆,2002 年;张博:《组合同化:词义衍生的一种途径》,《中国语文》,1999 年第 2 期;伍铁平:《词义的感染》,《语文研究》,1984 年第 3 期。
③ 胡敕瑞:《〈论衡〉与东汉佛典词语比较研究》,巴蜀书社,2002 年,第 179—185 页。

学解释词义的最大特点就是'类'观念。"①古代专著最具代表性的是《尔雅》和《说文》，拙文就从法律词汇语义内容来关照《说文》的语义场，即以许证许。

　　第四，二重证据法。王国维创立的"二重证据法"，即运用"地下之新材料"与古文献记载相印证。由于许慎当初未能见到甲金文与后来出土的简牍材料，因此在《说文》中对字形解析主要依据小篆，故对许多词的本义解释不妥当。本文援引较多的甲金文字形来阐释词的本义，同时我们也尽可能引用出土的简牍文献作为书证。

　　第五，文化语言互证方法。语言并非自足，会受到外部因素的影响。虽然文化与语言有时并非具有明显的一一对应关系，但千丝万缕的关系始终是存在的。语言中的词语最能迅速反映文化，文化的内涵亦渗入词义。今天，研究文化与语言之间关系，形成专门的文化语言学。罗常培的《语言与文化》②是我国最早、最具系统性研究语言与文化关系的专著，该书示人以门径，详细阐述了理论和方法，涉及"语源和演变""造词心里""文化和语言相互影响"等内容，亦教导我们"对于语义研究不应墨守传统的训诂学方法"，同时该书列举了《说文》中许多词以论证语言与文化的关系。本文亦将沿着罗常培的理论和方法，揭示《说文》中法律词语、许慎的注释及引用的文献所反映法律文化，同时也探究古代法律文化对词义的影响。

　　第六，典型范畴理论。认知语言学强调对语言现象本质的理解，在典型范畴中"显著性"起着十分重要的作用，典型范畴的典型成员通常具有"显著性"，最容易被辨认和提取。本文提取法

---

　　①　杨端志：《词汇词义研究的差异与互补》，载《民俗典籍文字研究》（二），商务印书馆，2005 年，第 66 页。
　　②　罗常培：《语言与文化》，北京出版社，2003 年。

律词语参照典型范畴理论。

本文研究参考的主要语料、工具书：

本文研究的语料与参考论著除下面所说明外，其他参考的语料，绝大多数在正文中或者以脚注形式注明，故本文不再列主要参考文献目录。

第一，本文依据的底本是中华书局影印本《说文解字》（1963 年 12 月第 1 版，1999 年第 17 次印刷本），并参考汤可敬的《说文解字今释》（1997 年 7 月第 1 版）。

第二，出土简牍语料：

1.《睡虎地秦墓竹简》，睡虎地秦墓竹简整理小组，文物出版社，1990 年。

2.《里耶秦简校诂》，王焕林，中国文联出版社，2007 年。

3.《岳麓书院秦简》（壹、贰、叁），朱汉民、陈松长主编，上海辞书出版社，2010 年—2013 年。

4.《龙岗秦简》，中国文物研究所、湖北省文物考古研究所，中华书局，2001 年。

5.《张家山汉墓竹简》，张家山二四七号汉墓竹简整理小组，文物出版社，2006 年。

6.《银雀山汉简整理报告》，银雀山汉墓竹简整理小组，文物出版社，1985 年。

7.《中国简牍集成·居延汉简》（第 5—12 册），中国简牍集成编辑委员会，敦煌文艺出版社，2001 年。

第三，工具书：

1.《汉语大词典》电子版 2.0。

2.《汉字古音手册》（增订本），郭锡良，商务印书馆，2011 年。

3.《汉籍全文检索》第四版，袁林，陕西师范大学历史文化学院。

4.《四库全书》电子检索语料库。

法律语域词语界定的标准：

"语域就是指语言应用语域"，法律语域词语应用在法律实践和法律制度等方面。但法律语域词与法律术语不完全等同，因为法律术语有特定含义和使用范围，并非能随意引申或替代，由于上古法律词语不够定型、专科性不强，两栖于全民语域（通用语域）和专科语域之间，因此本文法律语域词界定范围较宽。本文的法律语域词语主要包含两部分：一是《说文》或者许慎的注释明确显示法律语域意义的词语，另一部分是《说文》或许慎的注释未能明确显示，但是在古代常常用于法律的实践或法律制度等方面。同时本文所考释、分析的法律词语主要见之于先秦两汉，汉代以后的法律语域词语，我们不作过多的研究。

"法律是社会权威机构以强制力保障实现的特殊行为规范。中国法律产生于原始社会的部落联盟时代。"①此种定义突破了"法律"是国家的衍生物之藩篱，因为通常认为法律的产生滞后国家的产生，有国家，才有法。我们认为武树臣对"法律"的定义比较符合中国法律产生的实际。故法律语域词语（简称为法律词语）是对法律制度的确定、颁布以及法律制度施行等行为规范的概括反映。由于法律词语众多，具体判断颇不容易，故我们依据现有成果与《说文》训诂元语言以确定《说文》法律词语。现有的成果主要有：

1.《法学辞源》，李伟民主编，黑龙江人民出版社，2002年。

2.《北京大学法学百科全书·中国法制史》，蒲坚主编，北京大学出版社，2000年。

3.《中国古代法学辞典》，高潮、马建石编纂，南开大学出版社，1984年。

4.《中国古代法制丛钞》，蒲坚编著，光明日报出版社，2001年。

---

① 武树臣：《中国法律文化大写意》，北京大学出版社，2011年，第7页。

第一章 《说文》立法形式的词语

　　立法形式,即法律形式,又称法律渊源,指来源不同(制定法与非制定法、立法机关制定与政府制定,等等)因而具有不同法的效力和作用的表现形式。现代立法形式仅有法、法规、条例等少数几种,古代的立法形式颇多。古代立法形式常见的有如下几种:礼、刑、誓、式、诰、法、律、令、典、格、诏、科、比、例。在一个朝代,往往有几种法律形式同时存在,组成该朝代的法律体系。不同的法律形式使用的范围不一样,效力高低也有很大区别。

　　"立法"一词出现较早,《荀子·议兵》:"立法施令,莫不顺比。"《商君书·更法》:"伏羲神农教而不诛,黄帝尧舜诛而不怒,及至文武,各当时而立法,因事而制礼。"又《史记·律书》:"王者制事立法,物度轨则,壹禀于六律。"但是,今天法学界对"立法"的看法不尽相同,立法是"国家机关依照职权范围通过制定(包括修改或废止)法律规范活动,也包括被授权的其他国家机关制定从属法律的规范文件的活动"①。史广全则"把立法概念确立为既包括立法活动,也包括立法活动的结果,即法律规范和法律文件"②。"立"之本义为站立,《说文·立部》:"立,住也。从大,

---

① 中国大百科全书编辑委员会:《中国大百科全书·法学》,中国大百科全书出版社,1984年,第88页。

② 史广全:《中国古代立法文化研究》,法律出版社,2006年,第2页。

立一之上。"甲骨文作""""等形,林义光《文源》:"象人正立地形。"引申为制定、订立。上引文献之"立法"即"制定法律"意义。先秦两汉表示"立法"概念的双音词语较多,例如下:

立辟 《诗·大雅》:"民之多辟。无自立辟。""辟"之"法"义见于古代字典辞书,《尔雅·释诂一》:"辟,法也。"《说文·辟部》:"辟,法也。"故"立辟"有"制订法律"义。"立辟",亦见于先秦两汉文献之《左传》、《韩非子》、《春秋繁露》、《白虎通义》等。《韩非子·饰邪》:"当魏之方明立辟、从宪令行之时。"

立仪 《墨子·非命下》:"若不先立仪而言,譬之犹运钧之上而立朝夕焉。"《说文·人部》:"仪,度也。"《说文·又部》:"度,法制也。"故可知许慎其实以"法制"释"仪"。其实"仪"的本义并非"法制",而是"容止仪表"①,如《诗·大雅·烝民》:"令仪令色,小心翼翼。"郑玄笺:"善威仪,善颜色。"引申为"礼仪",如《左传·昭公五年》:"是仪也,不可谓礼。礼所以守其国,行其政令,无失其民者也。""礼仪"之功用可守国、行政令,即"以礼入法",故再引申为"法制",故"立仪"为"制定准则或法度"义。"立仪",亦见于先秦两汉之《墨子》、《管子》、《淮南子》、《新书》等。《管子·法法》:"是故明君知民之必以上为心也,故置法以自治,立仪以自正也。"《淮南子·泰族训》:"圣王之设政施教也,必察其终始,其县法立仪,必原其本末。"汉贾谊《新书》卷第十:"夫帝王者,莫不相时而立仪,度务而制事,以驯其时也。"

作刑 《书·吕刑》:"度作刑以诘四方。"许慎释"作"为"起":《说文·人部》:"作,起也。"但"兴起、产生"是引申义,非本义。"作"的甲骨文有、等形,对其本义的释读,有不同的理解:谷衍奎认为"作"的本义是开始制作卜龟,"作,甲骨文、金文原本作'乍'。下边从刀,上边从卜。《仪礼》有'卜人坐作龟'之

---

① 王力:《王力古汉语字典》,中华书局,2000年,第49页。

语,此字正是卜人用刀刮削钻刻龟甲,然后灼烧之,视其裂兆进行占卜之意。本义指制作卜龟。制作卜龟是占卜的开始,故这一字形含有起始、制作、刮削、灼裂等多种意思"①。董莲池则认为"作"的本义是耕作。"乚是耕作土地的农具耒的象形,乚表示耕作时随庇(耒下前曲接耜者)而起的土块,合起来以会耕作意。本义是耕作。殷墟卜辞云:'令伊作大田。'(《合集》9472 正)即用其本义。……从𦫵,即𦘔字,当是追加之声符(或说是手握持形符号,以增显握耒耕作之意)。……《说文》训'作'之本义为'起也',不可信,实则'起'应是假借义。"②以上两说相较,董莲池对"作"的本义破解较优,因为其援引的书证"令伊作大田"早于"卜人坐作龟",且为出土文献,可信。但是董莲池认为"起"为假借义,不妥,当为引申义。因为农事的耕作乃为一年农业劳作的开始,如同建房的奠基,是盖房子的开始,所以可引申"兴起、产生"义。当然耕种是劳作,制定法律也是劳作,区别在于对象不同而已。故"作"又可衍生"制作、创作"义,那么"作刑"即制定刑法。"作刑"亦见于先秦两汉之《吕氏春秋》、《通玄真经》(《文子》)、《大戴礼记》、《汉书》、《论衡》、《盐铁论》等。《汉书·刑法志》:"故制礼以崇敬,作刑以明威也。"

作法　《左传·昭公四年》:"君子作法于凉,其弊犹贪;作法于贪,敝将若之何?""作"之义,上文已释。"刑"可训"法",如《诗·大雅》:"罔敷求先王,克共明刑。"毛亨传:"刑,法也。"故"作法"即制定法律、典章制度。"作法"亦见于先秦两汉之《商君书》、《通玄真经》、《淮南子》、西汉刘向《新序》、《汉书》、东汉徐幹的《中论》等,如《新序·善谋》:"知者作法,而愚者制焉;贤者更礼,不肖者拘焉。"

---

① 谷衍奎:《汉字源流字典》,华夏出版社,2003 年,第 283 页。
② 李学勤主编:《字源》,天津古籍出版社,2012 年,第 709 页。

定法 《说文·宀部》:"定,安也。"事情一旦制定、确定,则"安稳",故"定"可引申"制定""确定"义,如《商君书·更法》:"礼法以时而定,制令各顺其宜。"故"定法"有"制定法律""制定法令"义。先秦《韩非子》有"定法"篇,专门阐释法制的重要以及如何用法,但除了篇名有"定法"一词外,其正文未再出现。"定法"见于两汉文献之《史记》、《汉书》、桓谭《新论》、东汉王符《潜夫论》等。《史记·秦始皇本纪》:"除疑定法,咸知所辟。"

生法 《管子·任法》:"有生法,有守法,有法于法。"《说文·生部》:"生,进也,象草木生出土上。"甲骨"生"字形,正如许慎描述的土上生长的草木形,即"生"构形意义是草木的生长、产生,蕴含自然产生,本义泛指事物的产生、生长。事物的产生,有的因自然规律而产生,也有的是人类为了自己需要而制造,故"生"可引申为"造、制造"义。《公羊传·桓公八年》:"遂者何?生事也。"何休注:"生,犹造也。"故"生法"有"制定法"义。"生法"亦见之先秦两汉之《鹖冠子》、《马王堆汉墓帛书》等。《鹖冠子·环流》:"从此化彼者,法也;生法者,我也。"《马王堆汉墓帛书·老子乙本卷前古佚书·经法》:"故执道者,生法而弗敢犯殹(也),法立而弗敢废也。"

设法 《管子·任法》:"故圣君置仪设法而固守之。"《说文·言部》:"设,施陈也。从言,从殳。殳,使人也。"段玉裁曰:"言、殳者,以言使人也。凡设施必使人为之。""设"本义为陈列、布置。进行陈列、布置,需事先制定措施、规则,故可引申"制定""设立"义。《篇海类编·人事类·言部》:"设,立也。""设法"即有"立法"义。"设法"一词在先秦两汉文献使用频率不高,除见之于《管子》外,罕见用例,多用"设法度""设法禁"等词组,如《淮南子·览冥训》:"伏戏、女娲不设法度而以至德遗于后世,何则?"《潜夫论·断讼》:"人所可已者,则为之设法禁而明赏罚。"

置法 《礼记·表记》:"君子议道自己,而置法以民。""置",

《说文·网部》:"置,赦也。从网,直声。""置"之本义为赦免、释放(罪犯)。由赦免、释放(罪犯)引申为放弃、搁置、安置等义。搁置之物既可是具体的,也可是抽象的;另外"置"之"直"声符义多元,"直"有"笔直"义,如"置"可引申"栽植、种植"。栽植花草树木,即移动其幼苗,笔直地放置于别处的泥土之中,汉代扬雄《方言》卷七:"燕之外郊、朝鲜洌水之间凡言置立者谓之树植。"故"置"也可引申为"树立""竖立"之义,《广雅·释诂》:"置,立也。"若所"立"的对象为"法",则可曰"置法",即"立法"义。"置法"亦见于先秦之《管子》、《申子》,两汉文献未见用例。如《管子·八观》:"置法出令,临众用民。"《申子·君臣》:"黄帝之治天下,置法而不变,使民安乐其法也。"

为法 《史记·曹相国世家》:"百姓歌之曰:'萧何为法,顜若画一;曹参代之,守而勿失。'""为",《说文·爪部》:"为,母猴也。其为禽好爪,爪,母猴象也。"许慎释"为"的本义为母猴,今学者多不从,普遍持"役使大象劳作"观点,罗振玉《增订殷墟书契考释》:"按:(爲)从爪,从象,绝不见母猴之象,卜辞作手牵象形……意古者役象助劳,其事或尚在服牛乘马以前。"[①]"为"字的引申义众多,可以引申出"创立、制定"等义,如《商君书·君臣》:"民众而奸邪生,故立法制、为度量以禁之。""为"与"立"对文同义,"为法"即创立法律、制定法律。从上也可知"为法"用于百姓歌词中,口语性强,另见之于《左传》、《庄子》、《管子》、《孟子》、《墨子》、《荀子》、《韩非子》、《吕氏春秋》、《通玄真经》、《鹖冠子》、《晏子春秋》、《礼记》、《淮南子》、《汉书》等先秦两汉文献。由此可知"为法"于先秦两汉是最为习见之表示"立法"概念的词语。

---

① 汉语大字典编纂委员会:《汉语大字典》,湖北辞书出版社、四川辞书出版社,1990年,第2033页。

制度　《左传·襄公二十八年》:"且夫富,如布帛之有幅焉,为之制度,使无迁也。"《汉书·严安传》:"臣愿为民制度以防其淫。"《说文·刀部》:"制,裁也。从刀,从未。未,物成,有滋味,可裁断。……𣓀,古文制如此。"许慎解构字形的理据不妥。古文"𣓀",从未、从彡、从刀。"未",取像枝条茂盛之树,朱骏声《说文通训定声》:"按,以刀断木,从未犹从木也。""彡"有纹饰、修饰义,《说文·彡部》:"彡,毛饰画文也。象形。""刀"为用刀修剪树枝,以上三构件组合,会以刀砍断修剪树枝意,此为"制"的造意。"制"的本义为裁断、砍断,动词,引申为制作、制造、制定等义,因为砍断树木修剪树枝乃供制造之用,《字汇·刀部》:"制,造也。"如若制造为法律等类事物,则"制度"为"制定法规"义。"制度"一词虽然被传承至今,但今常作名词用。其实,用作名词,表示"法令、礼俗等规范"意义,在《周易》就出现了:《易·节》:"天地节,而四时成。节以制度,不伤财,不害民。"孔颖达疏:"王者以制度为节,使之有道,役之有时,则不伤财,不害民也。"宋王安石《取材》:"所谓诸生者,不独取训习句读而已,必也习典礼,明制度。"

制命　《左传·闵公二年》:"夫帅师,专行谋,誓军旅,君与国政之所图也。非大子之事也。师在制命而已。"杜预注:"命,将军所制。""制命"乃拟订命令,制命人是将军,制定内容为军法。"制命"也可引申为一般"立法",不独指立军法,如《史记·晋世家》:"非太子之事也,师在制命而已。"《马王堆汉墓帛书·老子甲本卷后古佚书·九主》:"得道之君,邦出乎一道,制命在主。"

以上诸词为一组同义词,共义为"立法",以上几个同义词在历史竞争中,"立法"一词得以胜出,其他词则被淘汰。"立法"一词能够流传至今,这既与我国法制变迁关联,主要与"法"义内容的扩张有关,同时与"立"这个词所携带一些源义有关。上面已经阐释"立"取像于"人",且是一个正面的、高高的、笔直站立的人形,这是法律制度的折射。法律非是本源的,而是随着社会发展,人创立的,由此体现了法律正直、高大威严的内涵。以上其他诸词,不具备"立"与"法"内涵,因此体现的广度、深度、精确度不能与"立法"比肩而淘汰,未沿用至今。

其实,《说文》记载了一个单音词,非上面阐释的双音词,专门表示立法活动,即"建"。

建　《说文·廴部》:"建,立朝律也。从聿,从廴。"

许慎以"立朝律"为"建"之本义,不妥,当为引申义。段玉裁注曰:"今谓凡竖立为建。许云:立朝律也。此必古义,今未考出。从聿,律省也;从廴,廷省也。"段玉裁认为"竖立"为"建"的引申义,"立朝律"是本义(古义),只是学人未能考释出来罢了。许慎立足小篆字形,认为"建""从聿,从廴",从而裁断"建"的本义为"立朝律"。马叙伦在《说文解字六书疏证》卷四"建"字下注曰:"王筠曰:'建只是立而云律者,犹廴从彳引之,建亦从律引之也。由字形得此义。'朱骏声曰:'从律省、廷省。会意。'苗夔曰:'廴亦声。'龚橙曰:'立朝律非本义。'伦按:廴为长行,长行即长道,安得立朝律之义?且'律'即'建'之异文。从彳犹从廴也。法律即法,周止言法,后世始言律。……则此言立朝律者,盖许不明'建'字之义,而漫从旧说。或本训挩失,今存者,校者之辞也。抑或本训律也,以异文相释,本书自有此例。校者增'立朝'二字耳。建为廴之转注字,亦街之转注字。廴音喻四,'廴''乚'一字。'乚'读若隐。隐音影纽,'街''建'音皆见纽。'影''见'同为破裂清音,舌根与喉又最近。喻四与影又皆喉音也。今俗名街者率是长道。字见《急就篇》,石鼓䚗字偏旁作䢔。"①由上观之,

① 古文字诂林编纂委员会:《古文字诂林》第二册,上海教育出版社,1999年,第530页。

马叙伦从字的形、音、义与校勘等方面推论"建"的本义非"立朝律",且认为"建"与"律"为异体字关系,故能以"律"释"建","立朝"二字为校勘者增添的衍文。笔者认同马叙伦的观点。其理由如下:其一,"建"与"律"从文字学角度看是异体字关系;从语言角度看,是两个不同的词,"建"为动词,与"立法活动"相应,"律"为名词,即立法的结果。此为不同词性而造的字,邹晓丽统计《说文》一共有九组为不同的词性而造不同的字①。我们分析了邹晓丽统计的九组字,发现有的组之间的字形具有形似关系,一般是增加笔画,如,ナ(名,左手)—左(动词,佐佑);壴(名)—鼓(动词);皮(动词,制革)—革(名词);白(虚词)—自(名词,鼻)。"建"与"律"的隶书、楷书、小篆字形相似;其实两者的金文字形也近似,如金文有🖎字,有的学者隶定为"建",有的学者隶定为"律"。王国维曰:"'建',鼎文作🖎。诸家皆释'建'。然《说文》'建'字与'廷'字俱在廴部,而古金文'廷'字与石鼓文'驆'字所从之'建'字均从乚,不从辵。则此(🖎)从辵者,非'建'字,疑'律'之或作也。"②即王国维认为🖎是"律"字,裘锡圭亦赞同王国维的观点:"《金文编》'建'字条,除上引蔡侯钟'建(🖾)'字外,还收有一个🖎字,把这个从'辵'的字释作'建',是不正确的。毛公鼎有🖎字,清人多释'建'。……此说有理(笔者按:上引王国维所言'🖎或律字'),所以🖎字不该释作'建'而应该释作'律'。"③由上可知,对同一"🖎",隶定为不同的字,因为两

---

① 邹晓丽:《基础汉字形义释源——〈说文部首〉今读本义》(修订本),中华书局,2007 年,第 33 页。

② 古文字诂林编纂委员会:《古文字诂林》第二册,上海教育出版社,1999 年,第 513 页。

③ 裘锡圭:《古文字论集》,中华书局,1992 年,第 354 页。

者字形几近,是繁笔与省笔区别而已,即为异体字关系。其二,"立朝"二字为校勘者衍文。这样"建"的"立朝律"义"于古无征"①能得以说明,因为"建"可与"律"连篆而读为"建律",即"立朝律"义。《说文》连篆读的现象较多,而成为一种体例。钱大昕在《十驾斋养新录·说文连上篆字为句》首揭此体例,后来王筠、段玉裁也对此种现象进行探讨,不过"王筠和段玉裁的看法不同于钱大昕,他们认为连篆读并非许氏固有的体例,今所谓的连篆读皆是浅人误删而造成脱文,不得已才连篆读"②。学者对今本《说文》出现连篆读的成因有分歧,但皆认可"连篆读"的现象。另检诸文献,发现"建律"或"建律历"的连用例:

1.《淮南子·本经训》:"及至建律历,别五色,异清浊,味甘苦,则朴散而为器矣。"

2.《史记·书第三·律》:"太史公曰:故旋玑玉衡以齐七政,即天地二十八宿。十母,十二子,钟律调自上古。建律运历造日度,可据而度也。"

3.《隋书·志第一一·律历上》:"其次日建律,皆依次类运行。当日者各自为宫,而商徵亦以次从。"

4.《旧唐书·列传第二九》:"其余日建律,皆依运行,每日各以本律为宫。旋宫之义,由斯著矣。"

从上可知,"建"在汉代及以后,与"律"或"律历"连用,此"律"为"历法",语义指向单一。其实,在先秦时与"建"组合,多是邦、国、侯、法等词语,如:《周礼·天官冢宰》:"大宰之职,掌建邦之六典,以佐王治邦国。"《周礼·天官冢宰》:"小宰之职,掌建邦之宫刑,以治王宫之政令。"《周礼·地官司徒》:"大司徒之职,

①　裘锡圭:《古文字论集》,中华书局,1992 年,第 354 页。
②　高娟:《〈说文解字〉"三字句"与"连篆读"比较研究》,《长江学术》,2013 年第 3 期,第 117 页。

掌建邦之土地之图。"《周礼·地官司徒》:"小司徒之职,掌建邦之教法,以稽国中。"《周礼·春官宗伯》:"惟王建国,辨方正位。体国经野,设官分职。"《周礼·春官宗伯》:"大宗伯之职,掌建邦之天神人鬼地示之礼,以佐王建保邦国。"《周礼·夏官司马》:"大司马之职,掌建邦国之九法,以佐王平邦国。"《周礼·秋官司寇》:"大司寇之职,掌建邦之三典,以佐王刑邦国。"《周礼·秋官司寇》:"朝士掌建邦外朝之法,左九棘,孤卿大夫位焉,群士在其后。"孙诒让曰:"经例言'建'者,并谓修立其政法之书,颁而行之。"①《易·第三卦屯》:"屯:元亨,利贞。勿用,有攸往,利建侯。"即经书之"建"显性地体现与"邦""国"等连用,其实,真正连接的是后面的中心词,即"邦""国"等是修饰语,中心词是"典""法""礼""图"等。故许慎以"律"释"建",有其所本。当然,"建"在经书中除了与上述诸类名词直接组合外,也可与"鼓"连用,如《仪礼·大射》:"建鼓在阼阶西南鼓,应鼙在其东南鼓。"郑玄注:"建,犹树也。""树"即"立"义。总之,上引"建"有"建国""建邦""建侯""建法""建鼓"之组合,在具体组合中言语意义存在差异,但语言意义相同,即是"建"之本义"树立"。但是"建"之造意是什么呢? 裘锡圭以商之甲骨文"🈂"进行分析,隶定🈂为"建"字。裘锡圭虽未归纳总结"建"之造意,但是详解了其构件意,也未明言"建"的本义,只是指出:"古书'建'多训'立',训'树'。"②季旭昇赞同裘锡圭观点,并引用了裘锡圭的说法:"裘锡圭认为'建'字早期字形'象手持物树立于L内之形,所树之物似是木柱一类东西',所从的小点大概是象土粒的。为了要树得正,往往需要有人把它扶住,△2 在所树之物的两侧加上手形,其下可能

---

① 孙诒让撰,王文锦、陈玉霞点校:《周礼正义》,中华书局,1987 年,第57—58 页。

② 裘锡圭:《古文字论集》,中华书局,1992 年,第354 页。

表示柱础一类东西。"①季旭昇指出了"建"的本义是"树立础柱"，引申义为"树立"②。很明显，"树立础柱"是造意，本义为"树立"。

总之，"建"的本义为"树立"，"立朝律"虽是校勘者所增文字，但为"建"之引申义。《说文》记载立法形式词语有：

灋（法）　《说文·廌部》："灋，刑也。平之如水，从水；廌，所以触不直者；去之，从去。法，今文省。佱，古文。"

《说文》以"刑"释"灋"，反映古代"刑"为"法"的法律起源与古代法制思想或法律文化。同时许慎本条的释义与析形用了三个反映古代法律思想或法律文化的字，即"灋""法""佱"，其中"灋"字最能体现古代法制的内涵，尤其"灋"中"廌"是个核心的字素。"法"作为"灋"的简体字，最早在战国时出现③，甲骨文未见"灋"字，只有"廌"字。"灋"字，迄今最早见于西周初期的《大盂鼎》铭文：

> 丕显文王，受天有大令（命），在武王，嗣文王作邦，辟厥逆……故天翼临子，灋保先王，（匍）有四方……王曰："孟，若苟（敬）乃政，勿灋朕令（命）。"

《大盂鼎》"灋"字 2 见，其中"勿灋朕令（命）"是"灋"字常用句式，此种句式在金文共 13 见④，另有 2 见分别是"灋保先王"与"柞白（伯）十再弓无灋矢"。学人普遍认为"勿灋朕令（命）"中的"灋"为"废"，视为假借字。其实，《金文引得》所收的"灋"皆作"废"解。"灋"与"废"的关系如何？"灋"为何演变为今之"法

---

① 　季旭昇：《说文新证》，福建人民出版社，2010 年，第 134 页。
② 　季旭昇：《说文新证》，福建人民出版社，2010 年，第 134 页。
③ 　温慧辉：《〈周礼·秋官〉与周代法制研究》，法律出版社，2008 年，第 33 页。
④ 　华东师范大学中国文字研究与应用中心：《金文引得·青铜器铭文释文引得》，广西教育出版社，2001 年，第 80 页。

律"意义? 而"废"又为何未能演变出今之"法律"意义呢?

"灋""废",上古音近:"灋",帮母叶韵;"废",帮母月韵。叶韵、月韵旁转。故众多学人认为以上金文语料"灋"通"废",其实"灋"与"废"的意义有相通之处,并不能认为是假借关系,因为假借关系的字在意义没有联系,仅仅在语音上相同或相近。"灋""废"两者为同源关系。《说文·广部》:"废,屋顿也。"段玉裁注曰:"顿之言钝。谓屋钝置无居之者。引申之,凡顿置皆为废。"段玉裁以"钝"释"顿",其目的是溯源,即是同源字相释。不过由于源自同一声符的字,其源义存多种可能,如"屯"声符表义有"集聚义""厚盛义""混沌义"①,另外,"屯"声符字有"艰难、困难"义:"钝"是金属器物不锋利,砍削物体艰难、困难,"钝"之物并非不可用,只是使用不便利而已;"忳"是心里难受、郁闷;"迍"是行走艰难、不便利。故"钝""忳""迍"是一组同源字,以上诸字与"顿"不是同一组的同源字,故段玉裁以"钝"释"顿"不妥,也许段玉裁自己觉得不妥,但是为了揭示"废"的"废止"义,增字"置",而造"顿置"一词。为了准确、清楚了解"废"与"灋"为同源字关系,我们除了上面阐释两者语音相近外,还有必要详细揭示"顿"与"灋"的意义关系。

《说文·页部》:"顿,下首也。从页,屯声。"许慎释义元语言"下首",显示了"顿"有"下"语义,"下"有动词"倒下"义,故"屋顿"即房屋倾倒,毁坏,此为"废"的本义,如《淮南子·览冥》:"古往之时,四极废,九州裂。"高诱注:"废,顿也。""房屋倾倒或毁坏"即被废弃或停止使用,甚至被禁止使用,故可引申为"禁止、停止"意义,如,《尔雅·释诂》:"废,止也。"

"灋"字的构形由"水""廌""去"三个字素组成,对于这三个字素的意义,众多的学者依从许慎的分析,但是武树臣提出不同

---

① 殷寄明:《汉语同源字词丛考》,东方出版中心,2007年,第21—29页。

的看法①：

> 水，有两重含义：一是它的实践性含义，即把罪犯放逐到河对岸，就是死刑的宣告，故河流带有刑罚的威严，并进而被赋予一种文化意义；二是宗教的含义，水是清洁剂，清除罪犯不洁行为，免除对整个氏族的惩罚。要之，古代"法"字中的水，并无公平之义。其本义是消除犯罪和确保平安，是强制性行为规范的符号。至于公平、公正之义，是战国法家为了以平民之"法"取代贵族之"礼"而给"法"字新加上去的"添加剂"。
>
> 廌，是蚩尤部落的图腾。蚩尤、颛顼、祝融、咎繇、皋陶等不过是廌的读音和文字表达符号。"蚩尤形象"与其说是"廌"，不如说是"灋"。在古"灋"字中，廌是社会权威机构的象征。
>
> 去，古文作大、弓。其实，去字由矢、弓两部分组成。上者为矢，下者为弓。还有一个字可以证明弓、矢合为去。《管子·轻重甲》："三月解勾，弓弩无匡軵者。""勾"是装弓箭的器具。去字的本义表示弓与矢的相离，两者的记号不相合。

从上可知，武树臣主要从法律文化源流来解构"灋"字的本义，"灋"字每个字素意义皆为抽象化的符号意义，虽可备一说，但主观臆测因素亦多。下面我们主要从"灋"与"废"两字的分工作用、中国古代"灋"的基本发展轨迹（刑—法—律）以及相关法律文化等角度来阐释"灋"字的本义与法律内容。

"水"之构意为断案时应依照公平的准则，即"水"的公平性

---

① 武树臣：《中国法的源与流》，人民出版社，2013 年，第34—39 页。

质体现,并非水的清洁与流放之功用,而是以水测物平的功用。"水"本身的确不具有"平"的特性,但由于水具有流动的特性,由高往低流,如果物平,则水静止不流动,故常以水测平,如《周礼·考工记·轮人》:"县之以眂其辐之直也,水之以眂其平沈之均也。"贾公彦疏:"两轮俱置水中,观眂四畔入水均否。若平深均则斫材均矣。"由于"水"能测"平",故具有"平"涵义,今之"水平""水准"等"水"之义为"平"义。其实,"法"的公平精神,古今是一致的,"在氏族社会里,所有成员是平等的,人们所做的一切都必须完全满足原始人们的平等需求。这就是为什么在中国古代乃至中世纪欧洲,法字当初都含有公平之义的真正原因。"①

　　"灋",日本学者白川静曰:"古体灋字又具有废弃之意义。"②其"废弃"义与"废弃"的方式,则"水"与"去"两者相关,"'灋'字原来含有'抛弃污秽'的意义,将污秽流之于水而使之清净。"③即白川静认为"去"为抛弃,"水"是一种工具,由此可知武树臣之"水"的意象或许本此。但是"去"字,白川静认为"取去,其盖则是用厶形所写的部分。败诉者,虽用立人形的'大'表示之,但含其'大'与'厶'之形便是'去'字。去,虽含有'除去'之意,但也有'祛去'之意。"即白川静解"去",并非武树臣之"弓、矢相离"。其实,甲骨文"去",有""与""等形,是由"人"与"凵"构成,故"象人离去穴居之形"④。金文"去"与甲骨文"去"形体相似,或加彳、辵,加强离去之义⑤。故"去"本义为"离去",引申

---

　　①　胡留元、冯卓慧:《夏商西周法制史》,商务印书馆,2006年,第41页。

　　②　白川静著,加地伸行、范月娇合译,黄锦鋐博士校订:《中国古代文化》,文津出版社,1983年,第91页。

　　③　白川静著,加地伸行、范月娇合译,黄锦鋐博士校订:《中国古代文化》,文津出版社,1983年,第93页。

　　④　刘兴隆:《新编甲骨文字典》,国际文化出版公司,1993年,第295页。

　　⑤　季旭昇:《说文新证》,福建人民出版社,2010年,第431页。

为"除去"意义。至于甲骨文作"",其中的"口"形与"大(人形)"的结合,会意为"张大口而不合,后字作呿"①。即甲骨文"去"的构形有 2 个本义,一个本义是"离去",后来的金文强化这个意义,增添彳、辵等形符;另外一个本义是"呿"。武树臣解构"去"的本义为"弓、矢相离",于古书无证,属于过度解释。

"廌"是獬廌的略称,古代传说能断案的神兽。《说文·廌部》:"廌,獬廌,兽也。似山牛,一角。古者决讼,令触不直。象形,从豸省。"古代"廌"的具体形象如何?《说文》也是比拟,"似山牛,一角",古书描写廌的形象,除了与《说文》描写相同外,还有多种,武树臣归纳汇总计十种,另如似羊、似鹿、似麟、似马、似豹、独角鸟身、似犀牛、似独角龙、似独角虎等②,即"廌"后来符号化、多样化,但是总体意象是秉持"正直、公平"的神兽。

"去"字本义为"离开",这也是"灋"之构形义要素之一,而并非引申义"除去",或者说其构意倾向是"离开"。这从古代的"灋"与"刑"的发展关系以及"灋"字语义场景可观之。"刑"是古人"灋"的起点,也是其核心,因为"刑起于兵",此为法律学人普遍认可的观点,故"刑"的重点是"刑杀"义,依据《说文》即是割颈处死,《说文·刀部》:"刑,剄也。"故"灋"还未有"除去"义,包括杀或别的惩处方式。"灋"的重点在审判,即判断是非曲直,告知谁为正义方,对非正义方只是驱赶其离开诉讼之处,故许慎"灋"的元语言"去之",并非流放或杀死义,是獬廌用独角触撞非正直的一方,使其离开。"去"的语义为使动用法,是"使……离开"义。汤可敬翻译许慎对"灋"字的注释曰③:"(法律)像水一样平,所以从水;廌,是用来抵触不正直的一方的神兽,使不正者

---

①　季旭昇:《说文新证》,第 431 页。

②　武树臣:《中国法的源与流》,人民出版社,2013 年,第 6—7 页。

③　汤可敬:《说文解字今释》,岳麓书社,1997 年,第 1334—1335 页。

离开它,所以从廌去。"

　　由上观之,"灋"的构形义乃是廌依据公平、正直原则,抵触非正直一方,迫使其离开,故是非曲直得以确定。其本义为(公平、正直审判的)原则(法则)。如《周礼·天官·大宰》:"一曰治典,以经邦国,以治官府,以纪万民。"郑玄注:"邦国官府谓之礼灋,常所守以为灋式也。"此"灋"与"式"连用,"法则"意义不是很明显。《玉篇·廌部》:"灋,则也。"又《集韵·乏韵》:"灋,则也。"此两书证明确地显示了"灋"的"法则"义。"公平、正直"为法的核心,故后为"法"的称谓。但是当初"灋"与"刑"仍别,因为古人心目中的"法"是"刑","灋"只不过是审判时候要遵守的原则而已。故"灋"与"刑"是同义词,准确地说是类义词,因为"灋"是审判的原则,而"刑"则是处罚的方式,两者属于今"法"的语义范畴词语(类义词)。

　　"灋"的本义为审判的原则,可引申出"除去、废止"义。因为审判语境包含宣布审判的结果。审判的结果或禁止、废止或废除某事物,故"灋"与"废"同义。不过有的学者颠倒了两者的关系,认为"灋"的"法律"义来源于"废"义,即后代法律之"法"由"废"义引申的可能性是存在的①。"废"只是"灋"的一个意义,换言之,"灋"是由"水""廌""去"三个字素综合而形成的意义,仅依据"去"的意义来确定"灋"的本义,失之过窄。另上面已经阐释了"灋"与"废"音近,因此"灋"与"废"为同源关系,并非通假关系。这样金文之"灋"用为"废止、废除"义,不难理解了。当然两者使用范围还是存在差异,"灋"的"废除"使用于法律语域,如"灋"为废除君王命令,上文所引金文的"灋"皆用在法律语域,又《墨子·天志下》:"使之居上位,立为天子以法也。"孙诒让《墨子

---

　　① 温慧辉:《〈周礼·秋官〉与周代法制研究》,法律出版社,2008年,第33页。

间诂》:"钟鼎款识皆以'瀎'为'废'。"①"废"既可在法律语域使用,又可在非法律语域使用,此类用例多,不赘举。

礼(禮) 《说文·示部》:"**礼,履也。所以事神致福也。从示、从豊,豊亦声。**"

许慎以"履"释"礼"乃声训,立足于做人的基本要求而释义,"所以事神致福"是探求"礼"之起源。徐灏《说文解字注笺》:"礼之言履,谓履而行之。礼之名,起于祀神,引申为凡礼仪之称。"因声训而成的意义(包括语词意义与话语意义等),有的不能形成词的义位(义项),仅解说得名的缘由。事物的缘由众多,可以是事物性质、形状、功能(包括精神的功能或价值、作用)等方面的属性。有的学者把声训形成的意义归为"源义素"。"源义素反映的是义位与事物的命名特征之间的联系,它不是一个独立的义位,而只是义位语义构成中的附属义素,因而是不能独立应用的……有些情况下源义素似乎也可以成为现实的义位,其实不然。"②我们认为不能一概而论,确实许多声训寻求的是源义素,或者说从出发点上是寻求源义素,但是有的源义素是可以上升到或者转变为词的义位。如我们以崔枢华归纳出《说文》声训中典型的"A:A′式声训"③来论证声训的意义是否可以形成义位。崔枢华例举《说文》中的声训典型的互训语料,如"走,趋也(精,侯)/趋,走也(清,侯)";"改,更也(见,咍)/改,更也"。以上"趋"不能产生"走"的义位?"更"不能有"改"的义位?显而易见,"声训的意义不能成为义位"是失之片面,或者说以偏概全。

《说文》又存"豊",《说文·豊部》:"豊,行礼之器。从豆,象形。"《六书正讹》:"豊,即古礼字,后人以其疑于丰字。礼重于

---

① 孙诒让撰,孙启治点校:《墨子间诂》,中华书局,2001 年,第 212 页。
② 杨琳:《训诂方法新探》,商务印书馆,2011 年,第 68 页。
③ 崔枢华:《说文解字声训研究》,北京师范大学出版社,2000 年,第 48—50 页。

祭,故加示以别之。""礼(禮)"与"豊"实为一词,许慎分为二字。先秦甲金文未见"禮(礼)"之形,诅楚文出现"禮"形;"礼"形见于汉简。但是甲骨文有"豊",今之学者多释为"禮(礼)",亦有学者释为"丰"。郭沫若曰:"豊,象器中盛双玉之形,亦见辛鼎,云'虔用豊乓剩'……彼字王国维释为豐(丰)之初文。"[1]释为"丰"是因为与"豊"之形体相近而误释。"豊"之构形并非许慎所说的"从豆,象形",是会意字,乃"从珏,从壴",这是因为古代行礼时常用玉和鼓[2]。

由"事神致福"可知"礼"之本义为祭祀敬神。"事神致福"需要遵循一系列的繁文缛节,故引申为礼节义。"礼"成为古代立法思想和司法制度,其核心在于"礼"具有别贵贱尊卑的等级秩序之功能,这与早期法律思想是一致的,便于调节人与人之间的矛盾,建立社会秩序,增进和睦,维护统治阶级的利益,维持国家稳定。"中国古代的宗教很早便为政治意义所融化,成为政治性的宗教了。因此,宗教上的礼,亦渐变为政治上的礼。"[3]夏商两代中的法律形式,以习惯法为主,由礼和刑两部分构成,故我们在先秦文献中看到礼和法互训的用例:《荀子·劝学》:"礼者,法之大分,群之纲纪也。"《周礼·天官·小宰》:"以法掌祭祀、朝觐、会同、宾客之戒具。"郑玄注:"法,谓其礼法也。""礼"作为"立法形式"由郑玄之注释词语"礼法"可见一斑,即"礼"与"法"形成双音词,"礼"是"法"的一部分。"立""法"连用为双音词亦见之先秦两汉其他文献:《商君书·更法》:"及至文武,各当时而立法,因事而制礼,礼法以时而定,制令各顺其宜。"《汉书·货殖传》:"及周室衰,礼

---

① 古文字诂林编纂委员会:《古文字诂林》第一册,上海教育出版社,1999年,第88页。

② 林澐:《豊丰辨》,《古文字研究》第十二期,中华书局,1985年。

③ 钱穆:《中国文化史导论》,商务印书馆,1994年,第72页。

法堕。"以上"礼法"用例,说明"礼"是"法"的重要内容。

"礼"不仅是中国传统文化的渊薮,且也是传统法律文化的要素,古代许多的法律条例是围绕是否尊礼或出礼而制定。因此"礼"作为古代法律的形式,在很大程度上相当今之"宪法",体现总纲的性质。当然总纲并非空洞无物,也存众多的法律条例细节,如《周礼》、《仪礼》、《礼记》等记录了众多礼的名目,这些名目涉及内容广泛,包含立法思想、罪名、刑名、审判的原则、量刑的标准、惩处的方式、地点等内容,林林总总,不一而足。总之,"礼"是中国传统法律制定的重要基点,"三礼"之书乃上古法律的集大成,即使今天法律的制定,其踪迹也能寻觅到。

宪(憲) 《说文·心部》:**"宪,敏也。从心,从目,害省声。"**

许慎以"敏"训"宪",是否是为本义,存争议。因为"敏"是多义词,仅依许慎释义,"敏"究竟何指?不得而知。我们先看许慎对"敏"的释义,《说文·攴部》:"敏,疾也。"此"疾"为"快速",非"疾病"义。"敏",除了许慎所训"快速"义,还有"敏捷""聪慧""审慎"等义[1],以及段玉裁所引《谥法》"博闻多能"义,即"才干、才能"意义。以上诸义皆与"快速"有关联,只是"审慎"义与"快速"义联系较特殊,故两者意义的关系较难理解。其实,"审慎"在行动上一般较"迟缓",因为"审慎"需要多方面思考,谋定后而付诸行动,相对来说所费时间久,故动作之"迟缓"则体现出来了。"迟缓"与"快速"是一对反义词,训诂学上有相反为训的条例,这样"敏"之"审慎"义不难理解了。但是"宪"为何有"快速"义?另外《尔雅》记录"宪"之"法"义,《尔雅·释诂一》:"柯、宪、刑、范、辟、律、矩、则,法也。"上之"快速"义与"法"义是如何产生的?两者是否联系?较多的学人进行了探究,其结论有分歧。下

---

① 汉语大字典编纂委员会:《汉语大字典》,湖北辞书出版社、四川辞书出版社,1990 年,第 1463 页。

面择其主要阐释。

段玉裁《说文解字注》于"宪"字下曰:"敏者,疾也。《谥法》:'博闻多能为宪。'引申之义为法也。又《中庸》引《诗》'宪宪令德',以'宪宪'为'显显'。又《大雅》:'天之方难,无然宪宪。'传曰:'宪宪,犹欣欣也。'皆假借。从心、目,心目并用,敏之意也。"段玉裁解说了"宪"有"敏"义的来源,因为由于"心、目"并用。"心、目并用"可能产生"快速"义,但是此种理由难以解释早期金文无"心"字之"宪"的造字理据。段玉裁基于"宪"的篆文而释义,且未探求"宪"之"法"义的理据,仅说"引申之义为法",即未解说引申的原因与途径。

较早详备追寻"宪"之"法"义的学者主要有两位,一位是朱骏声,另一位是章太炎。

朱骏声《说文通训定声·乾部第十四》:"宪,按:从宀、从心目,识丰,会意。丰犹简册也。"朱骏声解读"宪(憲)"字中"丰"构件为"简册",这与法律文书距离很近,与"宪"之"法"义亦不远,可惜未能深入探讨与详细论证。

章太炎抓住朱骏声寥寥数语的提示而详细阐述。《小学答问》:"今《小雅》言'百辟为宪',其本字当云何?答曰:宪得声于丰,其字当是'韧'孳乳。《说文》:'韧,巧也。'盖谓工于刻彫巧敏谊(义)近,故孳乳为宪。'韧'从刀,为刻彫之巧,故孳乳为挈刻也,又孳乳为契,大约也。宪令者藉为契令。汉有'廷尉挈令''光禄挈令''乐浪挈令','挈'即'挈''契',质言为挈令、刻令也。文言为契令、约法也。也单言'契'。"①从上可知,章太炎以小篆字形为据,认为"宪"从"丰"得义,继之从同源语义系统角度推论"宪"之"法"义产生的理据,当然章太炎还详细列举了众多书证以证"宪"之"法"义,因为例证太多,本文不赘引,读者可自参看。

---

① 丁福保:《说文解字诂林》,中华书局,1988 年,第 10297—10298 页。

但是章太炎未能解释宪(憲)字中"宀""目""心"等构件意义。

以金文字形为据,阐释"宪"的"法"义来源,主要有两位学者,一位是徐山,另一位是王沛。"宪"字不见于甲骨文,"宪"之从"心"也比较晚。西周金文墙盘铭作𢆩,春秋时期的秦公钟铭文出现了从"心"的宪(憲)𢆩。徐山也从同源系统角度推论"宪"的法律意义,只不过以"害"字为基础,系联的同源字组包含"割""犗""害""宪"等,因为其皆有共同构建(声符)"害",然后分析金文字形"丰"是尖锐的"割"之类锐器,又得出"目"与"丰"组合的字形(金文𢆩)义"为观察可以用于割这样的动作的锐器",最后推论"宪"字法律意义来源于观察用于执行法令的锐器之状。也就是说,法令是强制、威胁性质的,要依靠①。徐山以从"害"的同源字语义系统分析的结论比章太炎以从"丰"同源字语义得出结论要详备、可靠,更令人信服,但是"观察用于执行法令的锐器之状"是构形义(造意),并非本义,因为文献不见用例。

王沛仅仅分析"宪"的部分构形义,即"宪在古文字中从目,也是突出观看的意思"②,这与徐山对"目"的构字义的看法相同。王沛重点在展示"宪"字所蕴含的法律语域词义演变系统、法制演变,对"宪"字整个构形意义缺乏详细论证,对"宪"字常见意义产生的途径、机制也未进行阐释。

"宪"字构形从早期金文𢆩、𢆩等形看,"目"字上面之"丰"里面只有两短横,在稍后的铭文中,如秦公铭文𢆩不仅增加了"心"字,而且"丰"里面有三短横,章太炎即依据演变为三横一竖的"丰"来推演"宪"所蕴含的法律意义。其实整个"丰"是一把四

---

① 徐山:《释"憲"》,《江苏警官学院学报》,2006 年第 4 期,第 121—122 页。
② 王沛:《〈尔雅·释诂〉与上古法律形式——结合金文资料研究》,《法律史论丛》第十一辑,2011 年,第 46 页。

周为圆弧的、四周皆为刃口的锋利刀，与今之武术中的"飞刀""剑（但无剑柄）"形同，故此种刀与一般刀有区别。甲金文"刀"多为"𠛃""𠛃"等形，这种"刀"一般有柄，亦有刀背、刀刃之分，甲金文"刀"还有"𥘺""𥘺"等形，隶定为"辛""辛""𠕀"等形，此类刀常用作武器或刑具（刑刀，惩处罪犯用）。以上甲金文"刀"字可以独立成字，亦可为构字部件。"𩰕"形仅作构字部件，其实"𩰕"里面的"丰"或后来演变的"丰"，"丰"中的两行，表示法律性质文书内容；"丰"中的一竖画表示剖开的符号。故"丰"或"丰"是"把一份法制文书剖分成大小对等的两部分"义，以之为信用。"剖分"的工具就是"𠚣（刀）"。故章太炎以文书、契约之"契"构字部件"丰"来推论"宪"有"法"义是有道理的，不仅古代之契约，而且古代的"信符"也是从中剖分，双方各执一半。"契约""信符"具有强大的法律效力。今之法律效力的合同书，虽然不是把一份合同分为二，而是双方各执相同、对等一份，但是其"均等、相同"意义是一致的，这源自古代契约的形制与性质。要之"𩰕"是古代一种裁制法律文书的刀，此是"宪"之"法律"意义的来源，由此与上所述甲金文"刀"在形状与功能上有别。

当然"𩰕"与"目"的组合，更为全面、精确地表示法律威严、时时警戒人，不要践踏法律，因为"𩰕"与"目"的组合构形义为"明晃晃、尖锐的刀悬挂在人眼前"，此与希腊神话之"头上悬着的达摩克利斯之剑"异曲同工，由此可见人类思维的一致性。那么"宪"字的本义是什么呢？李运富提出"一个字形通常虽然只有一个本义，但有时也可以有多于一个的本义"看法，又认为有的多个本义之间还存在必然的音义关系，且是"符合逻辑的推论"①。李运富的观点可避免对一些字的本义与引申义的争论，

---

① 李运富：《论汉字的职能（上）》，《徐州师范大学学报》，2003 年，第 57 页。

这是其优点,值得我们重视。我们认为字的构形义(造意)有时也存在不同的理解,只不过字的构形义(造意)不进入交际领域,不同的"造意"有时并不影响对本义的归纳,即有时本义是相同的,对句子的理解一般不会产生歧义。我们认为"宪"之构形义是"悬挂在人眼前之法律锐器(刀)",这与徐山的观点不同。既然字的本义是从字的造意中抽象出来的,且字的本义可能有多个,同时从每个本义出发可产生不同的引申义,该本义与引申义就会产生一条引申义列(或引申轨迹),每条引申义列的起点义位是该义列的本义。我们认为"宪"有三个引申义列,每个引申义列的起点义位是本义,如下:

第一条引申义列的起点义位是"公布(法律、法令)",动词;然后由于动名引申的理据,从"公布"义分别(发散式或辐射式)引申"法律、法令"与"遵守法律"意义。下分别例举书证:

1. 公布(法律)

(1)《周礼·天官·冢宰》:"乃退,宪禁于王宫。"郑玄注:"宪谓表悬也。若今新有法令云。"

(2)《周礼·天官·小司寇》:"乃宣布于四方,宪刑禁。"郑玄注:"宪,表也,谓悬之也。"

(3)《周礼·地官·司市》:"司市,小刑宪罚,中刑徇罚。"郑玄注:"郑司农云:'宪罚,播其肆也。'"孔颖达疏:"先郑云'宪罚,播其肆也'者,宪是表显之名。徇既将身以示之,则此宪是以文书表示于肆,若布宪之类也。"

"宪"之公布法律意义是从悬挂法律示人而概括出来的,《集韵·愿韵》:"《周礼》悬法示人曰宪法,后人因谓宪为法。"

2. 法律、法令

(1)《书·益稷》:"率作兴事,慎乃宪。"孔安国传:"宪,法也。"

(2)《诗·小雅·六月》:"文武吉甫,万邦为宪。"毛亨传:

"宪,法也。"

（3）《战国策·魏策四》："受诏襄王,以守此地也,手受大府之宪。"鲍彪注："宪,法令也。"

3. 效法、遵守法律

（1）《书·说命》："惟天聪明,惟圣时宪。"孔安国传："宪,法也。言圣王法天以立教于下。"

（2）《三国志·蜀志·郤正传》："俯宪坤典,仰式乾文。"

（3）晋潘岳《寡妇赋》："遵义方之明训兮,宪女史之典成。"

第二条引申义列的起点义位是"敏捷",其动因（理据）是刀之锋利（"宪"的构形中有"刀"）,因为使用锋利的刀,做事一般会快速,由此引申抽象的思维敏捷,故秦公铭文增加了"心",古人认为"心"是思维的器官,即"心之官则思","思维敏捷"常常是人聪慧的表现,由形容词聪慧引申名词"才干"义位,例如下：

1. 敏捷

（1）《大戴礼记·文王官人第七十二》："其老观其意宪慎,强其所不足而不踰。"王聘珍《大戴礼记解诂》注："《说文》云：'宪,敏也。慎,谨也。'"[1]

2. 才干、才能

（1）《逸周书·谥法》："小心畏忌曰厘,博闻多能曰宪,聪明睿哲曰献。"

（2）《资治通鉴·汉纪十八》："春,三月,丙辰,高平宪侯魏相薨。"胡三省注："《谥法》：'多问博能曰宪。'"

第三条引申义列的起点义位是"悬挂",然后引申为"抬高、高",再从"高"引申抽象意义"彰显、明显"义。此为链条式引申轨迹,一环扣一环而依次产生新的意义。

---

[1] 王聘珍：《大戴礼记解诂》,中华书局,1983 年,第 187—188 页。

1. 悬挂

（1）《周礼·地官·乡大夫》："各宪于其所治之国。"贾公彦疏："宪者，表悬之也。"

（2）《周礼·地官·司虣》："掌宪市之禁令。"孙诒让正义："宪，亦谓表悬之。"

2. 抬高，高

（1）《礼记·乐记》："《武》坐，致右宪左，何也？对曰：'非《武》坐也。'"郑玄注曰："致，谓膝至地也。宪，读为轩，声之误也。"孔颖达疏："坐，跪也。致，至也。轩，起也。问武人何忽有时而跪，以右膝至地，而左足仰起，何故也？"

（2）朱骏声《说文通训定声·乾部十四》："宪，敏也……又（假借）为轩。《礼记·乐记》'《武》坐，致右宪左'谓轻右轩左也。"

郑玄之"宪，读为轩"是破假借，即"轩"是本字，"宪"是借字，只是郑玄未明指而已，朱骏声则明确指出是假借，但皆不妥。"宪"之"抬高"义，并非假借"轩"，两者是同源字。因为"宪"上古音为晓母元部，"轩"上古音为晓母元部，两者音同；同时"宪"引申为"高"义，与事理逻辑相符。因为"物悬挂"则"高"或需"抬高"。"轩"，《说文·车部》："轩，曲辀藩车。"许慎并未详细解说"轩"之形制，古代"轩"的形制还有个特点，即车子前高后低叫"轩"，前低后高叫做"轾"，《六书故·工事三》："轩，车前高也。"《正字通·车部》："轩，前高曰轩，前下曰轾。"依据名动形引申的理据，故"轩"有"抬高""高"等意义。由上可知，"宪""轩"语音语义相同，故是同源字。

3. 彰显、明显

（1）俞樾《群经平议·外传国语二》："龟足以宪臧否则宝之。"俞樾按："宪，当读为显。"

（2）冯登府《三家诗异文疏证》卷二："鲁诗假乐：'宪宪令德。'毛作显。"

其实"宪"有"显"义,因为如果物被悬挂,则高,高则显而易见,故"宪"之"显"义并非假借义,故毛亨直接指出作"显"。

以上我们只是对"宪"字常用意义产生的脉络及原因进行初步阐释,其实,"宪"的意义不只以上这些,若能了解以上情况,则过半矣。下面我们用图表形式来展示"宪"的意义:

$$
\text{悬挂在人眼前的法律之刀（造意）→} \begin{cases} \text{敏捷→才干} \\ \text{公布法律} \begin{cases} \text{法律} \\ \text{效法、遵守} \end{cases} \\ \text{悬挂→抬高,高→彰显、明显} \end{cases}
$$

"宪"作为立法形式的词语,"获得法律形式之地位,是在西周后期。其内容为规定各领域之禁令,涉及面较广。制定者为君主或各级官员,强调公开发布为其特色"①。由此可见,"宪"为立法形式词语时间较早,今之"宪法"承之而来,只不过演变为双音词了。

刑 《说文·刀部》:"刑,剄也。从刀,开声。"

依据许慎的释义,"刑"为动词,为割颈,段玉裁注:"刑者,剄颈也,横绝之也。"即"刑"不是法源词,离"立法"词语还较远。《说文》收"荆(**㓝**)",是法源词。《说文·井部》:"荆,罚辠也。从井从刀。《易》曰:'井,法也。'井亦声。""荆"是惩罚罪犯的意义,很容易转为立法词语,但是传世文献中用"刑"表示立法词语,其原因可从段玉裁的注释窥见一斑。段玉裁注曰:"按此荆罚正字也,今字改用刑(刑)。刑者,剄也。见刀部。其义其音皆殊异。"即"刑"转为立法词语是语用的原因,文献多有用例,王沛

---

① 王沛:《〈尔雅·释诂〉与上古法律形式—结合金文资料研究》,《法律史论丛》第十一辑,2011年,第46页。

统计了金文《尚书》中的"刑"的用法①,其中动词用法,且其义为"惩罚、刑罚"的共 8 见,如《尚书·康诰》:"非汝封刑人杀人,无或刑人杀人。"另有名词,且意义为"刑罚、刑法"的共 44 见,如《尚书·吕刑》:"王享国百年,耄荒,度作刑以诘四方。"《论语·公冶长》:"邦无道,免于刑戮。"但古人为何选用"刑"呢? 这恐怕由于"刑"的本义与古代法律起源有关。"刑"并非专用于法律语域,也用于非法律语域,如《韩非子·二柄》:"何谓刑、德? 曰:杀戮之谓刑;庆赏之谓德。"又《后汉书·列女传·刘长卿妻》:"生一男五岁而长卿卒,妻防远嫌疑,不肯归宁。儿年十五,晚又夭殁。妻虑不免,乃豫刑其耳以自誓。"此二例中的"刑"为杀戮义,由割颈引申而来。也可引申为"伤害"义,如《国语·越语下》:"天地未形,而先为之征,其事是以不成,杂受其刑。"韦昭注:"刑,害也。"但是古代"法"起之于"刑","刑起于兵",故从语义上、法制起源等要素方面看,以"刑"替"荆"成为现实。"刑"为古代立法词语,刑"是中国古代最早对'法'的称呼"②。由此,古文献中"刑"不仅有"法"义,而且"法"可以"刑"注释,即刑与法可互训:《诗·大雅·抑》:"罔敷求先王,克共明刑。"毛亨传:"刑,法也。"郑玄笺:"无广索先王之道与能执法度之人乎?"《尔雅·释诂》:"刑,法也。""刑"又作动词用,取法。《诗·周颂·我将》:"仪式刑文王之典。"毛亨传:"刑,法也。"郑玄笺:"法行文王之常道。""法"训"刑"之用例:《说文·廌部》:"灋,刑也……法,今文省。"《书·吕刑》:"苗民弗用灵,制以刑,惟作五虐之刑曰法。""具舟除隧,不共有法。"韦昭注:"法,刑也。"

---

① 王沛:《〈尔雅·释诂〉与上古法律形式—结合金文资料研究》,《法律史论丛》第十一辑,2011 年,第 47 页。

② 蒲坚主编:《中国法制史》,北京大学出版社,2000 年,第 910 页。

今之学人,大都认为《说文》分立的"刑"与"荆",实为一字。如季旭昇谓:"《说文》把'刑'、'荆'分成不同的两个字,以为'刑'从'开'声,'荆'从'井'声,字义也略有不同。事实上这样的区别是不存在的,'刑'、'荆'应该是同一字。"①又张世超曰:"金文'刑'字皆从无圆点之'井',许慎此篆(笔者按:)从有圆点之'井',而于刀部另出篆文 ,与金文所见不合, 即 (荆)之讹。战国印文皆作 。"②即荆为正字。张书严亦曰:"传统看法认为:'刑'字有两个来源——'荆'字的'井'旁和'邢'字的'开'旁,都演变为'开',合成了一个'刑'字。这种说法是否合理呢?通过对有关的材料的分析,我们得出这样一个结论:'刑'的来源其实只有一个,即'荆'字。所谓'刑'是因误解而产生出来的一个讹字。"③以上学者主要从金文材料分析出"荆"是表示刑罚的正字,"刑"是后起的讹字,在传世文献中讹字通行,正字荆,废弃不用。

其实,从文献使用情况看,以"刑"代"荆",演变为立法词语,不是一蹴而就,而是经历一系列阶段。下面我们详细阐释之。

"井"是"荆"的起点,即"荆"的意义来源于"井"。许慎引用《易经》语料,解构了"荆"中字素"井"的意义,即"井,法也"。"井"与"刀"两者会意为"依法惩治罪犯"。其中"井"字的构意为核心。

"井",《说文》:"井(井),八家一井,象构韩形。·,罋之象也。古者伯益初作井。"许慎所释之义为"水井"。"井"形出现很早,据学者考证,二里头出土的陶器上面就见"",不过学者普

---

① 季旭昇:《说文新证》,福建人民出版社,2010年,第367页。
② 张世超:《金文形义通解》,中文出版社,1996年,第1266页。
③ 古文字诂林编纂委员会:《古文字诂林》第四册,上海教育出版社,1999年,第576页。

遍以之为记事符号,还算不上文字,也不是图画①。甲骨文有
"井"字,如""、""等形,"甲骨文井象韩之形,中间不加《说
文》以为象瓮的圆点,金文开始出现中间有点的'井'字"②。虽然
甲骨文出现"井"字,但未见"水井"义的用法。"井"在甲骨文的
用法有人名、地名、方国名的用法③,如:"妇井毓(《合集》327)";
"在井(《屯》2907)";"执井方(《合集》33044)"。又沈之瑜曰:
"甲骨文中有井字,井的用意只有两种,一是方国名——井
方……另一种是人名……妇井,例很多,岛邦男《殷墟卜辞综类》
中收录五十二条之多。两种都不是水井的意思,卜辞中无用井之
本义者。"④虽然甲骨文"井"无"水井"义,但是甲骨文有""字,
隶定为"洴",卜辞存"百洴(《合集》1877)",其义不明。沈之瑜
考释"百洴"为"百条沟渎"意义,其中"洴"是"阱"字古文,其义
亦非"水井",当为"沟渎"⑤。沈之瑜主要依据郑玄注释《周礼》
之"阱"与《玉篇》所释之义而推论"洴"为沟渎义,即纵横交错的
水渠,其形如"井",故名之。《说文》未收"洴",收"阱",且认为
"洴"是"阱"的古字。《说文·井部》:"阱,陷也。古文阱从水。"
许慎所释的"阱"乃陷阱义,与沈之瑜所释卜辞"洴"义不同。许
慎认为"洴"与"阱"为异体的关系,也许是正确的。因为古代猎
兽时,穿山挖坑,在坑的上面要搭架交错的树枝,其构形如"井",
再以树叶、毛草铺之,或同时撒上泥土等而伪装,以迷惑禽兽。陷
坑一般挖得很深,四周会渗入诸多的水,抑或坑已经挖好很久了,
里面已经集聚了雨水,也不排除特意往坑里灌水,一旦禽兽掉入
而被淹死,故"阱"可从水而成"洴"。当然,甲骨文有更直观、具

---

① 孙淼:《夏商史稿》,文物出版社,1987年,第224页。
② 季旭昇:《说文新证》,福建人民出版社,2010年,第439页。
③ 刘兴隆:《新编甲骨文字典》,国际文化出版公司,1993年,第298页。
④ 于省吾:《甲骨文字诂林》第四册,中华书局,1996年,第2858页。
⑤ 于省吾:《甲骨文字诂林》第四册,中华书局,1996年,第2859页。

体表示"阱"意义的字,如𣄠、𣄠、𣄠、𣄠、𣄠、𣄠、𣄠、𣄠、𣄠等形①,主要由麋鹿、井或凵等构成,刘兴隆还列举了增加"水"字素的甲骨文,"𣄠、𣄠(合集 27964)从水,从麋,从井,从文义分析,其用如阱……像麋落陷阱之中。商代辖区内气候炎热,坑井中常集雨水,所举𣄠字从水,不无道理。卜辞作动词,掘陷阱以捕野兽也:'甲子卜,其𣄠。'(合集 27964)'惟马呼𣄠。'(同版)"②此可证许慎所举"阱"可从"水"。

其实,不仅甲骨卜辞"井"未出现"水井"意义用例,且金文"井"也无"水井"义的用例。金文"井"字形,前面已述,总体上有两种形体,即井分为不加点的"井"与加点的"丼",其义位、使用次数与用例在金文语料中的具体分布,王沛依据张亚初的《殷周金文集成引得》做了一个统计③:

井字在金文资料中出现的义项

义 项	出现次数	用 例
人名、地名	81 次	井伯、井叔、井
动词:效法,通"型"	21 次	帅井先王
动词:惩罚、用刑、通'刑'	3 次	敢不用命,则即井,扑罚
名词:法度,通"型"	10 次	不用先王作井
名词:刑罚、刑法	0 次	
量词:土地面积单位	1 次	赐厥臣弟繇井五
存疑:师同鼎铭文"井师"	1 次	其井师同从。

---

① 古文字诂林编纂委员会:《古文字诂林》第五册,上海教育出版社,2003 年,第 270 页。

② 刘兴隆:《新编甲骨文字典》,国际文化出版公司,1993 年,第 721 页。

③ 王沛:《〈尔雅·释诂〉与上古法律形式——结合金文资料研究》,《法律史论丛》第十一辑,2011 年,第 47 页。

　　从上可知,铭文"井"也未用作"水井"义,学者普遍认为金文用作人名、地名的井,传世文献常作"邢",此义与法律意义无涉。传世文献"井"用作水井义见《易》,《易·井》:"改邑不改井。"孔颖达疏:"古者穿地取水,以瓶引汲,谓之为井。"甲金文语料不见"井"字的水井用例,不能说明"井"字在甲金文时代无"水井"意义,因为甲金文的数量、记载的内容等条件限制,其语料只能证有,不能证无,即文献不足征。

　　但是从甲金文与传世文献看"井"字意义较多,主要有:(1)水井;(2)由"井田"缩略为"井",以表示法律意义;(3)纹身工具;(4)模型;(5)刑具"首枷";(6)惩罚、刑法、法。其实,我们列举以上"井"字诸义,主要为了分析学者对"井"字本义看法、"井"字法律意义来源、"井"字诸意义关系(即是异字同词与同词异义,或者是同形词,还是一词多义关系)等。

　　井¹:本义为水井。持此种观点的学人较多,许慎就是,下面我们以高鸿缙、金国泰等学者的看法作为例子分析。《中国字例》:"井当以水井为本意,韩,井栏也。罋,井口也。至《孟子》述井田之制,八家为井,井九百亩云云,为井之借意。"①即高鸿缙指出"井"字本义为水井,不能引申具有法律制度的"井","井田制"之"井"表示"法"的意义是假借现象。金国泰也认为:"井的本义是水井……词义缩小仅指井栏。井栏不能随意越过,因此引申为法度、法则、惩罚,这些意义在金文中多有用例,而在典籍中写作'刑'或'型'。"②高鸿缙未明言法律意义的"井"来源于何,而仅认为来源于井田之井是不对的;金国泰则认为从水井的井栏意义可引申为法度、法则等意义。我们认为"井田制"或"井栏"与中国法制的产生、发展的历程不相切合。因为上古之人,只知道"刑",还

---

①　周法高:《金文诂林》,香港中文大学出版,1974年,第3293—3294页。
②　李学勤:《字源》,天津古籍出版社、辽宁人民出版社,2012年,第450页。

未有今之法的观念,即中国古代的法起源于刑,而不是"刑"来源于"法"。这是同字异词现象。但是对于中国古代"法"是否由古代的"井田制"包含法制内容而缩略而成,至今有不同的看法。

井²:王沛认为"井"的本义是"井田之井",然后通过辐射引申方式,分别引申出动词效法意义与惩罚意义。由"效法"再引申出名词准则、原则意义;另从动词"惩罚"引申出名词刑罚、刑法。用图的形式表示如下①:

$$井(本义即井田之井)\begin{cases}动词"效法" \rightarrow 名词"准则""原则"\\动词"惩罚" \rightarrow 名词"刑罚""刑法"\end{cases}$$

从上可知,王沛认为"井"具有诸种法律意义,如"惩罚、刑罚、刑法"等,来源于"井"之"井田之井",即"井田"缩略而成。为了弄清王沛的观点,我们有必要详细了解井田的形成及其主要内容。"井田,殷、周时代的一种土地制度,地方一里,为井,划为九区,形如井字,每区百亩,八家各分一区耕作,中央为公田。"②即殷周时期对田地的划分,其形如"井",形成一种耕作制度,然后由此种制度引申为"法度、法制"等义。这与中国古代法制形成发展的本源不相切合,甚至为逆向因果关系。因为王沛认为先有"井田法"之"制度",后有"惩罚、刑罚"等法律意义,而中国古代的"法律、法制"是从"刑"发展、或扩大而逐渐完善,即先有"刑",后才有法,这是法律学界普遍观点。

井³:井的本义为纹身工具。武树臣认为"井"之"刑"意义,来源于"井"的纹身工具意义。"因为古代纹身并不是一件轻松的事情,特别是给儿童纹身,他们会哭闹的。而且纹身是较长时

---

① 王沛:《〈尔雅·释诂〉与上古法律形式——结合金文资料研究》,《法律史论丛》第十一辑,2011年,第48页。

② 《汉语大字典》编纂委员会:《汉语大字典》,湖北辞书出版社、四川辞书出版社,1992年,第10页。

间的工作,有复杂的程序。因此需要'校'即'井'来固定人的身体。"①后来衍生法律意义②:"'井'象征四根木柱构成的,用红色绳索固定的,可以改变尺寸的'行刑'工具。"即"井"表示"法"的意义是由其"行刑"工具引申而来。同时武树臣认为"井"演变法律意义还在于纹身的教化功能,这与"刑"的教育功能有相同之处。以上两者的结合使得纹身工具的"井"演变为法律"刑"成为可能。这种溯源只能是多种可能性中的一种偶合,否则我国古代的刑具"首枷"或者《说文》说释的"校"起源于"纹身"了,这恐怕是象形造字的不足之体现,因为同一个词存在同形的现象。此种见解与日本学者白川静的"首枷"观点暗合。白川静认为③:"井有二义:用于刑罚作首枷之形,用于铸造时,作模型的外框之形……刑罚的刑和范畴的型原本均作井、刑,都是外框之用,为同一语源。""首枷"即是固定罪人头部的刑具,此可引申出"法"的意义。白川静指出"井"有二意义,这两个意义虽然都是从功能或者作用相同引申出来的意义,但是我们不能认为如果有相同功能意义的词,就具有同相同的语源,如"把"与"拿"皆有动词"持"的意义,但是我们不能认为"把"与"拿"就具有相同的语源义,只能说它们是同义词。具有相同的语源义两个词,它们之间意义,尤其核心意义应该具有明显的引申关系或逻辑关系。"井"之"模型"外框作用与"首枷"之外框只是形体相同与功能相同,但是其核心义不同。"模型"重点在固形体而范围一,"首枷"的功能虽然有固化作用,但更重要的在于限制人身自由,对人的惩罚。

---

① 武树臣:《甲骨文所见法律形式及其起源》,《法律史论丛》第十一辑,2011年,第13页。

② 武树臣:《甲骨文所见法律形式及其起源》,《法律史论丛》第十一辑,2011年,第34页。

③ 武树臣:《甲骨文所见法律形式及其起源》,《法律史论丛》第十一辑,2011年,第35页。

故"井"之首枷意义与模型意义语源不同,由"纹身工具"引申出"刑"的意义难度较大。

井⁴:井的本义"模型"。王文耀认为"井"之"刑"义是"井"的通假。本义为模型。"井实型之初文,为制土砖坯子模具的象形。填土入井之中心方格,用刀刮除多余的泥土,故产生从刀从土的'型'。井被借为水井之井,久而失去本义。金文用作……②通'刑'。"①"井"字模型意义,金文语料已经有用例,从造字方法而论,取其形似,因为制土砖坯子模具像"井"形。王氏详细探讨了由"井"到"型"演变过程,其说可信。但是对王氏的论断,仍有两个问题值得探讨:一是认为"井"的法律意义——刑,是通过假借途径而产生。二是"水井"的意义是"模型"之"井"假借。王氏之通假或假借是基于"井"字只表示一个词,即一个字只能对应一个词,并且认为"井"字的本义是模型,也未考虑到古文字中存在同字异词(同形词)现象。如果真如王氏之说,那"井"字表示"水井、刑"等意义就是通假,因为"模具""水井""刑"的意义划然有别,只是音同。其实,古人造字之时,用同一个字符造出不同意义的词比比皆是,甲骨文中就存在较多的同字异词现象,如陈炜湛在《甲骨文异字同形例》②一文例举了 13 组同形异字现象,即我们所说同形词,陈炜湛叫异形字。陈炜湛所举的例,值得关注的有:(1)"女、母"同"𩓥";(2)"正、足"同"𤇥";(3)"从、比"同"𠈌"或"𠈌"。以上这些现象与我们所谈论"井"形代表不同词很相近,即表示模具之"井"与表示法律意义之刑(井)似乎能关联,因为有的学者认为模型或模具具有规范、范式意义,这与法的规范功用相近。其实,这是一种或然关系,从根本上忽视了

---

① 王文耀:《简明金文词典》,上海辞书出版社,1998 年,第 40 页。
② 陈炜湛:《甲骨文异字同形例》,《古文字研究》(第六辑),中华书局,1981年,第 227—249 页。

中国古代法的起源——刑。这如同"女"与"母"一样,两者似有联系,但是"女"与"母"存在核心区别,只有生养了子女的女人才能称母。故"女"与"母"为一种或然关系,实际上成为两个词。

独体字"井"字以上诸意义,有的没有明显、明确的逻辑关系,是象形字的形似,并非"神似":如"水井"之"井"、"模型"之"井"、"首枷"之"井"、"纹身工具"之"井"等只是形体相似,意义关联不大,故这些象形字,属于同字异词,即是同形词,另外表示纵横交错的水沟渠之"洴",即"百洴"之"洴",其字素义也是形似,这很明显是另一个词,因为字形就有区别。但是"首枷"义之"井"与表示法律意义之"井"是一词多义,语义上有关,不是同形词。我们赞同"井"之"首枷"义,是其众多法律语域意义的本义,即"井"具有法律语域诸种意义来源于"首枷"。

井[5]:本义为"首枷"义。"首枷",即后之"枷锁",是戴在罪犯脖子上,限制其头自由活动的刑具,其形制是纵横交错紧固的木条,如同"井"形,此能与"井"之诸多法律语域意义相联系。"井"之"首枷"意义之所以妥当可从,这可从甲骨文找证据。甲骨文卜辞虽然没有出现"井"字作法律意义的用例,但是存由"井"字素构成表示法律意义的字,如:"丙戌卜,争,贞其告🐾于河。"[1](《合集》805)又:"贞告🐾于南室三🐾。"(《合集》806)其中"🐾""🐾",《合集释文》皆释以"執(执)"。于省吾以为"像拘其首于笼内。甲骨文还有🐾🐾二字,也像笼首之形"[2]。其字左旁上面之形,释为"笼子"不确,其形是"井"字简写,似释为首枷更确。"🐾",指对人施首枷、手铐之刑。刘海年亦曰:"此字(笔者按:🐾)像手戴手枷,头戴颈枷形,合集六五六六反一字作🐾形,正像

① 胡厚宣主编:《甲骨文合集释文》第一册,中国社会科学出版社,1999年。
② 于省吾:《甲骨文字释林》,中华书局,2009年,第295页。

后世颈上所戴的方枷。"①《合集》于此字释为"（執）执"，陈年福对此字摹为"𡔈"②。对照《甲骨文合集》中的拓片当摹写为"𡔈"恰当，其中"井"直接戴在跪踞人之颈之上，并未覆盖在该字左旁手枷之上。即刘海年摹写的𡔈更准确地看出方枷是戴在颈上。甲骨文同时存在"人"与"井"构成的字，如𦥛、𢆶等，这些字中的人不再戴手枷，仅仅是戴首枷，这些人或是奴隶或是罪犯，《新编甲骨文字典》释为"方国名或人名"③似不确，如果说"贞乎见𢆶"（《合集》4416）及"甲子卜，贞乎𢆶"（《合集》4417）中的"𢆶"作"方国名或人名"可以讲得通的话，那么"贞口㫐𢆶来归。十月"（《合集》4418）中的"𢆶"只能是人（或奴隶或犯罪之人），而不是人名，因为后面有动词"来"，人名不可能到来，只有人才会来往。虽然甲骨文没有"井"字用作首枷或惩处等意义，但是考虑到甲金文文字的一脉相承性，若以金文语料验"井"之法律意义，用例很多，可参见上文所引王沛的统计情况，此不赘举。正因为"井"的本义是首枷，后来引申出"惩治、刑罚"等意义，故《易》之"井，法也"的理据就清楚了。为了看清以上"井"字的意义、各意义之间关系与字形由"井"到"刑"发展轨迹。下面我们以图表的形式显示"井"字诸义关系。

$$
井 \rightarrow
\begin{cases}
井^1（本义：水井）\rightarrow 井栏 \rightarrow 法度、法制、惩治 \\
井^2（本义：井田之井）\rightarrow 法度 \\
井^3（本义：纹身工具）\rightarrow 行刑 \rightarrow 刑罚、法律 \\
井^4（本义：模具、模型）\rightarrow 规则、准则 \rightarrow 法律 \\
井^5（本义：首枷）\rightarrow 惩治 \rightarrow 刑罚 \rightarrow 刑法 \rightarrow 法律
\end{cases}
$$

① 刘海年：《中国珍稀法律典籍集成》甲编第一册，科学出版社，1994 年，第 69 页。

② 陈年福：《殷墟甲骨文摹释全编》第二册，线装书局，2010 年，第 664 页。

③ 刘兴隆：《新编甲骨文字典》，国际文化出版公司，1993 年，第 666 页。

从上图可知,"井"字有 5 个本义,属于一字有多个本义现象。即"井"分别记载 5 个不同的词,属于同字异词现象,但是只有井⁵才是法律语域系列义位的本字。因为即使依照上面学者看法,即"井¹、井²、井³、井⁴"皆可引申出"惩治、刑罚、法律"等意义,那是遵循各自引申轨迹,引申的意义与"井⁵"的"惩治、刑罚"等同义,从而形成一组同义词。同义未必同本义,词的本义是该词系列义位的起点,若本义与该词系列义位联系紧密,该词才是最合适本字。从上面可知井⁵的本义与诸法律义位最近,因此井⁵才是本字。换言之,表示法律系列义位的本义是"首枷"。下面我们追寻表示法律意义的"井"字演变为"刑"的历程。

"井"字增"刀"演变为刑,不仅从象形字变为形声字,而且露骨地凸显刑罚的血淋淋性,增加了暴力色彩,更是与其他几个方面意义之"井"撇清开来,独立自己的身份,便于交际。当然"模型"之"井"也不甘落后,亦积极与"首枷"之"井"划清界限,而演变为"型"。这是文字系统完善自我的体现。当然这种完善,经过了中间的环节或者过渡阶段。季旭昇曰:"'刑'(荆)字都是从'井'开始的,直到东汉才出现'刑'的写法。"①此言之意,"井"演变为"刑"不仅最迟在东汉出现,而且曾经用"荆"代"井"。"荆"字,《说文》已收,依据许慎的释义"罚罪"是法源词。"荆"字什么时候出现的呢?周之早期《过伯簋》有"荆",若此字与"荆"对应还有稍距离的话,那么周朝中期《墙盘》之"荆"、周朝晚期《散盘》之"荆"等字与"荆"很对应了。以金文语料证之,其义甚合。"荆,一、法也。《吊夷钟》:'卓專盟荆。'郭沫若引孙诒让说:'言执中以布明刑。'二、刑罚。《子禾子釜》:'中荆勺逸(徒),赎台(以)□(金)半鋝(钧)。'郭沫若曰:'勺疑梏奇文,象有械在人

---

① 季旭昇:《说文新证》,福建人民出版社,2010 年,第 367 页。

手,……谓徒役之刑也。'"①不过有学者认为表示"刑"之"井",在商朝武丁时期曾经出现过"𢽳"字,"象人卧棺中之形。荆字左旁盖本作艹,以形似遂误作井字,实非井字也。荆罚字无可象,故以棺形表死刑,从刀则示刀锯之刑。……以具体之器物表示抽象之意义,此先民智慧之所在也。"②依杨树达之言,"刑罚"难以用象形的方法造字,故以棺材敛人而会意地表示死刑。孙诒让的阐释,更与"刑"相合。孙诒让曰:"𢽳字从井……此即艹刀字,移刀著井中,形略变耳。"③唐兰从孙诒让的观点:"刑字小篆从刀,西周末叶的《散盘》已这样写,所以生出刀写井的怪说。其实所以从的刀是人形的误体。卜辞有𢽳字,象人在井中,商承祚说是囚字,丁山说是死字。字形既不相合,甲骨文又有死囚两字,我以为是刑的本字。"④由上可知,如果依照甲金文中的字形字义与文字产生的先后来看,表示法律之"刑"演变的轨迹是:井→𢽳→艹刀→刑。此种演变历程是一个大致先后历程,因为"刑"字在《睡虎地秦墓竹简》有草体的艹丮⑤,所以不能说"刑"字最早出现。另外,还值得一提的是"模具"之"井",在战国时期已经演变为"型",即"艹丮",战国时期晋国《鋚壶》有铭文:"大去艹丮罚。"此"型"通"刑"。"刑罚"之"刑"也可通"型",这在今文《尚书》中有用例,如"公勿替刑",王沛统计共有 5 次。

　　"刑"为立法词语,包含的法律形式主要有那些呢?"在先秦,如《尚书·吕刑》,《逸周书·尝麦》中都出现西周'刑书'的记

　　① 张世超:《金文形义通解》,中文出版社,1996 年,第 1266—1267 页。

　　② 杨树达:《积微居小学述林》,中华书局,1983 年,第 85 页。

　　③ 古文字诂林编纂委员会:《古文字诂林》第五册,上海教育出版社,2003 年,第 275 页。

　　④ 胡厚宣:《释𢽳》,《民国丛书·甲骨学商史论丛初集》(第一编 82 册,历史地理类),上海书店。

　　⑤ 季旭昇:《说文新证》,福建人民出版社,2010 年,第 367 页。

载。传统观念受《吕刑》'断制五刑'、《尧典》等文句的影响,认为'刑书'是有关五行、刑罚的法律文件。但是考诸金文,刑书更应该是一种规定行为准则、政治原则,范围宽泛,而非专指刑罚方面的法律形式。"①也就是说先秦"刑"已经不仅仅是指"刑罚"方面的法律形式,而且包含较宽泛法律形式,这在春秋战国时代表现得更突出,《荀子·臣道》:"政令教化,刑下如影。"杨倞注:"刑,制也。"此"制"为"政令教化",已经突破单一"刑罚"涵义,扩大了"刑"的法律形式内容。

辟　《说文·辟部》:"辟,法也。从卪,从辛,节制其辠也;从口,用法者也。"

许慎明确地以"法"释"辟",此"法"指广义的法,即法的总称,为立法词语。"辟"之"法"义,文献多见:《尔雅·释诂一》:"辟,法也。"《诗·大雅·板》:"民之多辟,无自立辟。"毛亨传:"辟,法也。"又《诗·小雅·雨无正》:"如何昊天,辟言不信。"毛亨传:"辟,法也。"《汉书·匈奴传》:"于是作《吕刑》之辟。"颜师古注:"辟,法也。""辟"可专指刑法,《尚书·君陈》:"宽而有制,从容以和。殷民在辟,予曰辟,尔惟勿辟。"孔安国传:"殷人有罪在刑法者。"《左传·昭公六年》:"夏有乱政而作《禹刑》,商有乱政而作《汤刑》,周有乱政而作《九刑》。三辟之兴,皆叔世也。"《盐铁论·周秦》:"故立法制辟,若临万仞之壑,握火蹈刃,则民畏忌,而无敢犯禁矣。"

"辟",甲骨文作"𠭜""𠨕""𠨐""𡊮"等形②;金文则普遍增"〇"或"⊙",有"𡊮""𡎚""𡍽""𢍜""𦊆"等形,亦有"〇"讹为

---

①　王沛:《〈尔雅·释诂〉与上古法律形式——结合金文资料研究》,《法律史论丛》第十一辑,2011年,第48页。

②　刘兴隆:《新编甲骨文字典》,国际文化出版公司,1993年,第573页。

"日（口）"，如"绮"①，此与甲骨文"绮"同，有"日"形，小篆亦从"口"，隶定为"辟"。观甲骨文字形，"辛"为刑刀，"尺"为犯罪跪跽之人，其造意是对下跪的罪人用刑，金文增加"○"，则是绳子，对被绳子捆住的下跪罪人用刑，故"辟"之本义为"治罪、施刑"。由本义"治罪"引申为"刑"。"刑"即"法"，上文已释上古"刑"与"法"同。由"法"引申为"君王"，其理据是"法自君出"，是法律文化的理据。由"法"又可引申为"效法"，动词。另外由"治罪"引申为"治理"，这是遵循由具体到抽象引申的规律。高田忠周曰："今审法训，字元作庠，从卩、辛，会意。卩辛即节制罪人也。法也者，今所谓刑法，治罪法也，转为凡法度义，又为有法度之称。又用法之人亦曰辟，《尔雅》：'辟，君也'是也。……以法喻告罪人，此谓之辟，是辟之本义。转为凡辟喻义。辟庠转注、义相涉矣。"②高田忠周虽以"庠"的本义是施刑，但认为"辟"的本义是"以法喻告罪人"，即"庠"与"辟"是两个不同的字，本义有别，"辟"字是通过转注方式产生的字。此太拘泥后出文字字形，或者未能正确识别上述古文字字形中的"○"表意功能。金文增加"○"是凸显或加重对罪人的惩罚，即用绳子捆绑罪人，"○"演变为"日（口）"是讹变。"辟（高田忠周之庠）"与"譬（高田忠周之辟）"是同源字，并非假借字或转注字。从辟之字，如"避""壁""劈""臂""譬"等字有"分开、分离、隔开"意义。此义源自"辟"之的施刑义，因为对罪犯施辟刑（古特指死刑），即罪犯被处死，导致身首分离，或如古人所说阴阳两隔，故"辟"有"分离、分开"义。"避"则双方不相遇，亦即分开；"壁"则有分离、分开之功效，把一物与另一物分开、隔开；"劈"则用刀分开物；"臂"为人体躯

---

① 陈初生：《金文常用字字典》，陕西人民出版社，2004 年，第 867—868 页。

② 古文字诂林编纂委员会：《古文字诂林》第八册，上海教育出版社，2003 年，第 131—132 页。

干的分支;"辟"则是条分缕析解说问题,即把问题阐释清楚、明白。故"辟"(高田忠周之辟)的本义并非"以法喻告罪人","辟"的意义与"法"义相距较远,非直接来源于"法"义。

"辟"的本义,学人见解不尽一致,也导致对词的引申轨迹不同的看法。除了"施刑",主要还有两种不同的观点:一是法;二是君主、君王。上文我们说过字(词)的本义可以有多个,但是一定要准确分析字的构形,同时要有古书用例的支撑,绝非任意。下面我们逐一分析以上两个观点。

"辟"之本义为"法"义,此囿于《说文》的释义。如陈初生以"法"为本义,《金文常用字典》列举了"辟"字四个义项①,第一个义项是"法,效法,法则";第二个义项是"辟治,辟事";第三个义项是"天子、诸侯之通称";第四个义项是指"官长"。显然,第一个义项的排列没有严格依照词义引申的先后顺序排列,同时把"效法"与"法、法则"归在一起,为一个义项,这也不妥。应当把第一个义项拆分成 2 个义项,即"法、法则"与"效法"。从上可看出"法"是"辟"的本义。

"辟"的本义为"君主、君王"。王沛曰:"'辟'字在西周金文中很常见,亦无用刑、肉刑之意。金文中的辟,大多用为名词,指君长。少数用作动词,通常理解为'治也',有辅助之意义。……在实际金文中,辟的主要义项为君主,而动词治罪的含义从未出现过;而传世文献《尚书》中,动词治罪、名词刑罚才开始转为与刑罚、法律相关的名词、动词。以文献出现时代分析,高田氏的词性演变顺序,似应转过来,即由名词的君主衍生出名词和动词的罪、治罪的含义。"②笔者认为高田忠周对"辟"的本义分析是正确

① 陈初生:《金文常用字字典》,陕西人民出版社,2004 年,第 868—869 页。
② 王沛:《〈尔雅·释诂〉与上古法律形式——结合金文资料研究》,《法律史论丛》第十一辑,2011 年,第 50—51 页。

的,其引申轨迹(词义先后产生)符合词义引申规则。王沛的观点显然不合词义引申规则,王氏的结论立足于文献出现时代。我们知道确定字的本义有 2 个重要因素:一是古文字的构形,二是文献的书证(或用例)。古文字构形的字素是造意的基础,也是归纳本义之根本,若我们忽略其中某个字素或几个字素意义而求出字的本义,很难令人安妥。如王沛论证"辟"字本义时,只是分析"辛"有君王意义或者代表君王,但是没有阐释"辟"字左边的"尸"或"𠂤"意义①。文献书证很重要,若归纳出的"本义"在文献中找不到用例,那"本义"只是一种可能,只有找到用例,可能才成为现实,当然书证的时间一般是上古文献即可,不一定是甲骨文、金文的语料,毕竟甲金文语料不多,文献不足征。因此王沛因甲骨金文语料中的"辟"字没有刑罚义,否定"辟"的本义"施刑"。这显然不妥。其实"辟"字"施刑、惩罚"意义虽然未见于甲金文语料,但在先秦传世文献中多有用例:《尚书·君陈》:"辟以止辟,乃辟。"孔安国传:"刑之而惩止,犯刑者乃惩之。"《左传·襄公二十五年》:"先王之命,唯罪所在,各致其辟。"杜预注:"辟,诛也。"

　　"辟"字本义虽不是"法律",但可引申为"法律"义,故可作为"立法词语",但是"由统治者正式颁布的冠名以'辟'的法律形式,至今尚未发现"②。

　　律 《说文·彳部》:"律,均布也。从彳,聿声。"

　　"均布"并非"律"的本义,为引申义。其法律语义不彰,因为"均布"可作多解:《汉语大词典》收"均布"一词,仅列一个义项,

---

① 王沛:《〈尔雅·释诂〉与上古法律形式——结合金文资料研究》,《法律史论丛》第十一辑,2011 年,第 54 页。

② 王沛:《〈尔雅·释诂〉与上古法律形式——结合金文资料研究》,《法律史论丛》第十一辑,2011 年,第 54 页。

释为"普遍分布",例证是:《汉书·董仲舒传》:"故受禄之家,食禄而已,不与民争业,然后利可均布,而民可家足。"此"律"释为"普遍分布"并无不妥,但似缺漏了"平均分布"或"平均施行"之义项。段玉裁于"律"字下注曰:"均律双声,均古音同匀也。《易》曰:'师出以律。'《尚书》:'正日同律度量衡。'《尔雅》:'律,铨也。律者,所以范天下不一而归于一。故曰均布也。'"段玉裁之"均律双声,均古音同匀"不但揭示了许慎采用声训释义,而且指出了"均"与"匀"同义,即"均布"之"均"当作"均匀(平均)"解,即"均"有"平均"意义,不止"普遍"意义。同时段玉裁揭橥了"律"的法律意义为规范、统一的标准。这是宏观上广义上的"法度"意义。并未详细探讨"律"之字形的演变、本义以及今之法律的"律"语义来源。学人有不同看法,下择其要而述之:

"律"之声符"聿"有义。"聿"之甲骨文有 ꘌ 等形。罗振玉曰:"此象手持笔形。乃象形也,非形声也。"[1]《甲骨文字诂林》编者按:"聿、聿、笔初形均当作 ꘌ,象手持笔形。"[2]马叙伦曰:"▮即象其所制竹樼上劲直下柔歧之形。"[3]林义光曰:"聿实即笔之古文。"[4]高田忠周曰:"此最古笔字也。……象手执▮……其作▮者,象毛衔墨沈而润敛之形,又作▮者,象毛未衔沈而干散之形,均皆同意也。""聿"之本义为"笔",确实不误。上述从字形上推论,下面从文献用例也可证:《说文·聿部》:"聿,所以书也。楚谓之聿,吴谓之不律,燕谓之弗。"汉扬雄《太玄·饰》:"舌聿之利,利

---

①　古文字诂林编纂委员会:《古文字诂林》第三册,上海教育出版社,2001年,第500页。

②　于省吾主编:《甲骨文字诂林》第四册,中华书局,1996年,第3126页。

③　古文字诂林编纂委员会:《古文字诂林》第三册,上海教育出版社,2001年,第491页。

④　古文字诂林编纂委员会:《古文字诂林》第三册,上海教育出版社,2001年,第501页。

见知人也。"司马光集注:"聿,笔也。"有的人认为"律管"以竹做,古制造"笔"亦多用竹,故得相通,如杨树达曰:"甲文之,中直画即象竹管之形,非秦时始用竹为管而谓之筆也。若然,以竹管束毫书事谓之聿,以竹管候气定声谓之律,律从聿声,实兼受聿字之义也。"①祝总斌认为"聿字由手握笔以刻画甲骨文之状,引申指刻画工具——笔,同时逐渐有了区分之义。因而由聿构成之字,其所以或有区分之义,或演化指界限、规矩、行列,或引申为动词晓习、规正,全都源于语跟'聿',或与之有关。这也是为什么以聿为主要组成部分的律字,后来会有固定不变、规范、准绳等义('常'、'法'、'铨'),本用于法律之律(开始用为音律之律)的基本原因"②。杨树达只是从两者形状相似,而推论出"律"引申为"律管"、"音律"义。此太表面化,未能找到其核心所在。祝总斌从笔的功用角度立论,认为聿有区分义,此说仍未使人安妥。因为从祝总斌之"手握笔以刻画甲骨器物之状"可推出其笔乃刀具笔,否则无法刻画甲骨器物。显然,"笔"未必是刀具笔,毛笔也可能,如上述之学者就明确认为"象毛衔墨沈而润敛之形"。其实,人们用笔写字主要不是为了区分一事物与另一事物,故认为聿有区分义未能找到"聿"义关键引申所在。我们认为"笔"是书写工具,其书写需要遵守一定法则,"聿"有遵循、依照义:《玉篇·聿部》:"聿,循也。"《后汉书·文苑传·傅毅》:"密勿朝夕,聿同始卒。"李贤注:"聿,循也。"否则写的时候不但费力,而且不美观,因此影响书写速度和字的美观,因为"聿"有"捷巧"义,如《说文·聿部》:"聿,手之疌巧也。"因此"笔"能引申"法则、规则"义。"法则"虽然能在某种程度上束缚人们,但亦能够使事物或行为处于"和谐"状态,换言之,事物或行为处于和谐状态,有

---

① 杨树达:《积微居小学述林》,中华书局,1983年,第35页。
② 祝总斌:《"律"字新释》,《北京大学学报》(社科版),1990年第2期。

可能使人们行动在某些方面受法则的束缚,但是在另一方面使得人们行动快捷些。今天生活事实告诉我们,交通规则,虽然使人们的行动受到一定束缚,但是总体上行动快捷些,不会混乱,因而交通状况更畅通有序。

"律"字形符"彳"亦表义,其义为"行"。甲骨文有"律",作 ⿰、⿰、⿰、⿰ 等,刘兴隆另释"⿰"为"律",不过此字省略了"手(又)"①。但是对以上诸字,有的学者释为"建",王国维不以为然:"建,鼎文作⿰,诸家皆释建。然《说文》建字与廷字俱在廴部,而古金文廷字与石鼓文髀字所从之建字均从匚,不从辵,则此从辵者,非建字。疑律之或作也。"②即甲骨文存"律"字,卜辞"律"用作"纪律、法律"③,如"师惟律用"。(《屯》119)"师惟律用"与《周易》中的"师出以律"何乃相似,此"律"体现了与"行"相关的意义,《周易·师》:"师出以律,否臧凶。《象》曰:'师出以律',失律凶也。"王弼注:"为师之始齐师者也,齐众以律,失律则散,故师出以律,律不可失。"师在此为率众之意,率众出行当依规矩、法度行事。"律"为"规则"义,违反规则必然带来不好的后果,"律"在此用以强调行军纪律。这一用法《左传》亦有用例:《左传·宣公十二年》:"知庄曰:'此师殆哉!《周易》有之,在《师》䷆之《临》䷒'曰:'师出以律,否臧,凶。'执事顺成为臧,逆为否,众散为弱,川壅为泽,有律以如己也,故曰律。否臧,且律竭也。盈而以竭,夭且不整,所以凶也。不行之谓之《临》,有师而不从,临孰甚焉? 此之谓矣。"

"律"在先秦典籍中出现的频率不高,在《论语》、《墨子》、

---

① 刘兴隆:《新编甲骨文字典》,国际文化出版公司,1993 年,第 100 页。
② 古文字诂林编纂委员会:《古文字诂林》第二册,上海教育出版社,2001 年,第 513 页。
③ 刘兴隆:《新编甲骨文字典》,国际文化出版公司,1993 年,第 100 页。

《孙子兵法》皆无"律"字。"律"在先秦典籍中用法主要有两种，其一，多指音律及由此引申而与历法、度量衡相关的词义。《尚书·舜典》："声依永，律和声。"《尚书·益稷》："予欲闻六律、五声、八音。"《尚书·舜典》："协时月正日，同律度量衡。"孔安国传："律，法制。"孔颖达疏："诸国协其四时气节、月之大小，正其日之甲乙，使之齐一。均同其国之法制，度之丈尺，量之斛斗，衡之斤两，皆使齐同，无轻重大小。"以上"律"之"法制"的含义与今天不同，它指的是统一历法和度量衡的规则。其二，"律"指规则、约束的含义，如前所引《周易》中的"师出以律，否臧凶。《象》曰：'师出以律'，失律凶也。"《左传·宣公十二年》引《周易》"师出以律"，《左传·桓公二年》"百官于是乎戒惧而不敢易纪律"，《左传·哀公十六年》："夏，四月己丑，孔丘卒。公诔之曰：'旻天不吊，不憖遗一老，俾屏余一人以在位，茕茕余在疚。呜呼哀哉尼父！无自律。'"

　　由上可知，由"彳"与"聿"构成的"律"，为行动的准则、规则义，此为"律"之本义。军队行动要步调一致，军人思想要一致，遵守严密规则，所以引申出军律，上引文献可证。之所以制定"律"，是为了协调、规范人们的动作一致，达到和谐状态，从而使人们"动则有成"，因此"律"又分别引申出音律、历法、度量衡、法律义。因为它们需要精确、严密和按照一定规则制定的，唯有这样，才能安定天下，起到调节社会和谐作用。

　　"法律"之"律"义来源什么呢？司马迁《律书》："王者制事立法，物度轨则，壹禀于六律，六律为万事根本焉。其于兵械尤所重，故云'望敌知吉凶，闻声效胜负'，百王之不易之道也。"温慧辉曰："法律意义上的'律'来自战争中的军律，而军律来自音律。"[1]司马迁之言乃后世之看法，是古人把音律上升到意识形态

---

① 温慧辉：《〈周礼·秋官〉与周代法制研究》，法律出版社，2008年，第49页。

的折射。温慧辉之观点，主要是以司马迁《律书》为依据，亦不妥。上文已经说过"律"之本义为行动的准则、规则。"六律"也是具有严格的规则和标准的，"六律"之"律"义是从行动之"律"引申而来，"军律"亦是从行动之"律"引申而来；它们之间并非链条式（连锁式）引申，而是发散式（辐射式）引申。

以上仅仅是从文字及其意义演变探讨"律"成为"法"之原因，即"律"演变为法律语词的原因，其实古人改"法"为"律"，还涉及文化方面原因。《管子·七臣七主》："夫法者，所以兴功惧暴也；律者，所以定分止静也；令者，所以令人知事也。"即"法"主要惩罚犯罪和奖赏功劳；"律"主要是制定条例，以便实施法律行为，因此比较具体和繁多；"令"主要是应对突发事件而发出的命令，因此较单一和具临时性。从操作层面上看，由于"律"具有很强的现实性，因而更符合统治者的意志。所以商鞅改"法"为"律"。当然改"法"为"律"之前，是改"刑"为"法"。刑向法的转变，体现了古人对法的认识深入，改"法"为"律"则进一步体现了古人法制思想的明晰化。邱濬十分清楚地说明了刑、法、律三者关系，《大学衍义补》："律之言，昉于《虞书》，盖度量衡，受法于律。积黍以盈，无锱铢爽。凡度之长短，衡之轻重，量之多寡，莫不于此取之。律以著法，所以裁判群情，断定诸罪，亦犹六律正度量衡也。故制刑之书，以律名焉。"

由上可知，"律"的语源来自"笔（筆）"的"聿"，由于词义的引申，造词分义，出现"律"，其本义为"行动的准则、法则"，从而演变为法律形式的词语，在《尔雅》中明确出现"法"的意义。王沛认为："至少到春秋初，已经具备法律形式的特征。"①但是明确以"法律"义出现的首例，见于青川木牍，"'二年修为田律。'其中

---

① 王沛：《〈尔雅·释诂〉与上古法律形式——结合金文资料研究》，《法律史论丛》第十一辑，2011 年，第 58 页。

'二年',系秦武王,即公元前309年"①。汉代以前以"律"命名的法律形式较多,不仅"田律",湖北云梦出土的秦墓竹简就有"秦律十八种",保存了《厩苑律》、《仓律》、《金布律》、《工律》、《繇律》、《军爵律》、《置隶律》、《传食律》和《效律》等。秦国及其统一后的中国,"律"取得了基本法律形式的地位。"律"的内容并不是单一的刑事法律,涉及政治、经济、军事、职官等内容,当然隋唐以后"律"的内容则是刑事法律。

以上我们主要依据《说文》的释义言及汉代以前几种重要法律形式,这些法律形式通过词语来表达,其实,"中国古代法律形式经历了一个不断发展完善的过程,就历朝的主要法律形式而言,秦有律、命、令、制、诏、程式、课等,汉有律、令、科、品、比"②等,因为其中的法律形式,在《说文》的释义未能明显体现出来,故未作考释。

---

① 武树臣:《甲骨文所见法律形式及其起源》,《法律史论丛》第十一辑,2011年,第28页。

② 杨一凡:《新编中国法制史》,社会科学文献出版社,2005年,第129页。

第二章　司　法　词　语

　　"司法"一词,在唐代出现。《法学辞源》收"司法"一词①,列举的义项有二:一是"旧制官名。两汉有决曹、贼曹掾,主刑法。唐宋皆设,至元废"。二是"现指检察机关或法院对民事、刑事案件进行立案侦查、审判活动"。《法学辞源》所释"司法"词义狭窄,即小司法概念。《法学词典》收"司法适用"一词(笔者按:《法学词典》未收"司法"一词),对我们全面了解"司法"的内涵有重要的启发作用。"司法适用,狭义称法律适用。指拥有司法权的国家机关依照法定职权和诉讼程序实施法律规范的方式。其主要特点是:(1)它通常是在法律规范实现过程中遇到障碍或者出现违反法律规范的情况下才进行适用。(2)严格依照诉讼程序和司法制度适用法律规范,如民事案件依照民事诉讼程序,刑事案件依照刑事诉讼程序办理案件。(3)它一般表现为直接凭借国家的强制力保证法律规范的实现,或者强制违法者履行法定义务,或者对违法者给予法律制裁。(4)适用的结果表现于一定的法律文件,如调解书、裁定书、判决书等。在我国,司法适用要求做到正确、合法、及时,为此在司法适用中一律遵循以下基本原则:人民法院和人民检察院依法独立行使审判权、检察权,不受行政机关、社会团体和个人的干涉;以事实为根据,以法律为

---

① 李伟民:《法学辞源》,黑龙江人民出版社,2002年,第939页。

准绳;在适用法律上公民一律平等。"①此段引文是针对我国目前法律适用范围、适用对象而言。司法涉及宽泛,总体上来说,既有司法行为、司法的原则,又有司法的结果等,其中关键词较多,如"违法""法律制裁""判决书""诉讼"等,这是构建"大司法"语义场的词语。今天有学者对"大司法"概念不怎么认可,因为这类学者持"司法独立"观。然而古、今司法具体情形不尽一致,司法语义场中的词语也不尽完全相同,如古代司法行政不分,君王、官员既是司法者,也是行政者。故考虑古今司法不同,我们所说的司法语义场包含的词语有"诉讼""逮捕""审判""罪名""罪行""罪人""惩办""赦免"等一系列司法语义范畴的词语,这些词语又按照上下位关系,分为不同的类。

第一节　诉　讼　词　语

"诉讼"是司法的前奏,"不告不理"为古今中外司法基本原则之一。诉讼制度是司法制度之重要部分,是统治阶级通过具体的审判活动和适用法律行为行使其统治权的一种统治手段。"诉""讼"连用为"诉讼",已见于南朝宋时的《后汉书》。《后汉书·陈宠传》:"西州豪右并兼,吏多奸贪,诉讼日百数。"然诉讼司法行为早已产生,"商朝的诉讼制度已经初具规模……到周代时,诉讼制度逐渐完善。"②由于古人诉讼概念与今天诉讼概念不尽相同,古人曾谓"诉讼"为"狱讼",《周礼·大司寇》:"以两造听民讼……以两剂禁民狱。"郑玄注:"讼,谓以财货相告者……狱,谓相告以罪名者。"或言"讼狱",《管子·小匡》:"无坐抑而讼

---

① 《法学词典》编辑委员会:《法学词典》(增订本),上海辞书出版社,1984年,第243页。

② 温慧辉:《〈周礼·秋官〉与周代法律制度》,法律出版社,2008年,第206—207页。

狱者,正三禁之。"今之诉讼概念与西方接轨,"诉讼"在外国有多种词语表达方式,如拉丁文的 processus,英文的 process、procedure、proceedings、suit、lawsuit,德文的 prozess 等,其最初的含义是发展和向前推进的意思,用在法律上,也就是指一个案件的发展过程。下面主要以中国古代诉讼制度为准绳,从而考释《说文》所蕴含的诉讼语义场的词语。

(一)告发词语

"告发"指个人或官府检举揭发他人犯罪之行为。这涉及诸多方面,如告发人(原告)、告发的对象(被告)、告发的事由、告发的方式、告发地点等。《说文》收了告发语义类词语,如"告""诉""证(證)""诇""訏""譶""劾"等,以上词语的"告发"义有的比较隐含,有的明显。

告　《说文·告部》:"告,牛触人,角箸横木,所以告人也。从口,从牛。《易》曰:'僮牛之告。'"

"告"之本义并非法律语义的告罪,即不是法源词。许慎对"告"的本义探求也未得其精确,甚至失之太远。故段玉裁曰:"牛、口为文,未见告义;且字形中未见木,则告意未显。""告"之本义为何?古今学者探微索隐,歧见较多,不过今之学人普遍认为是"祝告"。季旭昇曰:"告之本义为祝告,甲骨文、金文告字皆为祝告,引申为告人。……告字之造字本义,说者多家。张日昇以为甲骨文、金文从牛、从口,会祭神祝告之义(《金文诂林》案语)。张玉金在徐中舒的基础上,主张告字系把舌字的中画向上突出而产生的分化字(《论殷商时代的祰祭》),其说可参。"①即季旭昇认为"告"的本义为"祝告"。张日昇析字时,认为"告"的造意为"舌头",此说可参。因为"告"与"舌"的甲骨文形体相近:

---

①　季旭昇:《说文新证》,福建人民出版社,2010年,第93页。

"舌",甲骨文有"〔字形〕《合集》5532、〔字形〕《合集》13635、〔字形〕《英》218,〔字形〕《英》1697"等形①,其构形"皆为舌出于口,小点为口液……卜辞作舌之本义:〔字形〕(疾舌)《合集》13634"等形。"告",甲骨文有"〔字形〕《屯》4544、〔字形〕《合集》34256、〔字形〕《合集》938"等形②。其实,学人认为"告"与"言"的形体也近似,"言"的甲骨文有"〔字形〕《拾》14、〔字形〕《乙》766"③等形,"但实与告、舌为一字之异构,〔字形〕象木铎倒置之形,其上之〔字形〕与〔字形〕、〔字形〕均为铎舌,告、舌、言三字初义相同,乃后世分化为三字"④。即依据徐中舒的观点,"告""舌""言"三字同源,但缺失语音论证。蒋媛媛补充语音论证:"'言'、'告'、'舌'三字声组在古代都属定母……'言'属元部阳声韵上平声。'告'属豪部阴声韵下平声,'舌'属屑部入声。按照古仄入声转今平的原则,'舌'属古入声,今为平声。"⑤显然,蒋媛媛的语音论证,使用不同一的标准,混杂不同时期的音。因为论证上三个字声母是从上古音角度出发,推论上面三个字的韵却是从中古音的角度出发;另外更重要的是蒋媛媛论证这些字的韵不是以上古音为标准,因此蒋媛媛的语音推论是错误的。"告""舌""言"等字的上古音不相同,也不相近。但是造字构意形体近似,形体相似或相同不能说明其语源就一定相同,对这个问题,我们上文论证"井"的时候,已经阐明,即几个不同的字,构意取像为相同的"井",但并非同源,当然其引申义有可能相同。"告"由"祝告"义如何演变为法律词语呢?下面看石镘对"告"的研究。

---

① 刘兴隆:《新编甲骨文字典》,国际文化出版公司,1993年,第115页。
② 刘兴隆:《新编甲骨文字典》,国际文化出版公司,1993年,第53页。
③ 刘兴隆:《新编甲骨文字典》,国际文化出版公司,1993年,第121页。
④ 徐中舒:《甲骨文字典》,四川辞书出版社,1990年,第222页。
⑤ 蒋媛媛:《"言"、"告"、"舌"三字同源之考证》,《甘肃高师学报》,2014年第6期,第46页。

　　石镸对甲骨卜辞和《春秋》三传进行抽样调查,然后全面分析《尚书》、《周易》、《诗经》、《礼记》等上古传世文献"告"的用法与分布情况,最后指出:"'告'字的词义在上古已经相当丰富,其发展却源于本义。发展的途径有三条:'告'对象的发展,由告天神、人鬼、地祇,发展到下告上,然后平等之告诉;'告'事由的发展,由告战事,发展到告诉一般的事情;'告'方式的发展,由祷告发展到告教、控告、通告。……'从口'这一点,则是'告'字词义的出发点,因'口'的存在,'告'的词义才会有后来的发展。"①故从石镸一文我们寻觅到"告"演变为法律意义的文化理据,因为无论古今,打官司告状,并非小儿游戏之言,不可率性而为。告发、告状时是面向君王、长官;告发的事由是违法之事,告发的形态严肃、语言谨慎,并非和风细雨的倾谈。这些内容与上古"告"的初始意义"祝告"是何其相似,此乃促成"告"演变为法律词语根本原因。

　　"告"演变为法律词语以后,与"诰""劾"等形成了同义词,三者皆有"告"义,但亦有别。这种差异在通用语境中可找到:《说文·言部》:"诰,告也。"许慎只言其同,未别其异。段玉裁辨别了"告"与"诰"的不同,段玉裁注曰:"以言告人,古用此字,今则用告字,以此诰为上告下之字。"又《广韵·沃韵》:"告,告上曰告,发下曰诰。"文献存在此种差异的用例,如《易经·姤》:"天下有风,姤,后以施名诰四方。"此是上告下,通用语义,而非法律意义的告发。又《尚书·酒诰》:"文王诰教小子。"以上两例"诰"明显是上告下义。"告"的下告上的用例:《诗经·大雅·江汉》:"经营四方,告成于成王。"古代上下等级身份用语的差异由上可知。"告"演变为法律词语,则是下级的原告向上级的君王、官员告发、揭发、控告被告的罪行。如《韩非子·奸劫弑臣》:"商君说秦孝公以变法易俗,而明公道,赏告奸。困末作而利本事。"又

---

　　①　石镸:《释"告"》,《丝路学刊》,1993年第1期,第3页。

《旧唐书·刑法志》:"一人被告,百人满狱。"但是在古代,上级官府官员告发下属罪行,并没有使用"诰"。因为"诰"只用作名词,为立法词语,形成"诰"体,如《尚书》中有《仲虺之诰》、《汤诰》,《周书》中有《大诰》、《酒诰》,这些是商王、周王向天下臣民百姓颁布的文告,是国家法律文件,故具有上告下之意,当然并非皆为"告发""控告"义,有的是"告知""劝告"等通用义。但是有个动词"劾"顶替了"诰",与"告"成为同义词。"沈家本云:'告''劾'是二事,告属下,劾属上。'凡下告上之辞,统称为告,所谓下告,泛指社会上一切主动请告官府处理的诉讼行为。……与告相对,凡上告下之辞,统称为劾。所谓上告下,一切由官府请示司法处理的诉讼行为。"①但是"劾"的本义并非告发,"劾"与"告"的区别不只沈家本所说之简略,详见下文。

"告"作为构词语素,可以形成众多的双音词,以"告"为前置语素构成的双音词,《汉语大词典》共收 128 个;以"告"为后置语素构成的双音词,《汉语大词典》共收 148 个,由此可见"告"字构词能力很强。下面择取见于先秦两汉关于"告发"语义的双音词进行分析,以窥见构词的理据与古代法律文化。

1. 告引:动词,《汉语大词典》释为"检举揭发"。似未简练、精确,释为"告发"则可。"告引"中"告"与"引"同义,故"告引"是联合结构的双音词。下面阐释"引"产生"告发"义的理据:"引"的本义为"拉弓",《说文·弓部》:"引,开弓也。""引"的对象可由个别、具体的"弓",扩大泛化到一般的、抽象的事物。"引"的对象,若是"过、罪、咎、责"等,则"引"走进了法律语境。"引"的确可以与"过""罪""咎""责"等组合,我们用北大 CCL 语料库查检发现:"引"与"过"组合出现 50 次,始见书《晏子春秋》,《晏子春秋·内篇谏上》"勇力之士,无忌于国,贵戚不荐善,

---

① 张晋藩:《中国法制史》第二卷,法律出版社,1999 年,第 577 页。

逼迩不引过,故晏子见公。""引"与"罪"组合连用出现 100 次,始见书是汉代的《论衡》,《论衡·齐世》:"郡将挝杀非辜,事至覆考。英引罪自予,卒代将死。""引"与"咎"组合连用,出现 200 次,始见书是魏晋六朝的《抱朴子》,《抱朴子·外篇·君道》:"民之饥寒,则哀彼责此;百姓有罪,则谓之在予。嘉祥之臻,则念得神之祐;或逢天之怒,则思桑林之引咎。""引"与"责"组合出现 4 次,始见书是宋代的《新唐书》。《新唐书·西域上》:"帝遣虞部郎中李道裕问状,复遣使谢,帝引责曰:'而主数年朝贡不入,无藩臣礼,擅置官,拟效百僚。'"可知"引"与法律语域中常出现的"告、过、罪、咎、责"等词构建一个法律语义场。依认知语义学的场景生义理论,同一语义场的要素(场景的要素包括时间、地点、动作、人物等,动作又包括动作的开始、持续、结束等)皆可以产生相关的意义。"告引"组成的语义场表述内容是"告发某人应当承担罪行"。所以更为具体地说"引"为"承担"义。"承担"义的来源也可从"引"的开弓射箭的场景去联想,因为开弓射箭,要把弓弦往射箭人(自己)方向拉,故"引"有"拉"义,如《韩非子·人主》:"夫马之所以能任重引车致远道者,以筋力也。"往自己方向拉弓弦,则是由自己承受拉过来的弓弦,故有"承担"义,上举的"引罪""引咎"之"引"皆为承担义。但是"告"与"引"组合为词,"引"的'承担'义受"告"的语义影响,则演变为"告发"义。即词义学所说的"组合同化"或"感染生义"。我们再讨论"控告"的理据。《汉语大词典》收"控告",归纳 2 个义项,一是"申述,告诉";二是"向有关部门告发"。法律语义的"向有关部门告发"是从"申述,告诉"发展而来,因为从文献使用情况看先有"控告"的"申述,告诉"义,如《左传·襄公八年》:"敝邑之众,夫妇男女,不遑启处,以相救也。翦焉倾覆,无所控告。""控告"的法律义位始见于唐元稹"《弹奏剑南东川节度使状》:'其庄宅等至今被使司收管,臣访闻本主,并在侧近,控告无路,渐至流亡。'"另外从词义产生的先后，"告"的法律义是从本义"祷告、告诉"发展出来的。"控告"中的"控"为何义？"控"是"告发"义。其演变原因与途径是：由于"控"与"引"同义，"引"又有"告发"义，依据语义的类同衍生法则，故"控"可衍生"告发"义。《说文·手部》："控，引也。"段玉裁注："引者，开弓也。"又如《史记·朱建列传》："高帝罢平城归，韩王信亡入胡。当是时，冒顿单于兵强，控弦四十万骑。"颜师古注："控，引也，谓皆引弓也。"故"控""引"同义。上文我们已经运用语义场理论阐释"引"之"告发"义产生的理据。词义的理据并非单一，有的存在多来源与多动因。下面我们从词义引申角度阐释"引"之"告发"义的理据：既然"引"有"拉"义，若"引"的对象是"言辞、话语"，则需陈述、告诉，否则未能达到"引"之目的。故"引"有"陈述、告诉"义，《尔雅·释诂上》："引，陈也。"王引之《经义述闻》："《王制》、《内则》并曰'凡三王养老皆引年'，引年者，陈叙其年齿之多寡也。"《文选·潘岳〈悼亡诗〉》："衾裳一毁撤，千载不复引。"李善注："《尔雅》：'引，陈也。'"若陈述的内容是对方的罪状，则"引"引申出"告发"义。

《汉语大词典》只举《史记》与明李东阳的《澹轩记》中的"告引"以证义，书证时间跨距大，过于简单，未能全面体现"告引"完整的生存的历程，其实该词在唐代、清代亦有用例：唐李延寿《南史·何承天传》："若人葬不如法，同伍当即纠言。三年除服之后，不得追相告引。"清末民初柯劭忞《新元史·赵世延列传》："帖木迭儿遣使逮至京师，复使人讽世延啖以美官，令告引同时劾己者。世延不听，乃坐以违诏书不敬，又谋害宰相，当处极刑。"

2. 告坐：动词，被告发而连坐。《韩非子·和氏》："商君教秦孝公以连什伍，设告坐之过。"旧注："使什家伍家相拘连，中有犯罪，或有告者，则并坐其什伍，故曰告坐。"[①]《汉语大词典》只举

---

① 韩非著，陈奇猷校注：《韩非子新校注》，上海古籍出版社，2000年，第277页。

上面 1 条书证以验义。虽然义例密合,但书证缺失较多,读者难以知晓"告坐"词义继承与发展的脉络。可增补以下书证:《唐律疏议·斗讼》:"若因推劾,事不获免,随辩注引,不当告坐。"明朝文秉《烈皇小识》卷五:"郑鄤虽久干乡议,而杖母之狱,乃以无告坐,何以示敦伦之化?"

3. 告言:揭露、告发。《说文·言部》:"言,直言曰言,论难曰语。从口,辛声。"许慎所释"言"的本义,学人并非一致认可,歧见较多,主要有两种观点:一种观点认为"言"的本义是"言语、说话"。此种结论,学人普遍认可。证之以"言"古文字形与用例,与《说文》释义相合,但与许慎所解构字形的字素不合,因为许慎解析的是小篆字形。"言"的甲骨文有"𝅶""𝅶""𝅶""𝅶"等形[1]。金文作"𝅶""𝅶"等形,皆与甲骨文同。"𝅶(舌)前加一横作𝅶(言),示言从舌出,由于语言有声音,所以卜辞音、言一字……卜辞作言、告诉。"[2]另一种观点认为"言"的本义是法律语义类别,不过季旭昇不认可,当是受《说文》解析字形的影响:"《说文》误以为从口,辛声,林义光以为'言'当释为'狱词'、叶玉森以为'先哲造言字即主慎言,出诸口即获愆,乃言字本谊',这都是受了《说文》从'辛'声的误导。"[3]虽然"言"的本义并非法律语义,但是可以引申法律语义,因为告发、控告,需用口言之,如《集韵·原韵》:"言,讼也。"甄尚灵认为"言"的诉讼义从《史记》到敦煌本文皆有用例[4],王启涛则从中古和近代法制文书中找到了由"言"构成双音词有"诉讼"义众多的用例[5]。《汉书·陈平

---

① 刘兴隆:《新编甲骨文字典》,国际文化出版公司,1993 年,第 121 页。

② 刘兴隆:《新编甲骨文字典》,国际文化出版公司,1993 年,第 121—122 页。

③ 季旭昇:《说文新证》,福建人民出版社,2010 年,第 159 页。

④ 甄尚灵:《"言,讼也"考》,《中国语文》,1985 年第 2 期。

⑤ 王启涛:《中古及近代法制文书语言研究——以敦煌文书为中心》,巴蜀书社,2003 年,第 70—72 页。

传》："平曰：'人之上书言信反，人有闻知者乎？'"《敦煌变文集·搜神记》："经州下辞，言王凭，州县无文可断，遂奏秦始皇。"故"告言"是同义语素构成的双音词。《汉语大词典》仅以《史记》与宋代范仲淹的《谢公神道碑铭》为书证，证"告发"义，书证太少，"告言"用法的脉络难以全面显露，以下的书证可弥补不足：东汉《东观汉记·马光传》："官捕得玉当，因告言光与宪有恶谋，光以被诬不能自明，乃自杀。"西晋陈寿《三国志·刘琰传》："胡氏有美色，琰疑其与后主有私，呼卒五百挝胡，至于以履搏面，而后弃遣。胡具以告言琰，琰坐下狱。"唐朝《晋书·刑法志》："律之名例，非正文而分明也。若八十，非杀伤人，他皆勿论，即诬告谋反者反坐。十岁，不得告言人。""告言"也见于出土文献：《居延新简》（EPT56·255）："私使作为它事。先自告言除罪。"

　　另《汉语大词典》只析取一个义项，未能全面归纳出"告言"的义项，当补"告言"之通用语义——告诉。《杂宝藏经》："王寻有敕，令使将前，问其委曲，知是所亲。王即告言：'好亲近我，慎莫远离。'"

　　4. 告奸/告姦：动词，告发阴私奸宄。构词类型为"动词+名词"的动宾结构。"姦""奸"，《说文》兼收，其义有别。《说文·女部》："奸，犯淫也。"王筠《说文解字句读》："《集韵》引无淫字，是也。淫义自属姦字。……经典所有奸字未有涉及淫者。"[1]《尔雅·释诂》："奸，犯也。"故"奸"是干犯、冒犯意义。《说文·女部》："姦，私也。从三女。"江沅《说文释例》："私淫曰姦，引申为一切奸宄字，俗乃用为姦，而姦专为奸宄字矣。"[2]即"姦"为淫乱、私通。《左传·庄公二年》："夫人姜氏会齐侯于禚，书姦也。"《汉

---

①　丁福保：《说文解字诂林》，中华书局，1988 年，第 12261 页。
②　汉语大字典编纂委员会：《汉语大字典》，湖北辞书出版社、四川辞书出版社，1990 年，第 1048 页。

书·荆燕吴传》："定国与父亲康王姬奸,生子男一人。""奸"与
"奸",于经典有别,但于其他文献合二为一,本是动词,引申作名
词用,为罪名。"奸"在《左传》时代指盗人宝物罪,《左传·文公
十八年》："毁则为贼,掩贼为藏,窃贿为盗,盗器为奸。""奸"后泛
指"为非作歹"之罪。"告奸"文献多用例,《汉语大词典》仅例举
《商君书》,以下语料均可增补:《韩非子·奸劫弑臣》:"商君说
秦孝公以变法易俗而明公道,赏告奸,困末作而利本事。"《大明
穆宗庄皇帝实录》卷二十五:"尽为官豪所据,宜严加清查,重告
奸之赏,免自首之罪。"《金史·酷吏列传》:"金法严密,律文虽因
前代而增损之,大抵多准重典。熙宗迭兴大狱,海陵翦灭宗室,钩
棘傅会,告奸上变者赏以不次。"《宋史·蛮夷列传》:"诈匿其产
徭人者论如法,仍没入其田,以赏告奸者。"《东西晋演义》第十一
回《刘毅论上中正九品》:"公无考校之资,私无告奸之忌,因心百
态,营求万端,廉让之风灭,争讼之俗成,窃为天朝耻之。"

　　5. 告诉/愬告:向上申诉。此由同义的"告"与"诉"联合构
成的双音词。《管子·任法》:"贱人以服约卑敬悲色,告愬其主,
主因离法而听之。"《吕氏春秋·振乱》:"世主恣行,与民相离,黔
首无所告愬。"《汉书·成帝纪》:"刑罚不中,众冤失职,趋阙告诉
者不绝。"唐元稹《与史馆韩侍郎书》:"逢每冤其父之名不在于
史,将欲抱所冤诣京师,告诉于司史氏。"《明史·王用汲传》:"大
臣益得成其私而无所顾忌,小臣益苦行私而无所愬告。"清沈德
潜《说诗晬语》卷上:"无可归咎,无可告诉,不得不怅望于天。"

　　6. 私告:秘密告发。《韩非子·制分》:"奸不容细,私告任
坐使然也。""私告"罕见于法律语境,仅存上条书证。不过"私
告"习见于通用语域,指暗中告诉或密告对方,文献多用例,《汉
语大词典》未归纳此义项,当补,例如下:《续资治通鉴长编》卷十
四:"义伦私告使者,愿得制度狭小。使者以闻,上亦不违其志。"
宋欧阳修《新五代史·安重海传》:"及玫还,返谮于重海曰:'昭

遇见镠,舞蹈称臣,而以朝廷事私告镠。'"明余邵鱼《春秋列国志传》第六十七回:"后史臣赞曰:奋扬私放建偷生,不避违刑就鼎烹,奉命如初心不变,佞臣闻此愧颜容,却说无忌私告平王曰:'太子出奔外国,而留伍奢在内,终为后患,不如斩奢,再图太子。'"清梁恭辰《北东园笔录初编》卷四:"一日收租,见庄户之妇甚美,以言调之,不愿,再逼之,即走避,私告其姑。"

7. 自告:自白;自首。"自告"是秦汉的一种提起诉讼方式,"'自告'之名,始见于云梦睡虎地秦简。《法律答问》云:'司寇盗百一十钱,先自告,何论? 当耐为隶臣,或曰赀二甲。'"[①]"自告"见于出土文献,李娟统计"自告"在睡虎地秦墓竹简中有6例,在张家山汉墓竹简中有8例,且出现在法律条文和司法文书中,在居延新简中也有1例[②]。可见"自告"当是秦汉时期法律术语,在后世文献中也多用例:《史记·淮南衡山列传》:"闻律先自告除其罪,又疑太子使白嬴上书发其事,即先自告,告所与谋反者救赫、陈喜等。"《东观汉记·苗光传》:"光心不自安,诣黄门令自告。"《周书·柳庆传》:"广陵王欣家奴面缚自告榜下。因此推穷,尽获党与。"

8. 诬告:无中生有地控告他人犯罪。《汉书·宣帝纪》:"自今以来,诸年八十以上,非诬告、杀伤人,佗皆勿坐。"颜师古注:"诬告人及杀伤人皆如旧法,其余则不论。"《旧唐书·于志宁传》:"时洛阳人李弘恭坐诬告太尉长孙无忌,诏令不待时而斩决。"明海瑞《被论自陈不职疏》:"禁诬告而刁讼未息,禁浮靡而侈僭如初。"萧乾《林炎发入狱记》:"保长又诬告炎发劫盗。"

9. 反告:恐被人告发,而先行上告。"反告"始见汉代,后世

---

① 张晋藩:《中国法制通史》(第2卷),法律出版社,1999年,第592页。
② 李娟:《〈汉书〉司法语义场研究》(博士论文),四川大学文学与新闻学院,2006年,第74页。

承用不废:《史记·淮南衡山列传》:"王闻爽使白嬴上书,恐言国阴事,即上书反告太子爽所为不道弃市罪事。"沈约《宋书·建平宣简王宏列传》:"景素既败,曹欣之反告韩道清、郭兰之之谋,道清等并诛。"《旧五代史·刑法志》:"帝谓侍臣曰:'天下所奏狱讼,多追引证,甚至淹延,有及百余日而未决者。其中有徒党反告者、劫主陈诉者及妄遭牵引者,虑狱吏作幸迟留,致生人休废活业,朕每念此,弥切疚怀。'"元徐元瑞《吏学指南》:"民间夫妻不和,背夫逃走者,女者反告翁婆,并不得受理,令捕远限搜捉,日后自知,依法治罪。"明安遇时《包龙图判百家公案》卷一《阿弥陀佛讲和》:"方礼不咎闺门之有玷,反告女婿不良。诬以打死,诳以匿尸,妄指他人之毙妾,认为系女之伤骸。"《官场现形记·第十五回》:"你们还不出人来,非但退回刚才发给你们的抚恤银子,还要办你们反告的罪。"

10. 变告:动词,告发谋反等非常事件。《汉书·韩信传》:"信初之国,行县邑,陈兵出入。有变告信欲反,书闻,上患之。"颜师古注:"凡言变告者,谓告非常之事。""变告"亦是常用的传承词,文献习见:北宋司马光《资治通鉴卷·汉纪》:"贯高怨家知其谋,上变告之。"《旧五代史》:"及李业等作乱,汉隐帝密诏澶帅李洪义遣图殷,洪义惧不克,反以变告殷,殷与洪义同遣人至邺,请太祖赴内难。"元《金史》:"家奴喝里知海陵疑蒲家,乃上变告之,言与谟卢瓦等谋反,尝召日者问天命。"明沈德符《万历野获编》卷十八《刑部》:"世宗入缵,张氏失势,东山屡挟之,得赂不赀,最后挟夺延龄爱妾不得,即上变告二张反状。"

11. 捕告:动词,逮捕罪犯,申报上官。这是先行逮捕罪犯,然后告发审理的司法行为。《墨子·号令》:"禁无得举矢书,若以书射寇,犯令者父母、妻子皆断,身枭城上。有能捕告之者,赏之黄金二十斤。"这种司法程序在出土的秦汉文献中可见:《睡虎地秦墓竹简·法律答问》:"夫、妻、子五人共盗,皆当刑城旦,今

中〈甲〉尽捕告之。"又《睡虎地秦墓竹简·法律答问》:"或捕告人
奴妾盗百一十钱,问主购之且公购?"《张家山汉简·二年律令》:
"相与谋劫人、劫人,而能颇捕其与,若告吏,吏捕颇得之,除告者
罪,有购钱人五万。所捕告得者多,以人数购之。"此种司法程序
可见于历代传世文献:《唐律疏议·斗讼》:"缘坐谓谋反、大逆及
谋叛以上,皆为不臣,故子孙告亦无罪,缘坐同首法,故虽父祖听
捕告。"王安石《王安石集·上运使孙司谏书》:"海旁之盐,虽日
杀人而禁之,势不止也。今重诱之使相捕告,则州县之狱必蕃,而
民之陷刑者将众。"《金史·刑法志》:"大兴府民赵无事带酒乱
言,父千捕告,法当死。"《明孝宗敬皇帝实录》卷二百七:"民知人
犯罪藏匿不行捕告,律减等杖一百,徒三年,输谷还职,而劾韶
等。"《汉语大词典》只举《墨子》,缺失的书证过多,当补。

由上可知,先秦两汉之际,"告"是一个使用次数多、构成双
音词数量多的词,"告"还影响其他的词向法律语义类别转变,如
"引""控"等,以"告"形成的双音词涉及"告发"语义类别众多,
告发方式的词语有"自告""私告""反告""诬告""捕告"等;涉及
告发内容的词语有"告奸""变告""告坐"等。这形成先秦两汉比
较完备的"告发"语义场,反映了先秦两汉时期司法系统、司法制
度等方面特点。

诉(愬) 《说文·言部》:"诉,告也。从言,厈省声。《论
语》曰:'诉子路于季孙。'譂,诉或从言、朔。愬,诉或从朔心。"

马叙伦曰:"段玉裁曰:'凡从庐之字隶变为厈。俗又讹斥。'
严可均曰;'篆体当作𧧻。说解当作庐声。'……钮树玉曰:'《系
传》作𧧻。从言,庐声。《韵会》引亦同。《广韵》'诉',引《说文》
作譂,告也。则各本并不误。大徐以隶改篆,而反疑厈非声。谬
甚。'钱坫曰:'省字衍。'桂馥曰:'《六书故》引亦作譂。'王筠曰:
'庐声,庐从芧声,重文所从之愬,亦由芧得声也。'……伦按:譂
从庐得声,庐从芧得声。'芧''干'一字,则音无异也。《汉书·

贾谊传》：'所上者，告讦也。'《刑法志》：'告讦之俗易。'《地理志》：'至告讦刺史二千石。'皆告讦连文。讦下曰：'告讦也。'虽校语，而讦譄为一字尤明也。经传言譄，皆明己之直言人之曲。非常告也。亦可谓讦譄一义之证。"①马叙伦以众家观点伸发"诉""讦"本一字。其说可从，故"诉"的本义为斥责、控告，即义正词严、形态庄严的告诉，非平常之"告诉"。此义与司法的控告、告发意义相近，故能演变为法律词语。《玉篇·言部》："诉，讼也，告诉冤枉也。""诉""告"连用为"告诉"，表示"告发、告冤"意义，上文已释，不赘言。"诉"单用为"告发"意义，文献多用例，不备举，下仅举先秦两汉一二例：《左传·哀公》："子木暴虐于其私邑，邑人诉之。郑人省之，得晋谍焉，遂杀子木。"《汉书·李广传》："敢有女为太子中人，爱幸。敢男禹有宠于太子，然好利，亦有勇。尝与侍中贵人饮，侵陵之，莫敢应。后诉之上，上召禹，使刺虎，县下圈中，未至地，有诏引出之。禹从落中以剑斫绝累，欲刺虎。"东汉《东观汉记·窦宪传》："窦宪恃宫掖声势，遂以贱直夺沁水公主园田，公主不敢诉。后肃宗驾出过园，指以问宪，宪阴喝不得对。发觉，帝大怒，召宪切责曰：'今贵主尚见枉夺，何况小臣乎！'"

"诉"字构成的双音词，《汉语大词典》一共收 100 个，其中以"诉"为前置语素构成的双音词 38 个，以"诉"为后置语素构成的双音词 62 个。"诉"构成的双音词于先秦两汉含有法律意义仅 2 个：即"诬诉""告诉"。"告诉"上文已分析，此不赘。"诬诉"与"诬告"同义。"诬诉"始见于汉代，《汉书》只出现 2 例，即《汉书·韩延寿传》："事下公卿，皆以延寿前既无状，后复诬诉典法大臣，欲以解罪，狡猾不道。"又《汉书·孔光传》："上乃知光前免

---

① 古文字诂林编纂委员会：《古文字诂林》第三册，上海教育出版社，1999 年，第 108 页。

非其罪,以过近臣毁短光者,免傅嘉,曰:'前为侍中,毁谮仁贤,诬诉大臣,令俊艾者久失其位,嘉倾覆巧伪,挟奸以罔上,崇党以蔽朝,伤善以肆意。'"又见之于荀悦的《汉记》,汉荀悦《汉纪·宣帝纪四》:"公卿议以延寿前既无状,又诬诉典法大臣,欲以解罪,狡猾不道。"

由上可知"诉"在告发语义场中的地位远远比不上"告",甚至是有的作者为了行文的变化,用"诉"替换"告"而已,如"诬诉"替换"诬告";"诉"更多用在向君王或上级诉说心中的冤屈,未必皆提起司法。

證 《说文·言部》:"證,告也。从言,登声。"

《说文》又收"证"字,《说文·言部》:"证,谏也。从言,正声。"段玉裁注:"俗以证为證验字。"即"證""证"本来有别,后二字合一为"证"。"证"是直言劝谏君王、上级官长等,希其改正过失,非告发罪状。如《战国策·齐策一》:"齐貌辨之为人也多疵,门人弗说。士尉以证靖郭君,靖郭君不听。"高诱注:"证,谏也。"又《吕氏春秋·贵当》:"其朝臣多贤,左右多忠,主有失,皆交争证谏。"高诱注:"证亦谏也。""證"则是"告发"义,用在法律语境中,如《论语·子路》:"叶公语孔子曰:'吾党有直躬者,其父攘羊,而子證之。'"《汉书·刘胜列传》:"天子遣大鸿胪、丞相长史、御史丞、廷尉正杂治巨鹿诏狱,奏请逮捕去及后昭信。制曰:'王后昭信、诸姬奴婢證者皆下狱。'"《文选·潘岳〈关中诗〉》:"当乃明实,否则證空。"李善注:"其言当者,明示以事实;其理否者,显告之状空。……《说文》曰:'證,告也。'""證"又作名词用,证据、凭借义。《大戴礼记·文王官人》:"平心去私,慎用六證。"卢辩注:"六證,六征也。"《晋书·范宁传》:"时更营新庙,博求辟雍、明堂之制,宁据经传奏上,皆有典證。"

诇 《说文·言部》:"诇,知处告言之。从言,冋声。"

"知处告言之"为"告发"义,即"诇"的本义,为法源词。传世文献罕见用例,仅见字典韵书:《集韵·迥韵》:"诇,知处告言也。"《急就篇》第四章:"乏兴猥逮诇讁求。"颜师古注:"诇,谓知处密告之也。"颜师古的注释即是"密告"。"诇"的用例见于出土文献《张家山汉墓竹简》:

1. 诇告罪人,吏捕得之,半购诇者。(《张家山汉墓竹简·二年律令·告律》139)

2. 取亡罪人为庸,不智其亡,以舍亡人律论之。所舍取未去,若已去后,智其请而捕告,及诇告吏捕得之,皆除其罪,勿购。(《张家山汉墓竹简·二年律令·捕律》172)

3. 司空三人以为庶人。其当刑未报者,勿刑,有复告者一人,身毋有所与。诇告吏,吏捕得之,赏如律。(《张家山汉墓竹简·二年律令·杂律》205)

4. 有迁之。有能捕若诇吏,吏捕得一人,为除戍二岁;欲除它人者,许。《张家山汉墓竹简·二年律令·杂律》262)

"诇"又可引申为"侦查、刺探"义,因为侦查、刺探皆秘密活动。故《说文》之"诇"可离析为 2 个意义,一是告发,二是侦查、刺探。《汉语大字典》虽分为 2 个意义①,但列在一个义项内,即"密告;侦查,探听"。《汉语大词典》②只列"侦查"义,未列"告发"义,不全面、不精确。《汉语大字典》则离析义项时不够大胆,这在一定程度上影响辞书编纂的质量。《法学辞源》的义项提取则妥当③,离析为"密告"与"侦查、刺探"。"诇"之"侦查、刺探"义常见之于文献。如《史记·淮南衡山列传》:"淮南王有女陵,慧,有口辩。王爱陵,常多予金钱,为中诇长安,约结上左右。"裴骃集解引徐广曰:"诇,伺候采察之名也。音空政反。"司马贞索

---

① 汉语大字典编纂委员会:《汉语大字典》,湖北辞书出版社、四川辞书出版社,1990 年,第 3954 页。

② 罗竹风:《汉语大词典》,汉语大词典出版社,1993 年,第 103 页。

③ 李伟民:《法学辞源》,黑龙江人民出版社,2002 年,第 1794 页。

隐引孟康曰:"诇音侦。西方人以反间为侦。"《资治通鉴·晋安帝隆安三年》:"今赵思之言,未明虚实,臣请为陛下驰往诇之。"胡三省注:"诇,候伺也,刺探也。"康有为《上清帝第二书》:"且藉传教为游历,可诇夷情,可扬国声。"

"诇"今不常用,但是作为构成语素,可前置,也可后置,形成多个双音词。如《汉语大词典》收以"诇"前置构成的双音词共15个,分别是"诇人""诇伺""诇事""诇刺""诇知""诇破""诇候""诇扇""诇探""诇侦""诇问""诇报""诇察""诇谍""诇逻";以"诇"为后置语素的词有6个,分别是"中诇""内诇""候诇""侦诇""儌诇""谍诇"。以上"诇",尽管前置或后置,其语义除了"儌诇"的"诇"不是"侦查、刺探"意义外,其余皆是。但是在以上21个含有"诇"字的双音词中,只有"中诇"始见于汉代文献,其余诸词的始见书则为汉代以后文献。

中诇:动词,从中侦查、刺探。构词类型是"名词+动词"的偏正结构。《史记·淮南衡山列传》:"淮南王有女陵,慧,有口辩。王爱陵,常多予金钱,为中诇长安,约结上左右。"司马贞索隐:"徐广曰:'伺候探察之名。'孟康曰:'诇音侦。西方人以反间为侦。'"唐李德裕《会昌一品集》卷三《制·讨刘稹制》:"壤恃纪纲之律,以逞骄恣,暂展执珪之仪,终无上绶之请。隙驹为乐,魏豹姑务于绝河;井蛙自居,孙述颇闻于巴蜀。大受亡命,妄作妖言,中诇朝廷。潜图左道,辄谋动戎师。"《宋史》卷三百十一《吕夷简传》:"及宣制,夷简方押班,闻唱名,大骇,不知其故。而夷简素厚内侍副都知阎文应,因使为中诇,久之乃知事由皇后也。"明杨士奇《历代名臣奏议》卷二百九十三《近习》:"惟谨其妄生罗织,使人破家荡产,往往死于非命,权则归己,怨则归君,而甚者窥觇、中诇、揣摩、密报,曲为恩幸之地。"《陕西通志》卷六十六《人物·烈女》:"节女者,长安大昌里人妻,其夫有仇人,欲报而无道,径闻其妻仁孝有义,乃劫其妻之父,使要其女为中诇,父以告女,女计念不听,则杀父,不孝听之,则杀夫。"

讦 《说文·言部》:"讦,面相斥罪也,相告讦也。"

王筠《说文释例》曰:"面相斥罪,谓面讦也。相告讦者,谓讦之于上也。乃两义。……引《论语》'诉子路于季孙',此讦之于上之证也。"①王筠推论"讦"为向上告发意义,是因为"讦""诉"本一字,上文已阐释。"'面相斥罪'不是当面指斥,而是背地告发;'面'应是'偭',背过脸去的意思。《商君书·赏刑》'周官之人,知而讦之上者,自免于罪,无贵贱,尸袭其官长之官爵田禄',意思是官长犯法,周围的人背地揭发之后,可以免罪而且可以获得官长的官爵田禄;《汉书·赵广汉传》'吏民相告讦',这也是互相监视互相告发的意思。'讦'发展到后来,就不限于揭发罪行,而且指揭发别人的隐私了,《玉篇》'讦,攻人之阴私也',如《汉书·外戚传下》'乃探追不及之事,讦扬幽昧之过,此臣所以深痛也'。这个'讦'现代多写作'揭'了。"②王凤阳比较详细论证了"面相讦"并非"当面相讦",而是"背地讦"的意义,也指出"揭发阴私"是从"讦"的司法语义(背地告发)发展而来。其说可信,故"讦"为法源词。以"讦"为语素,形成词语较多,如以"讦"为前置语素构成的双音词,《汉语大词典》一共收 37 个;以"讦"为后置语素构成的双音词,《汉语大词典》一共收 37 个。可知"讦"是个活跃的语素。但是这些双音词始见书为先秦两汉的不多,只有3 个,即"讦扬""告讦""激讦"。

1. 讦扬:揭发暴露。《汉书·外戚传下·孝成赵皇后》:"尊号已定,万事已讫,乃探追不及之事,讦扬幽昧之过,此臣所深痛也。"唐陆贽《兴元论中官及朝官赐名定难功臣状》:"诸将不服,颇相讦扬,乃至攘袂指天,拔剑击柱,偶语谋反,喧哗讼冤。"元姚

---

① 丁福保:《说文解字诂林》,中华书局,1988 年,第 3118 页。
② 王凤阳:《古辞辨》(增订本),中华书局,2011 年,第 792 页。

燧《崇阳学记》："一闻有司将加核正,反肆为谤语,讦扬其短恐之,使不得竟。"上之诸例是《汉语大词典》所举书证,故缺漏宋朝、明朝、清朝的书例证,笔者增补一用例,其他用例增补待博学君子:北宋王钦若《册府元龟》卷五百二十二《宪官部·诬謟》:"今魏元忠与李多祚等结构谋反,并男俱入逆从,陛下仁恩,欲掩其过。臣今讦扬,是犯龙鳞,忤主意,但以事缘宗社,岂能希旨不言。"

2. 告讦:从原告与被告的身份、地位、年龄来说,"告"是下级、晚辈告发上级、长辈,"告"的内容主要是明显的违法犯罪之事。"讦"可以是下级告发上级,也可以是平辈之间告发,亦可以是晚辈告发长辈,即原告与被告之间的身份、地位、年龄不在考虑之中;告发之事可是幽昧、隐含的犯罪之事,也可以是明显的犯法之事。"告""讦"连用后,"告"的语素意义与"讦"的语素意义相互衬托、补充,但是从文献用例看,偏向"讦"的语素意义。如《汉书·刑法志》:"及孝文即位,躬修玄默,劝趣农桑,减省租赋。而将相皆旧功臣,少文多质,惩恶亡秦之政,论议务在宽厚,耻言人之过失。化行天下,告讦之俗易。师古曰:'讦,面相斥罪也。'"又《汉书·贾谊传》:"夫三代之所以长久者,以其辅翼太子有此具也。及秦而不然。其俗固非贵辞让也,所上者告讦也;固非贵礼义也,所上者刑罚也。使赵高傅胡亥而教之狱,所习者非斩劓人,则夷人之三族也。"另《汉书·赵广汉传》:"其后强宗大族家家结为仇雠,奸党散落,风俗大改。吏民相告讦,广汉得以为耳目,盗贼以故不发,发又辄得。壹切治理,威名流闻。"再如《汉书·韩延寿传》:"颍川多豪强,难治,国家常为选良二千石。先是,赵广汉为太守,患其俗朋党,故构会吏民,令相告讦,一切以为聪明,颍川由是以为俗,民多怨仇。延寿欲改更之,教以礼让,恐百姓不从,乃历召郡中长老为乡里所信向者数十人,设酒具食,亲与相对,接以礼意,人人问以谣俗,民所疾苦,为陈和睦亲爱销除怨咎之路。"以上4例中原告与被告的身份、地位皆无严格的区分,但所告发之事由皆为明显的违法。又《汉书·地理志下》:"太原、上党又多晋公族子孙,以诈力相倾,务矜夸功名,报仇过直,嫁取送死奢靡。汉兴,号为难治,常择严猛之将,或任杀伐为威。父兄被诛,子弟怨愤,至告讦刺史二千石,或报杀其亲属。"此"告讦"为百姓告"刺史二千石",故是下告上之用例。

3. 激讦:激烈率直地揭发、斥责别人的隐私、过失。此义虽然与司法的语义有距离,但是所揭发多为违法乱纪之事,因此常用在法律语境中。汉崔瑗《司隶校尉箴》:"是故履上位者,无云我贵,苟任激讦,平阳玄默,以式百辟。"《汉语大词典》只举此例为证,其实"激讦"在汉代以后多用例:《后汉书·杨震传》:"今赵腾所坐激讦谤语为罪,与手刃犯法有差。乞为亏除,全腾之命,以诱刍荛舆人之言。帝不省,腾竟伏尸都市。"又三国魏国刘邵《人物志·体别》:"夫拘抗违中,故善有所章,而理有所失。是故厉直刚毅,材在矫正,失在激讦。柔顺安恕,每在宽容,失在少决。"《旧唐书·李翱传》:"翱性刚急,论议无所避。执政虽重其学,而恶其激讦,故久次不迁。"北宋魏泰《东轩笔录》卷五:"选人郑侠监安上门,遂画流民图,及疏言时政之失,其辞激讦讥讪,往往不实。"元朝《宋史·地理志》:"臣前论所陈,出于至诚,本图补报,非敢激讦也。"明叶盛《水东日记》卷二十六《岳季方答客语》:"杜佑旌儒庙碑阴以为秦之儒者不居其位,而是非当世,以自取祸;又引后汉党锢事,以横议激讦为戒。是亦士人之见而已耳。"清朝《明史·汤鼐传》:"当是时,帝更新庶政,言路大开。新进者争欲以功名自见。封章旁午,颇伤激讦,鼐意气尤锐。"从上可知"激讦"从汉代到清朝皆有用例,而《汉语大词典》未能举依次例举各朝代的书证,有失探源讨流之功效。

詯　《说文·言部》:"詯,讦也。从言,臣声。"

"詯"与讦为同义词,检举、告发人之罪过,《广韵·旨韵》:"詯,讦发人之恶。"但是"詯"的使用频率远不及"讦",文献罕见用例,清代郑珍《邸亭诗钞序》:"遽虽无以喑诘,意顾不善也。"

　　劾　《说文·力部》:"劾,法有辠也。从力,亥声。"

　　"法有辠"谓给罪人定罪,段玉裁注:"法者,谓以法施之。《吕刑》:'有并两刑。'正义云:'汉世问罪谓之鞫,断狱谓之劾。'"《史记·淮南衡山列传》:"衡山王入朝,其谒者卫庆有方术,欲上书事天子,王怒,故劾庆死罪,强榜服之。"《新唐书·孔戣传》:"部将韦岳告位集方士图不轨,监军高重谦上急变,捕位劾禁中。""劾,在汉时审判罪人。"[1]"汉时指断狱。"[2]"审判"与"断狱"只是司法过程先后的不同,审判的结果包含定罪,故两辞书的释义只外延不同而已,两者的区别不大。故依许慎的释义,虽然"劾"为法源词,但非告发义,是司法审判语义场的词,不属于司法中的告发语义场的词。由于在汉代及后世,"劾"有"揭发罪行或过失"意义,这是审判的前奏,故我们归"劾"为告发语义场中的词。"劾"的告发用例有:《汉书·翟方进传》:"方进劾立怀奸邪,乱朝政,欲倾误要主上,狡猾不道,请下狱。"《宋史·刘挚传》:"蔡确为山陵使,神宗灵驾发引前夕不入宿,挚劾之,不报。"明沈德符《野获编·台省·汤刘二御史再谴》:"今上四年,御史刘台劾张居正诸擅权事,斥为民。"故《古代法学辞典》与《法学词典》对"劾"的释义不甚精准。"'劾'是汉代提起诉讼的一种方式,司法官吏不仅要揭发犯罪,而且要提起诉讼。……'劾'的施事一般为司法官吏,所'劾'对象以官员居多,也有普通人士。"[3]即"劾"在汉代也有揭发、检举意义,不仅只有"断狱"意义。

---

　　①　高潮、马建石:《中国古代法学辞典》,南开大学出版社,1989年,第128页。

　　②　《法学词典》编辑委员会:《法学词典》(增订版),上海辞书出版社,1984年,第578页。

　　③　李娟:《〈汉书〉司法语义场研究》,四川大学文学新闻学院,2006年,第71页。

　　另外"劾"的告发义,于双音词"告劾"体现:《汉书·昭帝纪》:"夏,大旱。六月,发三辅及郡国恶少年吏有告劾亡者,屯辽东。"如淳曰:"告者,为人所告也。劾者,为人所劾也。"颜师古曰:"恶少年,谓无赖子弟也。告劾亡者,谓被告劾而逃亡。"又《汉书·淮南厉王刘长传》:"擅罪人,无告劾系治城旦以上十四人;赦免罪人死罪十八人,城旦舂以下五十八人;赐人爵关内侯以下九十四人"《史记·酷吏列传》:"远者数千,近者数百里。会狱,吏因责如章告劾,不服,以掠笞定之。"师古曰:"皆令服罪如所告劾之本章。""告劾"亦见之于出土的汉代简牍语料,如《张家山汉墓竹简·二年律令·具律》:"治狱者,各以其告劾治之。敢放讯杜雅,求其他罪,及人毋告劾而擅覆治之,皆以鞫狱,故不直论。"《武威汉简·王杖十简》:"百石,入宫不趋,犯耐罪以上毋二尺告劾,有敢征召,侵辱。"

　　"告发"语义场中除了以上动词外,还有名词,如指称告发人的"原告"与"被告"、告发的场所等。今之"原告",上面提到的"诉人"即是。今之"被告"出现很晚,"被告"产生之前,直接用被告的姓或名来代替。原告可以是受害者、知情者、普通百姓、政府官员等。被告可以是社会各种人,从庶民到官吏。例如下:《韩非子·奸劫弑臣》:"商君说秦孝公以变法易俗,而明公道,赏告奸,困末作而利本事。"《史记·佞幸列传》:"居无何,人有告邓通盗出徼外铸钱。"《汉书·陈平传》:"汉六年,人有上书告楚王韩信反。"《张家山汉墓竹简·奏谳书》:"六月戊子,发弩九诣男子毋忧,告为都尉屯。"《说文》以"两曹"合称原告与被告。

(二)诉讼人称谓词语

　　今之诉讼人包含四个词,每两个为对称,即"原告与被告""原告人与被告人"。由于时代的不同,司法不尽一致,故不同时代所使用的词语和词义存在差异,如"原告"指"最先向司法机关提起诉讼的当事人"①。《现代汉语词典》对"原告"释为"向法院提起民事、行政诉讼的公民、法人或其他组织及行政机关(跟'被告'相对)"②。"原告人"指"首先向司法机关提起诉讼的当事人"③。《现代汉语词典》对"原告人"的释义为"刑事诉讼中向法院提起诉讼的人"④。《法学辞源》对"被告"的释义为"本指被控告之人。《大唐新语·公直》:'自垂拱已后,被告身死破家者,皆枉酷自诬而死。'为区别刑事诉讼与民事诉讼中被控告之人,今通常称刑事诉讼中的被告为被告人,而以被告指民事诉讼中被诉、被要求承担民事责任的人"⑤。《现代汉语词典》对"被告"的释义是"在民事诉讼、行政诉讼中被起诉的公民、法人或其他组织及行政机关(跟'原告'相对)"⑥。"被告人",《法学辞源》释义为"被依法指控犯有罪行,由司法机关追究刑事责任的人"⑦。"被告人"指"刑事诉讼中被起诉的人"⑧。由上可知,"原告"与"原告人","被告"与"被告人"作为法律术语古今存区别,《法学辞源》的定义主要倾向古代诉讼情况,《现代汉语词典》的定义则立足今天诉讼制度。因为古代法律制度不够完善,以致古代法律术语不像今天分类精细。古代"原告"与"原告人"义相同,"被

① 李伟民:《法学辞源》,黑龙江人民出版社,2002 年,第 2587 页。

② 中国社会科学院语言研究所词典编辑室:《现代汉语词典》(第 6 版),商务印书馆,2012 年,第 1599 页。

③ 李伟民:《法学辞源》,黑龙江人民出版社,2002 年,第 2824 页。

④ 中国社会科学院语言研究所词典编辑室:《现代汉语词典》(第 6 版),商务印书馆,2012 年,第 1559 页。

⑤ 李伟民:《法学辞源》,黑龙江人民出版社,2002 年,第 2587 页。

⑥ 中国社会科学院语言研究所词典编辑室:《现代汉语词典》(第 6 版),商务印书馆,2012 年,第 59 页。

⑦ 李伟民:《法学辞源》,黑龙江人民出版社,2002 年,第 2824 页。

⑧ 中国社会科学院语言研究所词典编辑室:《现代汉语词典》(第 6 版),商务印书馆,2012 年,第 59 页。

告"与"被告人"义相同。其实,它们的演变并非一蹴而就,不同时期的文献,有不同的称呼,《说文》把"原告""被告"称为"曹",两者并称为"两曹"。

曹(𣞤) 《说文·曰部》:"曹,狱之两曹也。在廷东。从棘,治事者;从曰。"

"狱之两曹"即诉讼的双方。段玉裁曰:"两曹,今俗所谓原告、被告也。"即段玉裁那时只有"原告"与"被告"之分。学界对"两曹"之"原告与被告"义无争议,看法一致。另外一致的看法是"狱之两曹"是引申义,非本义。争议在于"曹"的本义,歧见颇多,纵然今之学者皆以甲金文字,再辅之传世文献"曹"的词义系统而推论"曹"的本义,观点仍分歧,未能臻于一致。关于"曹"的本义,笔者依据《古文字考释提要总览》①汇集的观点,归纳"曹"的本义有如下几类:(1)治狱之词。与许慎同意。(2)对、偶。持此种看法的人最多,有林义光、高田忠周、周法高、李孝定、林澐等5人。(3)国名、地名、姓氏。持此种观点的人有罗振玉、郭沫若、陈椠、徐中舒、徐在国等5人。持此种观点的人虽然有5人,但其实包含3类意义,他们主要依据卜辞金文文义推演而得,几乎没有探讨其语源义,故还算不上本义。徐中舒比较详细地探求了语源:"《说文》曹在曰部,金文从甘。曹为周初所见之同姓诸侯,故从甘,以发号命使。从甘为舌之铃,较小,以见天子一等也。"②即国以"曹"命名,乃因为"曹"具有发号施令之内涵。(3)槽。持此种看法的人有张亚初、戴家祥等人。(4)总、捆扎。只有王献唐1人。(5)俦,类。只有马叙伦1人。(6)象槽上滤

---

① 刘志基、董莲池、王文耀、张再兴、潘玉坤:《古文字考释精要总览》第二册,上海人民出版社,2008年,第620—622页。

② 刘志基、董莲池、王文耀、张再兴、潘玉坤:《古文字考释精要总览》第二册,上海人民出版社,2008年,第622页。

酒。此种看法与"槽"有联系,但是重点在动词"滤酒"义。"曹"
的本义为"槽",几近之,似未得肯綮。较多学者指出"🙿"字下面
构件不从曰,从口,故有学人以"口"为"国",即"曹"为国名、地
名、姓氏的依据。其实,"口"是树木种植地之两垄中间的沟①。
何金松指出:"朿(东)字是种的初文。棘字从二东会意,表示两
行农作物,下加口者,将两垄之间的沟也反映出来了。金文在口
中加一画讹为🙿(趞曹鼎)。篆文和隶书因笔画繁多,楷书紧缩作
曹。因为曹字表示种植的两行农作物,所以引申出偶、两组、双方
义。"②故曹的本义为种植的两行农作物,此论可从。何金松以此
义,阐释曹字的诸多词义所本。曾昭聪也赞同何金松观点,且更
详细地阐释以"曹"为声符诸多同源字的意义③。如:"槽,《说
文·木部》:'槽,畜兽之食器。'段玉裁改为'兽之食器'。按其形
制由三块长而窄的木板(两块相对,一块垫底)和两块狭小的木
板(在两端)组成,如两垄之沟,今日农村犹多见之,故字从曹得
声。"又:"艚,漕运所用的船。《广韵·豪韵》:'艚,船艚。'《宋
书·恩幸传序》:'南金北毳,来悉方艚,素缣丹魄,至皆兼两。'即
并两船。又漕运之河如同两垄之间的沟,故曹声示对偶、成双之
源义素。"因此"曹"的本义为"种植的两行农作物",不仅在"曹"
的词义系统中得到验证,而且以"曹"形成的同源字的意义系统
也得到验证,故何金松的观点被进一步证明。

"曹"合称为"原告与被告",而不是对称"原告"与"被告",
这反映了当时法律词汇不是很丰富,法律用语的产生、法律制度
的建设处在发展阶段,不像唐代法律词汇那样丰富、精密,也不像
唐朝法律制度那样成熟。另外以"曹"合称诉讼的双方,于文献

---

① 何金松:《汉字文化解读》,湖北人民出版社,2004 年,第 668 页。
② 何金松:《汉字文化解读》,湖北人民出版社,2004 年,第 668 页。
③ 曾昭聪:《形声字声符示源功能述论》,黄山出版社,2002 年,第 33—36 页。

中未能发现用例,但是以"曹"构成的双音词表示行政部门、司法部门、官职、职责等方面的词语于先秦两汉文献可征,如"曹事""曹掾""五曹""兵曹""列曹""功曹"等,诸词离法律语域意义不远,这或影响许慎释义。

司法中的"原告"与"被告"何时产生?下面我们进行简单的探求。

"两曹"是诉讼的双方,包括"原告"和"被告",即当时未用两个词语明确区分。段玉裁于"曹"字下注曰:"两曹,今俗谓原告、被告也。……一作'两遭'。"即"两曹"古代也称"两造",同时也称"两遭"。《尚书·吕刑》:"两造具备,师听五辞。"汉代孔安国传:"两,谓囚、证;造,至也。两至具备,则众狱官共听其入五刑之辞。""两造"文献多用例:唐元稹《戒厉风俗德音》:"语称讪上之非,律有匿名之禁,皆所以防三至之毁,重两造之明。"《明史·叶向高传》:"今两造具在,一讯即情得。"田北湖《与某生论韩文书》:"彼听讼者,研鞫两造之情伪,廉得其情,而后断狱。"

"两曹""两遭""两造"皆是原告和被告的合称。"遭"是"曹"的借字,但是"造"并不是"曹"的借字。虽然从语音上看,"曹"的上古音为从母幽部,"造"的上古音为清母幽部,两者音近,但是不能认为是通假字,也不能认为是同源字,两者乃命名的理据不同,或者语源意义不同,当为同义词,即词汇意义相同。"曹"的语义强调原告与被告诉讼之时所处的位置,即在"廷东"。"造"的语义强调诉讼双方应该同时到场。"两造"在《汉语大词典》中立目,但是"两曹""两遭"未立目,笔者查检"两曹""两遭"于文献中无法律语域意义。先秦"原告"与"被告"有时未严格区分开来,统称为"讼夫",《晏子春秋·杂上一》:"婴闻讼夫坐地,今婴将与君讼,敢毋坐地乎?""原告"与"被告"的对称较晚。先是"原告"产生,秦时称为"辞者",《睡虎地秦墓竹简·法律答问》:"'辞者辞廷。'今郡守为廷不为?为殹(也)。■'辞者不先辞官长、啬夫。'""所谓'辞者'就是提起诉讼的人。"①在唐代，提起诉讼的人称为"诉人"，唐李复言《续玄怪录·张质》："又曰：'案牍分明，诉人不远。府命追勘，仍敢诋欺！'取枷枷之。质又曰：'诉人既近，请与相见。'"元代已见"原告"一词，元代高文秀《黑旋风·第三折》："孔目云：'大人，我是原告。'白衙内云：'我这衙门里则枷原告。'"其实，在元代"原告"与"原告人"同时并存，如全元杂剧之无名氏《海门张仲村乐堂·第三折》："向前来扯住他，这公事怎干罢？把你上梁不正相公拿，原告人一步一棍子打。"即"原告"与"原告人"意义相同，后简称为"原告"。"被告"最初的法律意义是"被告发"，句法结构为介词（被）+动词（告），未词汇化为词，唐代刘肃《大唐新语·公直》："夏官侍郎姚崇对曰：'自垂拱已后，被告身死破家者，皆枉酷自诬而死，告事者特以为功。'"此"被告"是"被告发"义，还未演变为词。"被告"词汇化为词，也在元代，元代关汉卿《窦娥冤·第二折》："那个是原告？那个是被告？从实说来。"另外"被告人"在元代出现，与"被告"同存，语义相同，如无名氏《神奴儿大闹开封府·第四折》："他去那原告人十分觑问，眼见的那被告人九分关亲。"以上诸词，在《汉语大词典》立目的有"被告""被告人""原告""诉人"；《汉语大词典》未立目的词是："辞者""原告人"等词。"被告人"与"原告人"是两个对称词，在元代未空缺任何一个，《汉语大词典》只收"被告人"，不收"原告人"，恐怕属于疏漏，当补。

　　另外"被告"一词，《汉语大词典》只析取1个义项，即"诉讼时被控告的一方，相对原告而言"。但书证是例举清代的吴趼人"《二十年目睹之怪现状·第十回》'其余打架细故，非但不问被告，并且连原告也不问，只凭着包探、巡捕的话就算了'"，故《汉

---

① 张晋藩：《中国法制通史》第二卷，法律出版社，1999 年，第 174 页。

语大词典》书证时间远滞后元朝,当提前。

(三)争讼词语

诉讼提起,被立案之后,原告与被告对簿公堂,双方会据理力争,相互辩论、争讼。原告与被告各自陈述是法官断定是非曲直的重要依据。《说文》收录"讼""辞""辩""俖""诤""詻"等关于争讼的词语。

讼 《说文·言部》:"讼,争也。从言,公声。一曰謌讼。……詻,古文讼。"

许慎所释"讼",有二义,一是动词,"謌讼",即歌颂。段玉裁注曰:"讼、颂,古今字。"二是动词,争讼、诉讼意义。此为法律意义,声符"公"有义,即公平,故"讼"乃为公平正直而争辩,这是"讼"所凸显的法律文化的核义。"讼"见于金文,如"𤷼""𤷼""𤷼"等形①,文例凡 6 见②,分别是:"敏諫罚讼(5.2837)""事(使)厥小子究以限讼于井叔(5.2838)""讯讼罚(8.4215)""讯讼(8.4294)""讯讼(8.4295)""女(汝敢以乃师讼。)",上之"讼"皆用在司法语境中,皆为争讼意义。传世文献早期"讼"的对象似乎比较狭窄,专指为钱财货物而争讼,《周礼·大司寇》:"以两造禁民讼,入束矢于朝,然后听之;以两剂禁民狱,入钧金三日……"郑玄注:"讼,谓以财货相告者。"其实未必,郑玄是依据《周礼·大司寇》上下文而随文释义,如果扩大语料范围,可以发现"讼"可以是争罪,《礼记·曲礼》:"教训正俗,非礼不备;分争辨讼,非礼不决。"孔颖达疏:"故《左传》云'卫侯与元咺讼',是争罪亦曰讼也。"《正字通·言部》:"讼,《六书故》:争曲直于官有司也。"

---

① 张世超:《金文形义通解》,中文出版社,1996 年,第 507 页。
② 张亚初:《殷周金文集成引得》,中华书局,2001 年,第 512—513 页。

"讼"是典型的"争讼"词,不仅见之于出土的甲金文中,也在出土的先秦两汉简牍语料中多见,例如下:

1. 所环耳以责,不得以讼,不克直□目是利于起事。(《天水放马滩秦简(乙种)·日书》①328)

2. 奴婢自讼,不审,斩奴左止,黥婢(颜)頯,畀其主。[《张家山汉墓竹简·二年律令》135(F157)]

3. 与人讼,书其名直屦中。(《马王堆汉墓帛书·杂禁方》)

4. 上无庆赏,民无狱讼,国无商贾,成王至正(政)也。(《银雀山汉墓竹简·尉缭子》)

"讼"的构词能力极强,《汉语大词典》收录以"讼"构成的双音词共135个,见于先秦两汉语料的有关司法词语有"讼夫""讼刑""讼地""讼言""讼理""讼鍭""讼罪""讼狱""讼驳""讼阋""讼系""冤讼""争讼""地讼""小讼""嚚讼""狱讼""治讼""断讼""民讼""疑讼""听讼""遏讼""词讼""谨讼""辞讼""辩讼""阴讼"等,一共28个。"讼"作为构词语素,其义除"争讼"外,还有"断案或审理案件""案件""公正"等义。由"讼"构成的司法语义类义较多,如有关"争讼"语义类的词,此类同义词最多,即"讼罪""讼狱""讼阋""词讼""辞讼""辩讼"等。表示诉讼人的词语有"讼夫"。审理诉讼的词语,如"听讼"、"断讼"。审理案件所遵循原则的词语"讼理",指断案公平。表示用刑的法则的词语"讼刑",指审慎用刑。争讼事由的词语,如"讼地""地讼",指为田地事情争讼;又如"阴讼"指为纵欲淫荡等事而引起的争讼。上古诉讼之时,缴纳诉讼的费用曾经用"矢",故有盛矢之器,叫"讼鍭"。争讼事件大小与性质的词语,如"小讼",指为小事情而发生的争讼;又如"疑讼",指疑难案件;"民讼",指民众之间发生

---

① 张德芳主编,孙占宇著:《天水放马滩秦简集释》,甘肃文化出版社,2013年,第54页。

的争讼;"冤讼"指为人申冤屈而发生的诉讼。阻止争讼的词语,如"遏讼"。描写诉讼争吵场面的词语,如"嚣讼""譅讼""讼驳"等,指争讼时候大声吵闹、喧哗。以上诸词所构成司法语义场,是我国古代司法文化的缩影。

辞　《说文·辛部》:"辞,讼也。从屬,屬犹理辜也。屬,理也。嗣,籀文辞从司。"

"辞"为法源词,但学人对"辞"的本义有歧见,主要有二:一是"讼词、口供",为名词。如字典、辞书大多以"讼词、口供"为"辞"的本义,如《汉语大字典》收"辞",首义(第一个义项)为"讼词"①;《辞源》收"辞",对单音词"辞"的释义,首义项为"讼词,口供"②;《汉语大词典》对单音词"辞"的释义,首义项是"诉讼的供词"③;《王力古汉语字典》收"辞",首义项为"讼词,口供"④;《法学辞源》收"辞",首义项为"讼词"⑤。二是诉讼,为动词。如朱骏声、徐灏、王颖等人持此观点。朱骏声《说文通训定声·颐部》:"纷争辩讼谓之辞。"徐灏《说文解字注笺·辛部》:"辞,凡有说告于人者谓之辞。"王颖曰:"'屬'是'乱'的本字,有'治理'的意思;'辛'代表刑法,会合起来就是'以法律理纷乱',也就是'诉讼'的意思。这是'辞'的本义。"⑥朱骏声、徐灏、王颖的观点可从,我们也赞同"辞"的本义为"诉讼、辩争",动词。"讼词、口供"乃引申义。因为运用内证法可证:许慎于上条以动词"争"释

---

① 汉语大字典编辑委员会:《汉语大字典》,湖北辞书出版社、四川辞书出版社,1990年,第4043—4044页。
② 广东、广西、湖南、河南辞源修订组,商务印书馆编辑部编:《辞源》(合订本,卷2),1998年,第1654页。
③ 汉语大词典编辑委员会:《汉语大词典》第十一卷,汉语大词典出版社,1994年,第500页。
④ 王力:《王力古汉语字典》,中华书局,2000年,第1417页。
⑤ 李伟民:《法学辞源》,黑龙江人民出版社,2002年,第3321页。
⑥ 李学勤:《字源》(下册),天津古籍出版社,2012年,第1277页。

"讼",故知"讼"为动词"诉讼、辩争"义,而于本条许慎以"讼"释"辞",因此"辞"为动词"诉讼、辩争"义。征之文献"辞"亦有"诉讼、辩争"义,如《左传·僖公四年》:"君非姬氏,居不安,食不饱。我辞,姬必有罪。"又如《睡虎地秦墓竹简·法律答问》:"'辞者辞廷。'今郡守为廷不为? 为殹(也)。"①上之"辞"用在法律语境中,皆为"诉讼"义。

"辞"可由本义"诉讼"引申出动词"讼词、口供",如《𩰲匜》:"女(汝)亦既从𧭴从誓。"②此"𧭴"为"辞"的异体,其义为"讼词"。又《周礼·秋官·乡士》:"听其狱讼,察其辞。"由"讼词"引申为通用语义"言辞",如"……申卜,疾辞……"(《南南》1.182),"疾辞即得了言辞不清之病"③。"辞"习见之于出土的秦汉简牍文献,如《张家山汉简·二年律令·盗律》(116(C282)):"气(乞)鞫者各辞在所县道,县道官令、长、丞谨听,书其气(乞)鞫,上狱属所二千石官,二千石官令都吏覆之。"此"辞"为"诉讼"义。"辞"所构成法律语义的双音词也见之于出土的秦汉简牍语料,上引《睡虎地秦墓竹简》中的"辞者"为双音词,其义为诉讼人。另有"辞审""辞服"等词,如《居延汉简》(3.35):"……廷自刺伤,皆证。所置辞审。""辞审,汉时法律用语,辞审,供词如实。"④《居延新简》(52.21):"谨验问士吏孙猛,䜌服负,已收得猛钱百=廿。"⑤"在汉代的债务类案件审理中,当事人承认事实

---

① 睡虎地秦墓竹简整理小组:《睡虎地秦墓竹简》,文物出版社,1990年,第115页。

② 张世超:《金文形义通解》,中文出版社,1996年,第3438页。

③ 刘兴隆:《新编甲骨文字典》,国际文化出版公司,1993年,第972页。

④ 初师宾主编:《中国简牍集成(五)·居延汉简》(标注本),敦煌文艺出版社,2001年,第8页。

⑤ 初师宾主编:《中国简牍集成(十)·居延新简》(标注本),敦煌文艺出版社,2001年,第167页。

称辞服。"①"辞"通"辤",《说文》分立二字,义本不同,《居延新简》此"辤服"即"辞服"。"辞"构词能力十分强大,《汉语大词典》一共收录 492 个,这一方面因为"辞"是多义词,另一方面由于文献中"辤"多借用"辞"以表述,同时"辤"也是多义的。《说文·辛部》:"辤,不受也。从辛,从受。受辛宜辤之。辝,籀文辤从台。""辤"之"不受"指不接受别人施予的罪行或罪名。"辛"有"罪"义;"受"有"接受"与"不接受"二义,此二义相反,实相依,即训诂学之反训。故"受"与"辛"会意为不接受别人施予的罪行或罪名。但此为"辤"的造意,非本义,因为文献未见"辤"之"受辛宜辤之"的用例。"辤"的本义为"拒绝、推辞",如《马王堆汉墓帛书·十六经·五正》:"黄帝于是辤其国大夫,上于博望之山。"又宋苏轼《述古以诗见责复次前韵》诗:"肯对红裙辤白酒,但愁新进笑陈人。""辤"由"推辞、拒绝"引申为"分别、分离"义,今之"辞别""告辞"之"辞"是"辤"的分别、分离义。"辝"为"辤"的或体,文献可见"辝"的"推辞、不接受"义。如汉焦赣《易林·需·晋》:"不可辝阻,终无悔吝。"如《敦煌变文·王昭君变文》:"长辝赤县,永别神州。""辤"字习见于秦汉简牍文献,如《里耶秦简》、《张家山墓竹简》、《居延汉简》、《居延新简》、《武威汉简》等,例多不赘引。

辡 《说文·辡部》:"辡,辠人相与讼也。从二辛。"

"辡"本义为罪人相互争讼,打官司。徐灏《说文解字注笺》:"讼必有两造,故从二辛,犹二辛也。两造必有一是非,因之为辡论之义。"②"辡"字叙述文献罕见,多见于字典韵书,饶炯《说文部首订》:"辡,即争辩本字,谓罪人互讼,争论屈直,各自疏解其事,故从二辛见义。盖辡为罪人自辡其非。"《元包经传·仲阳》:"师溟之

———————
① 沈刚:《居延汉简词语汇释》,科学出版社,2008 年,第 265 页。
② 丁福保:《说文解字诂林》,中华书局,1988 年,第 14150 页。

滨,地之垠,辟弅弅。"唐李江注:"弅,音辩。罪人相讼。"《玉篇·弅部》:"弅,弅罪,相与讼之言。"《集韵·狝韵》:"弅,罪人相讼。"

俙 **《说文·人部》:"俙,讼面相是。从人从希。"**

"俙"今多为联绵词的记音字,如"依稀"又作"依俙",有"相像、类似"意义,《魏书·刘昶传》:"故令班镜九流,清一朝轨,使千载之后,我得仿像唐、虞,卿等依俙元、凯。"宋田锡《贻宋小著书》:"为文为诗,为铭为颂,为箴为赞,为赋为歌,氤氲吻合,心与言会,任其或类于韩,或肖于柳,或依稀于元、白,或仿佛于李、杜。""讼面相是",段玉裁以为"内争而外顺也。《皋陶谟》所谓面从。今俗间俚语犹有之。《篇韵》皆注云:'讼也。'失之远矣"。但学人多不从,《段注匡谬》曰:"按俗间此语未之闻也。"[1]徐灏《说文解字注笺》:"讼,无内争而外顺者。段说非也。楚金云:'面从相质正也。《言部》諟,理也。郑注《大学》曰:'諟,犹正也。'諟通作是。面相是犹言面相质正尔。"[2]又《说文句读》:"面从背违,世情之常。讼则无取于面从。本文有阙误。""俙"今学人多谓诉讼时当面对质争辩。徐锴《说文解字系传》:"俙,面从(讼)相质证也。"《玉篇·人部》:"俙,讼也。"《集韵·微韵》:"俙,讼也。"叙述文献罕见"俙"的法律语义用例,仅见于上之所举的字典韵书。

诤 **《说文》:"诤,止也。从言,争声。"**

许慎以"止"释"诤",并未直接体现"诤"为争讼词语,但是"诤"的声符"争"示"争讼"义。上文许慎以"争"释"讼",故"诤"与"讼"同义,如《集韵·耕韵》:"诤,讼也。"《左传·昭公六年》:"民知争端矣,将弃礼仪而征于书。"唐孔颖达疏:"端谓本也。今铸鼎示民,则民知争罪之本在于刑书矣。"故我们视"诤"为争讼词语。许慎并未以法律语义的词语释"诤",而是以通用

---

① 丁福保:《说文解字诂林》,中华书局,1988 年,第 8169 页。
② 丁福保:《说文解字诂林》,中华书局,1988 年,第 8169 页。

义"止"释"诤",这折射古人诉讼目的,或者古代法制思想,即"诤"在于使诉讼停止,这与"以刑去刑"异曲同工。故"止"是"诤"的文化义项。这反映了许慎的诉讼观念,抑或许慎对诉讼思想的重视。因为许慎不释"诤"的概念意义,而释诤的法律文化义项,这与字典辞书释义的通则相偏离,尤其偏离了《说文》本身释义的原则。《说文》释义倾向在于追求字(词)的本义(概念意义或者理据意义)以冀正本清源,这为许慎撰写《说文》的初衷。"诤"的概念意义或者理据意义亦可从其同源字"争"寻求。"诤""争"同源,或者更为准确地说,"诤"乃"争"的同源分化字。故"诤"的声符"争"示源,其源义素有"拉",即各自将物拉往己方。《说文·叉部》:"争,引也。"段玉裁注:"凡言争者,皆谓引之使归于己。""争"见之于甲骨文,甲骨文有"��(英 637)、��(《合集》116)"等形。今学者释为"争","像两手争夺一绳索"①,徐灏《说文解字注笺》:"争的本义为两手争一物。"故引申争夺意义。卜辞"争"用作人名,"'妇井示三十。争。'(《合集》116)示:整治。争为收到者。'甲申卜,争贞。(前 7.43.1)'"②虽然卜辞未见"争夺"义,但传世文献有:《左传·隐公十一年》:"公孙阏与颍考叔争车,颍考叔挟辀而走。""争"既为手争,那可知"诤"为言语相争。"言语相争"初为"直言规劝",是谏诤,隐含下级官员与上级君长、官员言语相争,因为劝谏时,双方有时会争论,其目的为止人过失,故徐锴《说文解字系传》:"诤,能止其失也。""诤"之"诉讼"义是诤的对象与地位扩大了,双方地位可以对等与不对等,诤之目的是为了检举对方犯罪事实或者掩盖自己犯罪之事,这样就演变为原告与被告在公堂上的讼争。笔者用"语料库在线"查检,"诤"在先秦未见用于诉讼的"争论",但是在汉代的《史

①　刘兴隆:《新编甲骨文字典》,国际文化出版公司,1993 年,第 247 页。
②　刘兴隆:《新编甲骨文字典》,国际文化出版公司,1993 年,第 247 页。

记》中出现用例:《史记正义·高祖本纪》:"民有讼诤,吏留平辨,得成其政。"《汉语大字典》以唐代的书证为首书证①,即唐玄应《一切经音义》卷一引《仓颉篇上》曰:"诤,讼也。"书证滞后,当提前。"诤"之"争讼"义,也见于《史记》后的文献:《东观汉记·刘玄传》:"新市人王匡、王凤为平理诤讼,遂推为渠帅,众数百人。"《三国志·魏书·田畴传》:"畴乃为约束相杀、伤、犯盗、诤讼之法,法重者至死,其次抵罪,二十余条。"《梁书·武帝本纪》:"可通检尚书众曹,东昏时诸诤讼失理及主者淹停不时施行者,精加讯辨,依事议奏。"北宋王谠《唐语林校证》:"除数凶人,狱遂罢。以持正廷诤,为皇甫文所构,与来俊臣同日弃市。国人欢憾相半,哀昭德而快俊臣也。"《资治通鉴·汉献帝初平四年》:"(田)畴乃为约束:相杀、伤,犯盗;诤讼者,随轻重抵罪。"元初马端临《文献通考·选举考·举士》:"故选曹授职,喧嚣于礼闱;州郡贡士,诤讼于陛闼,谤议纷纭,浸成风俗。"《医方类聚》:"养生方云:夫妇自共诤讼,讼意未和平,强从,子脏闭塞,留结为病,遂成漏下,黄白如膏。"故"诤"之"原告、被告"的相争,由来久矣。

"诤"字构词能力较强,《汉语大词典》收"诤"字构成双音词一共 37 个,但是于先秦两汉文献中表示司法的词语未见,较多的词语表示"谏诤"义。"诤"字虽然见之于出土的秦汉简帛文献中,如《马王堆汉墓帛书》、《银雀山汉墓竹简》等有"诤"字用例,其义为"争论、谏诤",未见"诤"字司法语义的用例。故"诤"并非典型的诉讼词语。

詻 《说文·言部》:"詻,论讼也。《传》曰:'詻詻孔子容。'从言,各声。"

段玉裁改"讼"为"容","讼,当作容。论讼即言容。""言容"

即说话容貌形态。段玉裁并未指出是何种形态。《六书故·人事四》:"詻,辞厉也。"即严厉争辩时候,人所表现出的严肃容貌形态。故"詻"有严肃义,《礼记·玉藻》:"戎容暨暨,言容詻詻。"郑玄注:"教令严也。"宋陈师道《比丘理公塔铭》:"理公詻詻,既平以直。"一本作"詻詥"。林纾《送王肖泉先生之天津序》:"及既受陈公聘,则日詻詻然勉学子,授课倍常程,不罄竭其力弗止。"虽"言容""严肃"义与法律关系不甚密切,但也几近。《集韵·铎韵》:"詻,讼言。"此直接凸显"詻"的司法语义。"詻"常连用为"詻詻",指直言争辩,如《墨子·亲士》:"君必有弗弗之臣,上必有詻詻之士。"孙诒让《墨子间诂》:"案詻,洪颐煊谓与谔同,近是。"章炳麟《代议然否论》:"且震旦为学者,常詻詻与官立庠序反对,纵校官有长艺,犹刓心致死以争之。"其实"詻"与"咢""嚚"等同。徐灏《说文注笺》:"王引之曰:'嚚即孚字,俗作咢。'"[1]《说文·吅部》:"咢,哗讼。从口,屰声。""哗讼"即大声喧哗地争辩。《蛾术编》:"殷阮君神碑亦以詻为嚚,是'詻詻'即'嚚嚚'。故云论讼也。"[2]"詻"罕见地用于司法语境中表示原告与被告"争论"意义,多见用于通用语境中表示"争论"。

下面"阋""妭"二字,许慎的训诂元语言皆含"讼",但是其义为"争吵",单用时,未见司法之"争讼"义用例,亦考录存参。

阋(鬩) 《说文·斗部》:"恒讼也。《诗》云:'兄弟阋于墙。'从斗(鬥),从儿(兒)。儿,善讼者。"

"恒讼"之"恒",桂馥《说文解字义正》认为当为"相"。王筠《说文解字句读》:"桂氏(桂馥)曰:'当作"相"。'所据者《尔雅》孙注:'相、很,戾。'郭注:'相怨恨。'皆言'相'也。"[3]"恒"为

① 丁福保:《说文解字诂林》,中华书局,1988年,第2293页。
② 丁福保:《说文解字诂林》,中华书局,1988年,第2925页。
③ 丁福保:《说文解字诂林》,中华书局,1988年,第3427页。

"很"确切。"恒"与"很"古音近，得以假借。"很"古音匣母文部，"恒"古音匣母蒸部。两者声母同，韵部虽然有点远，但是能够旁转。在笔者家乡常宁方言"恒"与"很"两者音近。故"恒"当作"很"解。"很"有"争讼"意义。《尔雅·释言》："阋，恨也。"郝懿行《尔雅义疏》："恨者，当作很。《玉篇》云：'很，戾也。诤讼也。'《尔雅》释文引孙炎亦作很。《一切经音义》三引《国语》注：'很，违也。'"①故"恒讼"是同义字并列构成的双音词，其义为争斗、争吵。"阋"与法律意义距离较远，与司法语义更远。不过"阋"在通用语域中多用例：《诗·小雅·常棣》："兄弟阋于墙，外御其务。"毛传："阋，很也。"孔颖达疏："很者，忿争之名。"《资治通鉴·唐德宗兴元元年》："两军之士，日有忿阋。"清魏源《圣武记》卷五："又外构策妄，内阋拉藏汗。"但是由"阋"构成的双音词，有表示司法的诉讼意义，如"阋讼"，虽未见之于汉代文献，但在汉代之后文献中存用例，如《隋书·李士谦传》："有兄弟分财不均，至相阋讼，士谦闻而出财补其少者，令与多者埒。"章炳麟《答铁铮》："上自孔子，至于孟荀，性善性恶，互相阋讼。"

妠　《说文·女部》："妠，讼也。从二女。"

许慎释"妠"为"讼"，争吵义。"妠"，于传世叙述文献无征，仅见于字典韵书，释义皆本《说文》。如戴侗《六书故》："《说文》曰：'讼也。'《易》曰：'二女同居，其志不相得。'"由戴侗之解，"妠"字构意则是性别歧视。"妠"在甲骨文、金文中出现，不作"讼"解。甲骨文作"𡚢"（《合集》9022）"𡚢"（《合集》2692）"②等形，卜辞用作人名，"妇妠娩𡥀。（《合集》454）𡥀即嘉，嘉好也，生男曰嘉，生女则曰不嘉。"③金文作"𡚾（妠作乙公瓞）""𡚢（亚

①　郝懿行：《国学基本丛书·尔雅义疏》，商务印书馆，1935年，第59页。
②　刘兴隆：《新编甲骨文字典》，国际文化出版公司，1993年，第819页。
③　刘兴隆：《新编甲骨文字典》，国际文化出版公司，1993年，第819页。

妌辪瓴)"①等形,金文意义与甲骨文卜辞意义同,用作人名,"妌
作乙公瓴:妌作乙公宝奨。"②

第二节 逮 捕 词 语

　　古代原告向官府揭发被告违法犯罪之后,常常会先行逮捕,
以防被告不应诉或者听到风声后逃走。《说文》收录了逮捕语义
范畴词语,如"捕""执""收"等。

　　捕　《说文·手部》:"捕,取也。从手,甫声。"
　　"捕"的本义谓捉拿、捕取,为法律意义,是法源词。以下两
点可以支持此结论。一是被释词"取"的意义。《说文·又部》:
"取,捕取也。从又,从耳。《周礼》:'获者,取左耳。'《司马法》:
'载献馘。'馘者,耳也。"段玉裁注:"称《周礼》,又《司马法》释
之,以说从耳之意。"其实,段玉裁未能全面理解许慎之意。许慎
称引《周礼》与《司马法》重点并非声在"耳",而是明确"取"的本
义是战争语域意义。古代作战以割取敌人的左耳记功。古代战
争与刑不分,或刑起源于兵,因此以"取"释"捕"明确告诉我们
"捕"是法律语义的捕取,然后引申出通用语义的捕取,如"捕鱼"
"捕禽兽"等。二是声符"甫"示义,此也可反映"捕"的意义来源
于战争,并且是"捕"造字的理据,然后变为法律意义。马叙伦
《说文解字六书疏证》卷六:"收,为孚之转注字……亦捕之转注
字。捕从甫得声。"③"收""孚"为叠韵,两者韵部皆为幽部,故能
相转。"收""捕"两者声母韵部没有一个相同或相近,故难以通

────────────

　　① 　张世超:《金文形义通解》,中文出版社,1996 年,第 2882 页。
　　② 　张世超:《金文形义通解》,中文出版社,1996 年,第 2883 页。
　　③ 　古文字诂林编纂委员会:《古文字诂林》第三册,上海教育出版社,1999 年,
第 691 页。

转。马叙伦在上文没有直接提到"孚"与"捕"的关系,但是在《刻词》中曰:"孚为捕之转注字,实俘之初文。"①此说可从。"孚"与"捕"两者韵部一为幽部,一为鱼部。依据段玉裁古韵分类,幽部为第三部、鱼部在第五部,但是皆在第二类,两者韵部不是太远;且"孚""捕"两者声母近,一为滂母,一为並母,故"孚""捕"两者音近。甲骨文"𠬝"(《合集》904)'𠬝'(《合集》35363)'𠬝'(《合集》137)像双手或单手抓人形,所从之卜或彳为动符,示追赶之意义。孚、俘为古今字。"②故依音义的关系,可断"捕""孚(俘)"同源。以上只是构形析义而推出"孚"有"捕捉"义。实际上"孚(俘)"在卜辞中有具体的用例③:① 俘获。"俘人十又六人"(《合集》137),又"我用罗俘"(《合集》903)。"罗":猎具。② 祭祀时用作人牲。"𩇃俘、马自大乙"(《屯》1078),𩇃,祭名。俘虏和马并列,地位相当。"孚"也见之于金文,如"𠬝""𠬝""𠬝"等,其形体与甲骨文大体一致,"原始氏族社会有于战争中生俘对方妇女儿童收养之习惯。'孚'为'俘'之古字。于省吾曰:'收养战争中俘虏的男女以为子,这就是孚的造字由来。至于鸟孵卵之孚系用借字。'后世则以孵为之。"④"孚"于金文意义多于卜辞,用法也多样化⑤:① 战争中俘虏对方之人,孟鼎二:"孚(俘)人万三千八百十一人。"② 战争中俘获财物、器用,为俘人义之引申。多友鼎:"孚(俘)戎车百乘一十又七乘。"孟鼎二:"孚(俘)牛三百五十五牛,羊廿八羊。"𢼸生盨二:"孚(俘)戎器,孚(俘)金。"③ 国族名。孚公狄甗:"孚公狄乍旅[献]。"④ 假为"敷"。师旬

---

① 周法高:《金文诂林》,香港中文大学出版社,1974年,第1546页。
② 刘兴隆:《新编甲骨文字典》,国际文化出版公司,1993年,第492页。
③ 刘兴隆:《新编甲骨文字典》,国际文化出版公司,1993年,第492页。
④ 张世超:《金文形义通解》,中文出版社,1996年,第599页。
⑤ 张世超:《金文形义通解》,中文出版社,1996年,第599—600页。

簋："不（丕）显文武，孚（敷）受天令（命）。"由上可知，"孚"为"俘"的初文，在后世文献中"俘"多专用作名词，"孚"借为"孵卵"之"孵"。《说文·爪部》："孚，卵孚也。从爪，从子。"但是刘兴隆认为"孵卵"之"孚"来源甲骨文"✿《甲》2617""✿《合集》6354""✿《英》543"①，由于书写不便利，而写为"孚"，"像以爪扒蛋之状。禽类扒蛋翼下，示抱蛋孵卵之义。动辞，会意字。可释孵。《说文》、《扬子方言》、徐锴等释孚为孵。两者同字异文。孚字从爫从子，爪下之子为将出蛋壳之子雏也。蛋形无法书写，只得以子代之。孚下之子与✿下之○同义。卜辞俘虏之俘作✿或✿，象两手或单手抓住战俘之形。俘、孚各有所指，本不同之字。……《扬子·方言》：'鸡伏卵而未孚，或作孵。'②即"孚"与"俘"有别，"孚"是孵卵之"孚"，"俘"才是后世"俘获""俘虏"之"孚"，只是"✿"不便书写，把"○"换成了"子"。可惜甲骨卜辞文例不完整，从用例上看不出"✿"即"孵卵"之"孚"，如"辛丑卜，争贞，曰舌方凡皇于土……其章✿允其章四月。"（《合集》6354正）"……曰舌［方］凡皇……其章……"（《合集》6355）。"曰舌方……✿允其……"（《合集》6356）。此三例中的"✿"与"孵"无关。因此要确证"孵"来源于"✿"需要用例支撑，否则只能是理论的推测。

要之，"孚"是古字，"俘""捕"分别是今字，即同源分化字，名词俘虏意义由"俘"承担，动词俘获、捕捉罪犯义由"捕"承担。古字"孚"后被借用为"孵"义，以致"孚"的源义不显。

"捕"本是用在军事战争语境中的"孚"的同源分化字，故其本义是动词俘获、捕拿，这于传世文献中也多用例：字典辞书明

---

① 刘兴隆：《新编甲骨文字典》，国际文化出版公司，1993年，第145页。
② 刘兴隆：《新编甲骨文字典》，国际文化出版公司，1993年，第145—146页。

确以法律意义注释,如《广韵·暮韵》:"捕,捉也。"《字汇·手部》:"捕,擒捉也。又逮捕:逮者,其人在而直追取之。捕者,其人亡当讨捕之。"叙述文献则最早见于《左传》,《左传·襄公十四年》:"譬如捕鹿,晋人角之,诸戎掎之,与晋踣之,戎何以不免。"此"捕"的受事为动物,不是用在法律语域。《墨子》卷十五《号令第七十》:"诸吏卒民有谋杀伤其将长者,与谋反同罪,有能捕告,赐黄金二十斤,谨罪。"《管子·问第二十四》:"所筑城郭修墙闭绝通道厄阙深防沟以益人之地守者何所也?所捕盗贼除人害者几何矣?"上之"捕"的受事为盗贼,用在法律语域。"捕"字法律意义,在两汉的用例远远多于先秦时期,笔者用"语料库在线"查检"捕"字共18见,用在法律语域中的"捕"凡9见;"捕"在两汉时期凡371见,用在法律语域中凡367见,即"捕"几乎都用在法律语境中,这恐怕是许慎以法律意义释"捕"的主要原因,因为从"捕"的字形无法分析出"法律语义"字素。由此可见"孚"的法律意义对后世的影响。"捕"的用例主要分布在《史记》与《汉书》两部书,如《史记·刘濞列传》:"击反虏者,深入多杀为功,斩首捕虏比三百石以上者皆杀之,无有所置。"《汉书·灌夫传》:"遣吏分曹逐捕灌氏支属,皆得弃市罪。""捕"的通用语义用例主要分布在《淮南子》、《论衡》等非史书中,如《淮南子·原道训》:"夫释大道而任小数,无以异于使蟹捕鼠,蟾蜍捕蚤,不足以禁奸塞邪,乱乃逾滋。"《论衡·无形篇》:"人设捕蚔蛤,得者食之。虽身之不化,寿命不得长,非所冀也。"

"捕"的"捉拿人犯"义,在出土的秦汉文献中亦见用例:

1. 甲盗不盈一钱,行乙室,乙弗觉,问乙论可(何)殹(也)?毋论。其见智(知)之而弗捕,当赀一盾。(《睡虎地秦墓竹简·法律答问》209)

2. "有投书,勿发,见辄燔之;能捕者购臣妾二人,毄(系)投书者鞫审瀛之。"所谓者,见书而投者不得,燔书,勿发;投者

〔得〕,书不燔,鞫审瀡之之谓殹(也)。(《睡虎地秦墓竹简·法律答问》53、54)

3. 求盗追捕罪人,罪人挌(格)杀求盗,问杀人者为贼杀人,且斲(斗)? 斲(斗)杀人,廷行事为贼。(《睡虎地秦墓竹简·法律答问》209)

4. "将司人而亡,能自捕及亲所智(知)为捕,除毋(无)罪;已刑者处隐官。"可(何)罪得"处隐官"? 盗赦为庶人,将盗戒(械)囚刑罪以上,亡,以故罪论,斩左止为城旦,后自捕所亡,是谓"处隐官"。它罪比群盗者皆如此。(《睡虎地秦墓竹简·法律答问》209)

5. 诘丙、赘、信:信,长吏,临一县上所,信恃,不谨奉法以治,至令苍贼杀武;及丙、赘备盗贼,捕苍,苍虽曰为信,信非得擅杀人,而纵苍,皆何解?(《张家山汉墓竹简·奏谳书》220)

6. 有能捕若诇吏,吏捕得一人,为除戍二岁,欲除它人者,许之。(《张家山汉墓竹简·二年律令》169)

7. 恐人将捕之,不欲食,面黭(黯)若(也)色,欬则有血,此为骨蹶(厥),是少阴脉(脉)主治。其所产病。(《马王堆汉墓帛书·阴阳十一脉灸针》)

8. 匿界中。书到,遣都吏典县令以下逐捕搜索部界中,听亡人所隐匿处以必得为故。(《合校》179.9)

9. 物色年,追捕之。令候长、巫、尉数推索,有无□□。(《居延新简》EPT.13)

"捕"与"取"连用,形成双音词"捕取",用"语料库在线"查检,"捕取"在先秦两汉共5见,其中《论衡》1见,《风俗通义》1见,《太平经》3见。"捕""取"连用,形成"取捕"的形式,但因为出现的次数少,在全部文献中,包括先秦两汉、佛教文献等,只有2例,《大藏经》第4卷:"大鱼便敕小鱼曰:'汝等至他所,不为罗网取捕耶?'小鱼答大鱼曰:'我等至彼,不为人所捕。'"(东晋天竺三藏竺昙无兰译《佛说大鱼事经》，No.216），也见于魏收的《魏书》："庚辰，魏主临虎圈，诏曰：'虎狼猛暴，取捕之日，每多伤害；既无所益，损费良多，从今勿复捕贡。'"以上"取捕"并非法律语义，指猎取鱼、虎等。《汉语大词典》收"捕取"，未收"取捕"，这或许因为其用例太少，故未立"取捕"为词目。"捕取"的用例，有的是通用语义，有的是法律语义，如下：

1. 前将募民捕取，武吏以除赋课，郡境界皆设陷井。（《风俗通义·正失·宋均令虎渡江》）

2. 能行之物，死伤病困，小大相害。或人捕取，以给口腹，非作窠穿穴有所触，东西行徙有所犯也。（《论衡·辨祟篇》）

3. 阴者卑，怒必以其身行战斗杀人。比若臣往捕贼，必以其身行捕取之也。不得若君，但居其处而言也。（《太平经·三光蚀诀》）

4. 故天下人以淹污辱恶，与人食之，天乃遣雷电下，自捕取之，真人知是逆恶邪？（《太平经·天咎四人辱道诫》）

5. 愚人可为名恶子，长吏闻知，属吏捕取，急刑其身，祸及亲疏，并得其咎。（《太平经·衣履欲好诫》）

执（執）　《说文·幸部》："执，捕罪人也。从丮，从幸，幸亦声。"

"执"的本义谓捕获罪人，乃法源词。"执"的甲骨文有"𡘜、𡘜、𡘜、𡘜"等形，"像一人戴有手梏之形，其用近幸"[1]。"幸"乃刑具，于省吾曰："甲骨文习见的幸，作𡘜、𡘜、𡘜、𡘜等形。……幸字本象施刑于手腕的械形，验之于实物而后知之。依据殷墟出土的陶俑，女俑的腕械在胸前，男俑的腕械在背后。𡘜形中剖为两半作𡘜形，将人的两腕纳入械中，然后用绳缚其两端。……《说文》：

---

①　刘兴隆：《新编甲骨文字典》，国际文化出版公司，1993年，第678—679页。

'夲,所以惊人也,从大从羊。一曰大声也。一曰,读若瓠。一曰,俗语以盗不止为夲,读若籀。'按许氏谓夲从大从羊,不知其为独体字。"①董作宾《殷历谱》:"夲,象手械,即莘字,盖加于俘虏之刑具也。"甲骨文"𣥏"形增"手"字素强化外界之力迫使罪人跪伏受缚。卜辞"执"的词类,分为两类:一是动词,二是名词;其义分别是②:①动词,捕执。"庚子执隶"(《合集》571),又"王呼执羌"(《合集》26950)。捕捉野牲亦称"执"。"令𠚙执犀"(《合集》10436)。②名词,被捕捉用来作祭物的人。"乙亥卜,执其用(《合集》26991)","执其用自中宗、祖乙,王受有祐"(《合集》26991),"其用执,王受祐"(《合集》26980),"执用于祖……"(《合集》801)。金文也见"执",有"𫝀""𫟙""𫠜""𫡛"等形,字形与甲骨文总体上一脉相承,但是稍有差异:"甲骨文从夲拘人,人形或跪或立,但双手一定套在夲(梏)中。金文人形与夲形分离,讹为丮,或加廾,或于人形下加'止'。"③"𫡛"字形增加"女"乃"止"形之讹④。金文"执"的用例颇多,主要与"讯"连用。"执"于金文凡 37 见⑤,"执""讯"连用凡 19 次,用例超过总数50%。可见其用于法律语境频率高,因此东汉许慎释"执为捕罪人"就不难理解了。"执"在金文中的意义有⑥:①拘捕。盂鼎二:"执酋一(人)隻(获)馘百卌七馘。"②执携。员鼎:"王令员执犬,休善。""执犬",牵猎犬也。③持,执掌也。散盘:"夆受图矢王于豆新宫东廷,夆左执缦(要)史正仲农。"④治理,操作。五

---

①　于省吾:《甲骨文字诂林》第三册,中华书局,1996 年,第 2578—2579 页。
②　刘兴隆:《新编甲骨文字典》,国际文化出版公司,1993 年,第 680 页。
③　季旭昇:《说文新证》,福建人民出版社,2010 年,第 806 页。
④　张世超:《金文形义通解》,中文出版社,1996 年,第 2489 页。
⑤　张亚初:《殷周金文集成引得》,中华书局,2001 年,第 91 页。
⑥　张世超:《金文形义通解》,中文出版社,1996 年,第 2489 页。

祀卫鼎:"余执糵(恭)王卹(㳄)工(功)。"可见"执"在金文中的
意义比在卜辞中的意义增多了,且有抽象的、通用的"执掌""治
理"义。以上4个义位,在后世文献中被承用。如《诗·大雅·
常武》:"铺敦淮濆,仍执丑虏。"《新唐书·逆臣传下·黄巢》:"是
时柳彦璋又取江州,执刺史陶祥。"上"执"为拘捕意义。《诗·邶
风·简兮》:"左手执钥,右手秉翟。"唐韩愈《顺宗实录一》:"上常
亲执弓矢,率军后先导卫,备尝辛苦。"上"执"为"持"义。《周
礼·天官·小宰》:"执邦之九贡、九赋、九式之贰,以均财节邦
用。"唐韩愈《送穷文》:"其次名曰学穷,傲数与名,摘抉杳微,高
挹群言,执神之机。"康有为《大同书》甲部第五章:"齐之国、高,
周之刘、尹,世执政权。"上"执"为"治理、掌管"义。"执"的"拘
捕"义在出土的先秦两汉简牍文献中也多用例:

1. □□□爰书:某里公士甲自告曰:"以五月晦与同里士五
(伍)丙盗某里士五(伍)丁千钱,毋(无)它坐,来自告,告丙。"即
令【令】史某往执丙。(《睡虎地秦墓竹简·封诊式·盗自告》
251)

2. 免老告人以为不孝,谒杀,当三環之不? 不当環,亟执勿
失。(《睡虎地秦墓竹简·封诊式·盗自告》195)

3. 执者□□斩能执之,赏如甲首。诸诛者皆劓之,以别死
皋。(《散见简牍合辑》①,P40)

收 《说文·攴部》:"收,捕也。从攴,丩声。"

许慎以"捕"释"收",即"逮捕、抓获",可知"收"有法律意
义。许慎所释的"捕"为引申义,这违背了许慎一贯以本义释义
的原则。此体现许慎对法律文化的重视。"收"的本义可从字形
推求。"收"不见于甲金文,最早见于战国古文字,"收(《楚系简

---

① 李均明:《散见简牍合辑·青海大通县上孙家寨115号汉墓木简》,文物出版
社,1990年,第40页。

帛》271 页）、�（《古文典》163 页）、�（《睡甲 48 页》）、�（《古文四声韵》32 页）"①，字形总体上相近，只是"手"与"攴"的异构，但是两者在古文字构形中是相通的。马叙伦以"收"为"孚"的转注字，"收音审纽，孚音敷纽。同为摩擦次清音。又声同幽类也。"②"收""孚"两者虽然同韵部，但是声母的发音部位很重要，马叙伦只是论述了其声母发音方法之同，未论及其发音部位差异，就断定两者音近便通转。这失之太宽。即使两者音同，也尚不能断定两者同源而通转，因为两者的源义素不同，即不同源。"孚"侧重的是用手抓住，"收"侧重的是用绳子捆缚，其字形就显示出两者的差异。"收"与"孚"应是同义字。"收"与声符"丩"义联系紧密。《说文·丩部》："丩，相纠缭也。一曰瓜瓠结丩起。象形。"段玉裁："谓瓜瓠之藤，缘物缠结而上。"纠缭即相互缠紧。"丩"亦见于甲金文，赵诚曰："甲骨文的�，象两物相互纠结，有缠绕、纠缠之意，卜辞即用此义，为动词。如'乎�肘'（《乙》2844），意为王的肘有疾，呼用物缠绕其肘。用物缠肘，似为治疗。此字金文作�（丩方鼎），匋文有作�者，小篆作�，楷书作丩，纠结之义不显，于是加纟旁写作纠。"③《说文》一曰为"瓜藤缠结"义。若泛言之，也可指用绳索紧紧地绞在一块。故"收"的本义当是以手拿绳索之类东西紧缠物。"�"字显示更清楚、具体。若绳索紧绞在人身，即牢实地捆缚人。用在法律语境中指用绳索牢实地捆缚罪犯，此为"抓捕罪犯"的来源，便与"孚"成为同义词，故王绍兰《段注订补》："收为捕取辠人也。"传世文献多用例：

---

① 李学勤：《字源》（上册），天津古籍出版社，2012 年，第 260 页。
② 古文字诂林编纂委员会：《古文字诂林》第三册，上海教育出版社，1999 年，第 691 页。
③ 古文字诂林编纂委员会：《古文字诂林》（第二册），上海教育出版社，1999 年，第 682 页。

《诗·大雅·瞻卬》:"此宜无罪,汝反收之。"毛传:"收,拘收也。"
《墨子·号令》:"诸吏卒民非其部界而擅入他部界,辄收,以属都
司空若候,候以闻守,不收而擅纵之,断。"《史记·淮南王列传》:
"衡山王赐,淮南王弟也,当坐收,有司请逮捕衡山王。"《汉书·
刑法志》:"平、勃乃曰:'陛下幸加大惠于天下,使有罪不收,无罪
不相坐,甚盛德,臣等所不及也。臣等谨奉诏,尽除收律相坐
法。'""收"的逮捕罪犯义,也见于出土的先秦两汉的简牍文献:

1. 甲杀人,不觉,今甲病死已葬,人乃后告甲,甲杀人审,问甲
当论及收不当? 告不听。(《睡虎地秦墓竹简·法律答问》180)

2. 数日,乃收讯其士五(伍)武,曰:将阳邸而不盗伤人。
(《张家山汉墓竹简·奏谳书》228)

3. 有罪富收,狱未决而以赏除罪者,收之。(《张家山漢墓竹
简·二年律令·收律》220)

"收""捕"常连用形成双音词"收捕"(但未见"捕收"一词),
笔者用"语料库在线"查检,共 17 见,始见于《史记》,但是用例不
多,仅 2 例,《汉书》共 15 见。例如下:

1. 及贯高等谋反柏人事发觉,并逮治王,尽收捕王母兄弟美
人,系之河内。(《史记·淮南王传》)

2. 于是二世乃使高案丞相狱,治罪,责斯与子由谋反状,皆
收捕宗族宾客。(《史记·李斯列传》)

3. 囷使小史侍之,亦知其非是,守尉魏不害与厩啬夫江德、
尉史苏昌共收捕之。(《汉书·田广明列传》)

4. 赏一朝会长安吏,车数百两,分行收捕,皆劾以为通行饮
食群盗。(《汉书·尹赏列传》)

罥 《说文·罒部》:"目视也。从横目,从卒。令吏将目捕
罪人也。"

"罥"的本义谓带眼线人捕罪犯。段玉裁改"目"为"司",又
改"令"为"今",学者多从之。段玉裁注:"司者,今之伺字。《广

韵》作'伺'。'今'各本讹为'令'。今正。此以汉制明之。故曰
今汉之吏人携带眼目捕罪人。如虞诩令能缝者佣作贼衣,以采线
缝贼裾,有出市里者,吏辄禽之。"①桂馥注释更为详尽明白,《说
文解字义证》:"司,伺也。《玉篇》:'罨,伺人也。捕罪人也。'凡
吏出捕辄将两人,一通信息,谓之线;一能识认,谓之眼。"②今公
安称提供信息的人为"线人""眼人""目击者"。遗憾的是"罨"
字法律意义,除了见于字书韵书外,另无文献用例。

第三节　审 问 词 语

　　"审问词语"是法官审问案件时向原告、被告、受害人、证人
等提问时所使用的词语。因为法官为了了解案情经过、诉讼的
缘由,或者案件中关键要素,常需要向原告、被告、受害人、证人等
提问或者质问。古代审讯官吏的口气一般强硬,有时问中含威胁。
这在古代有专门用语,《说文》就收录 2 个词语,分别是"讯""诘"。

　　讯　《说文》:"讯,问也。从言,卂声。𧦝,古文讯,从卤。"

　　《说文》以"问"释"讯",但是"问"并非今通用语义"询问",
因为许慎又以"讯"释"问",《说文·口部》:"问,讯也。"即许慎
采用互训的注释方式以释"讯"与"问"的意义,故"讯"是法源词,
其义为"审问"或"审讯"。这可从"讯"的古文字构形与用例求
得。"讯"见之于甲骨文,有"𤔲(英 1549)""𤕟(遗 82)""𤕀(续
3.31.5)等形,像一人被反绑双手,所从之口,示有人开口讯问,所
从𢎥为绳索,反绑之义更明。卜辞作讯问意义"③。金文亦有讯,
作"𧨼""𧩮""𧩦"等形,"金文多有鼎,兮甲盘……字形较完备,

　　①　丁福保:《说文解字诂林》,中华书局,1988 年,第 10163 页。
　　②　丁福保:《说文解字诂林》,中华书局,1988 年,第 10163 页。
　　③　刘兴隆:《新编甲骨文字典》,国际文化出版公司,1993 年,第 122 页。

像以索倒缚人手形,从口以会讯问之意。……释义:一、执敌而讯之,即俘虏。多有鼎:'鷙(执)噬(讯)廿又三人。'……二、问,髭簋:'噬(讯)讼罚。'"①张世超以"讯"有名词意义(俘虏),其实多有鼎中的讯也是动词,"讯"与"执"是两个动词并列连用。况且张世超的解说自相矛盾,即"执敌而讯之"是动词语义,"敌人"是名词,张氏把两者等同。另外张氏解字的时候曰:"从口以会讯问之意。"这也是动词意义。当然"讯"在传世文献中有"俘虏"义,是来源于"讯"中反缚之人,此人是通过战争而抓住的俘虏。另外张氏所解释的"问"是与法律语境中的"讼罚"组合,此更说明"讯"是个法源词。

"讯"的"审问"义,习见于先秦两汉传世文献,如《周礼·秋官·小司寇》:"以五刑听万民之狱讼。附于刑,用情讯之。"贾公彦疏:"用情实问之,使得其实。"《左传·昭公二十一年》:"使子皮承宜僚以剑而讯之。宜僚尽以告。"《史记·五宗世家》正义曰:"既而为郅都所讯,惧而缢死。"

"讯"的"审问"、"审讯"义亦见之于出土的先秦两汉简牍文献,如:

1. 凡讯狱,必先尽听其言而书之,各展其辞,虽智(知)其訑,勿庸辄诘。(《睡虎地秦墓竹简·封诊式·讯狱》)

"讯狱"已经凝固为双音词,其中"讯"是"审问"义,语义指向"狱"。"讯狱"为"审理、审问案件"义。"讯狱"亦见于传世文献,如汉刘向《说苑·君道》:"且夫国之不得士者,有五阻焉……讯狱诘穷其辞,以法过之,四阻也。"宋王安石《与孙莘老书》:"所示及讯狱事,深思如此难处,足下试思其方,因书示及。"

2. 御史以闻,请:许,及诸乘私马出,马当复入而死亡,自言在县官,县官诊及狱讯,审死亡,皆津关。制曰:可。[《张家山汉

---

① 张世超:《金文形义通解》,中文出版社,1996 年,第486—487 页。

墓竹简·二年律令·史律》508（C203）]

"狱讯"即"讯狱"，"讯"的语义指向"狱"。"讯"为"审讯、审理"义，"狱讯"即"案件的审讯"。

3. 爰书：以某数更言，毋（无）解辞，治（笞）讯某。（《睡虎地秦墓竹简·封诊式·讯狱》）

4. 治狱者，各以其告劾治之。敢放讯杜雅，求其他罪，及人毋告劾而擅覆治之，皆以鞫狱故不直论。[《张家山汉墓竹简·二年律令·盗律》113（C285）]

例3、例4之"讯"皆为审问犯罪嫌疑人。

5. 讯丁、乙伍人士五（伍）□，曰："见乙有結復（複）衣，繆缘及殿（纯），新殿（也）。不智（知）其里□可（何）物及亡状。"以此直（值）衣賈（价）。（《睡虎地秦墓竹简·封诊式·穴盗》）

"丁"为知情人，故"讯"是审问知情人。

6. 讯问女子啥，曰："病卧内中，不见出入者。"（《张家山汉墓竹简·奏谳书》228）

"讯问"已凝固为双音词，为"审讯"义，"女子啥"为知情者。"讯问"也见之于传世文献，如《晋书·纪瞻传》："除会稽内史。时有诈作大将军府符，收诸暨令，令已受拘，瞻觉其诈，便破檻出之，讯问使者，果伏诈妄。"唐柳宗元《故银青光禄大夫宜城县开国伯柳公行状》："贼遂执公爱子，榜棰讯问，折其右肱，而公不之顾。"《汉语大词典》收"讯问"一词，"审讯"义下的首书证为《晋书》，时代滞后，晚于《张家山汉墓竹简》，当提前。

7. 讯婢：人从后，何故弗顾？曰：操篸，篸鸣匈匈然。不闻声，弗顾。讯婢：起市中，谁逢见？曰：虽有逢见，弗能□。（《张家山汉墓竹简·奏谳书》228）

"婢"为受害者，此"讯"的语义指向"婢"，故"讯"的对象为受害者。

"讯"的构词能力很强，于先秦两汉中，形成表示法律意义的双音词有"讯囚""讯治""讯问""讯狱""讯鞫""讯鞠""讯验""栲讯""覆讯""證讯"等。例如下:《尉缭子·将理》:"笞人之背,灼人之胁,束人之指,而讯囚之情,虽国士有不胜其酷而自诬矣。""讯囚"为"审讯囚犯"义。《史记·吴王濞列传》:"以汉有贼臣,无功天下,侵夺诸侯地,使吏劾系讯治。""讯治"为"审讯治罪"义。《史记·酷吏列传》:"汤掘窟得盗鼠及余肉,劾鼠掠治,传爱书,讯鞫论报,并取鼠与肉,具狱磔堂下。""讯鞫"为"审讯"义。《史记·淮南衡山列传》:"是时上不许公卿请,而遣汉中尉宏即讯验王。""讯验"为"讯问验证"义。《史记·李斯列传》:"赵高使其客十余辈诈为御史、谒者、侍中,更往覆讯斯。斯更以其实对。""覆讯"为"审讯"义。"覆"有"审查"义,《尔雅·释诂下》:"覆,审也。"《周礼·考工记·弓人》:"覆之而角至,谓之句弓。"郑玄注:"覆,犹察也。"汉焦赣《易林·师之蛊》:"精洁渊塞,为谗所言。证讯诘问,击于枳温。甘棠听断,怡然蒙恩。""证讯"为"查证审讯"义。

诘 《说文》:"诘,问也。从言,吉声。"

许慎所释之"问"并非通用语义"询问",而是法律语义"讯问"与"责问"。徐灏《说文段注笺》:"诘者,责问也。"《淮南子·时则训》:"是月也,农有不收藏积聚、牛马畜兽有放失者,取之不诘。"汉高诱注:"诘,呵问也。"《左传·昭公十四年》:"宥孤寡,赦罪戾,诘奸慝,举淹滞。"晋杜预注:"诘,责问也。"《礼记·月令》:"诘诛暴慢,以明好恶。"郑玄注曰:"诘谓问其罪,穷治之也。"汉代郑玄注已经明确解说"诘"是审讯程序中的词语。又《玉篇·言部》:"诘,问罪也。"《慧琳音义》卷五十一"诘处"注引《考声》云:"诘,谓穷问也。"[1]"穷问"乃法官穷尽地追问罪人,直到其交代全部犯罪事实或者法官需要的信息。《资治通鉴·后梁纪

---

① 宗福邦:《故训汇纂》,商务印书馆,2003 年,第 2113 页。

四》："虽知其情,不敢诘。"胡三省注:"诘,穷问也。"当然"诘"的"责问"义,并非都用于法律语域,有时用于通用语域,表示追问,如《老子》:"视之不见,名曰'夷';听之不闻,名曰'希';搏之不得,名曰'微'。此三者不可致诘,故混而为一。"《新五代史·杂传五·裴迪》:"迪召公立问东事,公立色动,乃屏人密诘之,具得其事。"

"诘"见之于出土的先秦两汉简牍文献,有单音词的用法与双音词用法:

1. 凡讯狱,必先尽听其言而书之,各展其辞,虽智(知)其訑,勿庸辄诘。其辞已尽书而毋(无)解,乃以诘者诘之。诘之有(又)尽听书其解辞,有(又)视其他毋(无)解者以复诘之。诘之极而数訑,更言不服,其律当治(笞)谅(掠)者,乃治(笞)谅(掠)。(《睡虎地秦墓竹简·封诊式·讯狱》)

2. 诘毋忧,律變(蛮)夷男子岁出賨钱,以当繇(徭)赋,非曰勿令为屯也。(《张家山汉墓竹简·奏谳书》4—5)

整理小组注:诘,《礼记·月令》注:"谓问其罪,穷治之也。"

3. 诘讯仆、孔,改曰:得鞭予仆,前忘,即曰弗予。(《张家山汉墓竹简·奏谳书》217)

"诘讯"即"穷究审讯"义,《汉语大词典》收"诘讯",首书证举《新唐书》,《新唐书·张亮传》:"齐王告亮反,高祖以属吏诘讯,终无所言,乃得释。"书证滞后,当提前。

"讯""诘"虽然皆有"审问"义,但是"诘"重点在于刨根问底、反复追问。"诘问"则是通过曲折途径或方法,如反复问、间接问等方法,讯问出所需要的详细的信息才罢休。"诘"之声符"吉"示"弯曲""曲折"义,故"诘"有弯曲义,如《楚辞·九叹·遭厄》:"思哽饐兮诘诎,涕流澜兮如雨。"又《说文·叙》:"象形者,画成其物,隨体诘屈。"与"诘"同源的"结"亦有"弯曲"义,《说文·糸部》:"结,缔也。""缔"则为丝线弯曲而紧紧地缠绕。《释名·释姿容》："结,束也。""束"即缠绕而捆缚。如《史记·扁鹊仓公列传》："乃割皮解肌,诀脉结筋,搦髓脑。""吉"亦有"笔直"义,是"弯曲"的反义,这是相反为训,如"桔",《说文·木部》："桔,直木。"故声符"吉"的语义系统及其同源字字义系统皆可论证"诘"源于曲折义。所以"诘"重在深入地盘问、曲折地追问,是寻根究底的问①,此义是"讯"所不具备的。

第四节　讯拷词语

讯拷词语主要指古代各级官员审讯或者治狱方式用语,比如为了全面了解嫌疑犯犯罪事实,需要对罪犯多次审讯,或者有时需要严刑拷打,嫌疑犯才会交代或全面交代自己违法行为。古代对狱讯有比较规范的要求和程序,如《睡虎地秦墓竹简·封诊式·讯狱》对审讯的程序与方法有比较详细的记载："凡讯狱,必先尽听其言而书之,各展其辞,虽智(知)其訑,勿庸辄诘。其辞已尽书而毋(无)解,乃以诘者诘之。诘之有(又)尽听书其解辞,有(又)视其他毋(无)解者以复诘之。诘之极而数訑,更言不服,其律当治(笞)谅(掠)者,乃治(笞)谅(掠)。治(笞)谅(掠)之必书曰:爰书:以某数更言,毋(无)解辞,治(笞)讯某。"②从上可知,古代审讯的程序就有"讯""辞""诘""笞""掠"等词语。由于词的多义与审讯行为复杂化,"讯""诘""辞"等词语,我们置于审问词语、争讼词语内阐释过,故不赘言。所以下面阐释"籍(鞠)""鏊""挞""笞"等词在法律语境中的用法与意义。

---

① 王凤阳:《古辞辨》(增订本),中华书局,2011年,第773页。
② 睡虎地秦墓竹简整理小组:《睡虎地秦墓竹简》,文物出版社,1990年,第148页。

籁 《说文·幸部》:"穷理罪人也。从幸、从人、从言,竹声。
籁,或省言。"

"穷理罪人"即官员寻根究底审问罪人。故"籁"为法源词。
"籁"有多个异体字,除了《说文》本条指出的"籁"外,还有"鞫",
如《集韵·屋韵》居六切:"籁,亦作籁、鞫。""籁",《广雅·释诂
三》:"籁,治也。"王念孙《疏证》:"(籁、鞫、鞫、籁)并字异而义
同。"①但"鞫"字是"籁"的通假字,并非异体字。因为"鞫"的本
义为古代一种皮革做的球,类似今天的足球。《说文·革部》:
"鞫,蹋鞫也。"徐锴《说文解字系传·革部》:"鞫,按踏鞫以圆囊,
实以毛,蹙蹋为戏。亦曰蹋鞫。"②故"鞫"无法引申出"穷理罪
人"义,所以"鞫"是"籁"的假借字。"籁"文献罕见用例,多见
"鞫"字的用例:《书·吕刑》:"狱成而孚。输而孚。其刑上备。
有并两刑。"汉孔安国传:"谓上其鞫劾文辞。"唐孔颖达疏:"汉世
问罪谓之鞫。"《慧琳音义》卷四十二"推鞫"注引《文字典说》:
"鞫,穷理罪人,必有革也。"③即穷治罪犯时候,官吏有时得使用
皮革抽打。《汉书·车千秋传》:"未闻九卿廷尉有所鞫也。"颜师
古注:"鞫,问也。""鞫"在出土的秦汉简牍文献中多用例,其中有
的降格为双音词的语素,例如下:

1. 士五(伍)甲盗,以得时直(值)臧(赃),臧(赃)直(值)百
一十,吏弗直(值),狱鞫乃直(值)臧(赃),臧(赃)直(值)过六百
六十,黥甲为城旦,问甲及吏可(何)论? 甲当耐为隶臣;吏为失
刑罪。甲有罪,吏智(知)而端重若轻之,论可(何)殴(也)? 为不
直。(《睡虎地秦墓竹简·法律答问》/36)

此"鞫"为"审讯"义,"狱鞫乃直(值)臧(赃),臧(赃)直

---

① 徐复:《广雅诂林》,江苏古籍出版社,1992 年,第 247 页。
② 丁福保:《说文解字诂林》,中华书局,1988 年,第 3311 页。
③ 宗福邦:《故训汇纂》,商务印书馆,2003 年,第 2481 页。

（值）过六百六十”。整理小组译文：“审讯时候才估，赃值超过六百六十。”①又如《汉书·张汤传》汤掘熏得鼠及余肉，劾鼠掠治，传爰书，讯鞫论报。颜师古注：“鞫，穷也，谓穷核之也。”

2. 有投书，勿发，见辄燔之；能捕者购臣妾二人，毄（系）投书者鞫审灒之。（《睡虎地秦墓竹简·法律答问》53、54）

“鞫审”是同义连用，“鞫”即“审”义。

3. 以乞鞫及为人乞鞫者，狱已断乃听，且未断犹听殹（也）？狱断乃听之。失鋈足，论可（何）殹（也）？如失刑罪。（《睡虎地秦墓竹简·法律答问》115）

“乞鞫”已经凝固为词，“鞫”是审问义，“乞鞫”指复审，如《周礼·秋官·朝士》“期外不听”郑玄注引汉郑司农云：“若今时徒论决，满三月，不得乞鞫。”汉王符《潜夫论·述赦》：“被冤之家，乃甫当乞鞫，告故以信直，亦无益于死亡矣。”《宋书·蔡廓传》：“但令家人与囚相见，无乞鞫之诉，便足以明伏罪。”

4. 敢告某县主：男子某有鞫，辞曰：“士五（伍），居某里。”可定名事里，所坐论云可（何），可（何）罪赦，或覆问毋（无）有，遣识者以律封守，当腾，腾皆为报，敢告主。（《睡虎地秦墓竹简·封诊式·有鞫》6、7）

“鞫”也见于《张家山汉墓竹简》，共15见，下例举之：

1. 鞫（鞫）狱故纵、不直，及诊、报、辟故弗穷审者，死罪，斩左止为城旦，它各以其罪论之。［《张家山汉墓竹简·二年律令·具律》93（C34）］

2. 告之不审，鞫之不直，故纵弗刑，若论而失之，及守将奴婢而亡之，篡遂纵之，及诸律令中曰与同法、同罪，其所与同当刑复城旦舂，及曰黥之，若鬼薪白粲当刑为城旦舂，及刑畀主之罪也，皆如耐

---

① 睡虎地秦墓竹简整理小组：《睡虎地秦墓竹简》，文物出版社，1990年，第102页。

罪然。[《张家山汉墓竹简·二年律令·具律》107（C294）]

3. 罪人狱已决，自以罪不当欲气（乞）鞫者，许之。气鞫不审，驾罪一等；其欲复气鞫，当刑者，刑乃听之。死罪不得自气。[《张家山汉墓竹简·二年律令·具律》114（C284）]

4. 毋敢以投书者言觌治人。不从律者，以鞫狱故不直论。[《张家山汉墓竹简·二年律令·具律》118（C275）]

5. 鞫（鞫）：符亡，诈自占书名数，解取（娶）为妻，不智（知）其亡，审。（《张家山汉墓竹简·奏谳书》215）

"鞫"也见之《居延汉简》，例如下：

1. ■□邑奏罪□□已鞫，论非盗。（《合校》40.23）

2. 贺未有鞫，时毋它坐。谒报，敢言之。（《合校》14.28）

3. 状，吏劾，鞫、论，没入年、月、日■（《居延新简》EPT59.149）

鳌　《说文·幸部》："鳌，引击也，从幸、攴，见血也。"

"鳌"，金文作"鳌""鳌"等形①。马叙伦曰："《说文》此字盖出吕忱所增。篆文从血，故有攴见血之说。然《玉篇》作鳌，从皿。……《说文》'引击也'，当作引也，击也。击也者，由鳌为**敊**之转注字。"②马叙伦所说"**敊**"为"鳌"的转注字，可信。甲骨文有"**䩵**（《甲骨合集》28177）""**䩵**（《甲骨合集》18229）""**䩵**（《甲骨合集》18228）""**䩵**（《甲骨合集》18230）"等字，以上诸字与"**敊**"同，其义与"挞（撻）"同。"鳌"文献罕见用例，但是"挞"文献多用例，《说文》亦收"挞"字。

挞（撻）　《说文·手部》："乡饮酒，罚不敬，挞其背。从手，达声。"

"挞其背"乃"击其背"，故"挞"为用棍子或竹鞭打之义。古

---

① 周法高：《金文诂林》，香港中文大学出版社，1974年，第6120页。
② 周法高：《金文诂林》，香港中文大学出版社，1974年，第6122页。

代犯人不如实交代,官员只好用棍子或竹鞭抽打逼使罪犯交代全部犯罪行为。《玉篇·手部》:"挞,笞也。"《说文·竹部》:"笞,击也。"王筠《说文解字句读》:"箠者笞之器,以箠击之谓之笞。"虽然"挞"是通用语域意义的词,但常用在法律语境中,如人有过失,或者犯罪,惩处以挞。如《书·益稷》:"挞以记之。"孔安国传:"笞挞不是者,使记识其过。"又《周礼·地官·闾胥》:"凡事掌其比,觥挞罚之事。"贾公彦疏:"凡有失礼者,轻者以觥酒罚之,重者以楚挞之,故双言觥挞罚之事。"再如《周礼·地官·胥》:"凡有罪者,挞戮而罚之。"正因为"挞"常用在法律语境中,可引申为刑名,如汉班固《白虎通·五刑》:"刑不上大夫者,据礼无大夫刑,或曰,挞笞之刑也。"

笞 《说文·竹部》:"笞,击也。从竹,台声。"

"笞"之本义为"击打",非法源词,但常用在审讯语境中,且演变为古代的刑罚,故考释之。《说文》另收"抶",《说文·手部》:"抶,笞击也。从手,失声。"段玉裁注:"笞所以击也。抶之见《左传》者多矣。""抶"在《左传》中凡5见,皆为击打义。如《左传·文公十年》:"无畏抶其仆以徇。"

"笞"在文献中使用的次数远多于"抶"。笔者用"语料库在线"查检统计,于先秦两汉之际,"抶"凡10次;"笞"凡119次。尤其在两汉,两者差别明显,"抶"仅3见,"笞"有106次。以上两者在使用次数上的差异,主要因为"笞"不仅有"击打"义,而且演变一种刑罚。"笞"演变为刑罚词语的原因,不仅在于可以看出刑具的材质,更重要在于"笞"与"耻"同音(两者上古音皆为透母之部),这样利于古代训诂学家、政治家以"耻"探求"笞"的语源,为"笞刑"的命名找到"理据",如《新唐书·刑法志》:"其用刑有五:一曰笞。笞之为言耻也。凡过之小者,捶挞以耻之。汉用竹,后世更以楚。《书》曰'扑作教刑'是也。"其实,以"耻"探求"笞"的语源太过牵强,不过从文化意义上言之,凡遭受"笞",

并非好事,令人"耻辱"。由此可知"笞"不仅是审讯中一种击打嫌疑犯的常态动作,已经演变一种刑罚——"笞刑"。"笞"之击打义,于出土的秦汉简牍文献亦多见,如:《睡虎地秦墓竹简·封诊式·治狱》:"治狱,能以书从迹其言,毋治(笞)谅(掠)而得人情为上。"《睡虎地秦墓竹简》并未直接用"笞",而皆借"治",皆为审讯时击打嫌疑犯。《里耶秦简》(壹,1943):"▨贰春乡要常△▨,乡穆佐笞得△。"此"笞"依据上下文,用在审讯语境中,指"击打"。《张家山汉墓竹简·二年律令》[32(C318)]:"妻悍而夫殴笞之,非以兵刃也,虽伤之,毋罪。"此"笞"并非击打嫌疑犯,而是通用语义"击打"。《居延新简》(EPT51.470):"移魏郡元城邀书曰:'命钳笞二百◇。'"此"笞"亦用在审讯法律语境中,指击打。

第五节 刑 具 词 语

在抓捕、审讯、关押罪犯与嫌疑犯时,甚至强制罪犯服刑时或者死刑犯被处决之时,司法官员一般都会对罪犯或嫌疑犯使用刑具,其目的有的是为了防止罪犯或嫌疑犯逃脱,有的是为了获得口供以论罪。古代刑具五花八门,有的刑具使用后对罪犯身体与心灵造成巨大伤害,甚至有的罪犯或嫌疑犯在受刑过程中致死。《说文》收录的刑具词语主要有"校""械""幸""莕""梏""杽""桎""银铛"等。

校 《说文·木部》:"校,木囚也。从木,交声。"

"木囚"之义不甚清楚明确,王筠、段玉裁等人对其加以阐释:王筠《说文释例》:"囚从囗,高其墙以阑罪人也。木囚者,以木作之如墙也,桎梏皆围其手足,情事相似,故得校名。"王筠之阐释,既阐释束缚罪犯手足之"桎、梏"刑具义,也揭示"囚禁罪犯所用之木笼(囚笼)"义,即"以木作之如墙"。段玉裁之注亦揭示"校"有"枷"义,段玉裁《说文解字注》:"囚,系也。木囚者,以木羁之也。《易》曰:'屦校灭趾,何校灭耳。'屦校,若今军流犯人新到著木靴。何校,若今犯人戴枷也。"孔颖达对"屦校"释义更明确:"屦,谓著而屦践。校,谓所施之械也。""屦校"即戴上脚镣。我们认为"校"之本义并非刑具,这从《说文》排字的顺序可知,"校"并非与"械""杅""桎""梏"等刑具名排在一块,即许慎认为"校"之本义与"械""杅""桎""梏"等本义不同类,否则会排在一起,段玉裁未明许慎此种条例,反而认为"此字似当与下文械杅等篆为伍矣"。"校"等本义当是圈养马、牛等的栏笼。故养马、牛之人谓"校人",如《周礼·夏官·司马》:"校人中大夫二人。"郑玄注:"校人,马官之长。"《左传·哀公三年》:"校人乘马,巾车脂辖。"《汉书·成帝纪》:"冬,行幸长杨宫,从胡客大校猎。"颜师古曰:"此校谓以木自相贯穿为阑校耳。《校人》职云'六厩成校',是则以遮阑为义也。校猎者,大为阑校以遮禽兽而猎取也。"《集韵·效韵》:"校,木为栏格,军部及养马用之,故军尉马官皆以校为名。""校"为"栏格"或"木笼"义,故引申为拘系罪犯之木制的桎、梏、枷、囚笼等刑具之统称。"校"由军部养马于校而引申为军衔的级别,今之军衔"上校""中校"本此。"校",汉代又名三木:古代加在犯人颈、手、足上的三件刑具。拘系手谓梏,拘系足谓桎,拘系头颈的叫做枷。因为三者早期都用木料制成,所以总称"三木"。如《汉书·司马迁传》:"魏其,大将也,衣赭,关三木。"颜师古注:"三木,在颈及手足。"今之"比校""学校"之"校"皆为借字,张舜徽曰:"此篆本义,久废不用。今语所称比校,乃借校为斠也;学校,乃借校为挍也。比校字亦有从手作挍,则由急书时变易偏旁耳。"[①]《说文·斗部》:"斠,平斗斛也。""斗斛"乃古代量谷物之器,也是量谷物的标准,使谷物与斗斛齐平

---

① 张舜徽:《张舜徽集·说文解字约注》,华中师范大学出版社,2009 年,第 1489 页。

谓"斠",故"斠"可引申为校对、比校义。"斠"为见母屋韵字,"校"为见母宵韵字,"屋韵""宵韵"具有邻近的旁对转关系,故"斠""校"上古音近,可得假借。至于"学校"之"校"未必借"孝",借"教"更优于借"孝"。因为"教"之义比"孝"之义更接近"学校"义。《说文·子部》:"孝,放也。从子,爻声。""放"即今之"仿"义。固然,对于幼儿,学习重在仿效,但对于未成年的幼儿,学校的作用更体现在制定一定标准,以约束其行为,培养其善行,增长知识,但儿童玩心太重,随意性强,约束能力差,故得施加皮鞭进行惩戒,而达到目的。此与"教"之形、义皆切合。《说文·教部》:"教,上所施下所效也。从攴,从孝。"段玉裁曰:"上施,故从攴;下效,故从孝。""教",甲骨文作"𢼊""𢻷""𤕌"等形①,像人拿着枝条扑打小儿,这就是古之教人生动刻画。卜辞"教"有"教导"义②,"其教戍"。(《合集》28008)

"校"由于多用于假借,"刑具"义另有"械""桎""梏""枷"等词来表述,因此"校"以刑具义构成的双音词很少,《汉语大词典》收录以"校"构成的复音词一共290个,但是其中表示法律义的复音词仅仅4个,即"校系""屦校""何校""重校"等。"校系"于先秦两汉文献中不见用例,唐代始见,唐段成式《剑侠传·田膨郎》:"圣旨严切,校系者渐多。""校系"为拘捕义。"屦校""何校"二词出自《周易》,后世文献偶尔用之,多为仿古。"重校"之"沉重的木枷"义,文献罕见用例,所以从使用频率与意义的抽象程度观之,"重校"还不是词,是词组或短语。

械 《说文·木部》:"械,桎梏也。从木,戒声。一曰:器之总名。一曰:(持)[治]也。一曰:有盛为械,无盛为器。"

《说文》此条训释有四义,其中法律义的"桎梏"排列第一,体

---

① 李宗焜:《甲骨文字编》(上册),中华书局,2012年,第360页。
② 刘兴隆:《新编甲骨文字典》,国际文化出版公司,1993年,第189页。

现许慎对法律词语或法律文化的重视。因为《说文》此条释义，先释引申义，再释本义，此与《说文》释义一贯的体例不符。"桎梏"是"械"的引申义，本义是"器之总名"或"器械"，即许慎此条的第二个义项。今之学者普遍认为"械"之本义是"器械"，如《王力古汉语字典》析取"械"字的义项有二①，第一个义项是"器械"，第二个义项是"桎梏之类的刑具"。据此可知《王力古汉语字典》以"器械"为本义。冀小军指出"械"之本义为器械②。谷衍奎亦认为"械"之本义"器械"③。"械"之语源在"戒"，张舜徽曰："械之言戒也，凡器有所盛，则相戒不轻动，以防败损也。桎梏训械，则惩戒之意耳。""械"之"桎梏"义，文献有用例，《汉书·公孙贺列传》："南山之竹不足受我辞，斜谷之木不足为我械。"颜师古注："械，谓桎梏也。""械"也可引申为"拘禁"义，如《汉书·司马迁列传》："淮阴，王也，受械于陈。"颜师古注："械，谓桎梏之也。"颜师古注"械"的本义，此"械"理解为"拘禁"较好。又《史记·淮阴侯列传》："上曰：'人告公反。'遂械系信。""械""系"同义连用，"械"当为"拘禁"义。

"械"之法律义亦参与构词，《汉语大词典》收以"械"构成的复音词共60个，可见"械"字构词能力强，其中法律词语有37个，见之先秦两汉的法律词语有15个，如"械槛""械系""兵械""刑械""器械""守械""木械""杻械""战械""民械""甲械""盗械""舆械""贯械""解械"等，以上法律词语有军法词语，如"兵械""战械""民械"等，也有司法词语，如"械槛""木械""杻械"等，下例释几个法律词语：《吕氏春秋·简选》："简选精良，兵械铦利，令能将将之。""兵械"为"兵器"义。汉王充《论衡·谴告》："子

---

① 王力：《王力古汉语字典》，中华书局，2000年，第485页。
② 李学勤：《字源》（上册），天津古籍出版社，2012年，第539页。
③ 谷衍奎：《汉字源流字典》，华夏出版社，2003年，第620页。

云识微,知后复然,借变复之说,以效其言,故愿贯械以待时也。""贯械"即"戴上桎梏类刑具"。汉王充《论衡·辨祟》:"一旦令至,解械径出,未必有解除其凶者也。""解械"即"解除桎梏类刑具"。出土文献《居延汉简》有"械"与"械系"的用例:

1. 伤右手指二所。地节三年八月己酉,械毄。(《居延汉简》13·6)

"械毄"即"械系"。整理小组注:桎梏也,犹今拘捕入狱。(《简帛集成》五,P37)

2. ▨梁候官候长者,械。(《居延新简》EPT59:382)

整理小组注:械,或称械系,即加刑具以拘禁。《汉书·娄敬传》:"械系敬广武。"颜师古注:"械,谓桎梏也。"(《简帛集成》十一,P165)

幸(㚔) 《说文·㚔部》:"㚔,所以惊人也。从大,从羊。一曰:大声也。凡㚔之属皆从㚔。一曰:读若瓠。一曰:俗语亦盗不止为㚔,读若籋。"

"幸"是《说文》所立的部首,其义依据许慎所释分为三义,此三义有联系:"所以惊人"为使人惊骇的刑具;"大声"当是见到此种使人惊骇的刑具所发出的声音,或者遭受"幸刑"时候,发出痛苦的大声的叫喊声;"盗不止为㚔"是指治安情况差,盗窃之事频发,使人感到震惊。故"幸"是法源词,其本义当是一种刑具,许慎未明指为何类刑具。考诸古文字,甲骨文有"𡘾""𡚼""𡚒"等形,释作"幸"。"象手铐形,即古之梏、手械。释作幸,但与幸福之义无关。"① 于省吾详细考释"㚔"字本义为手铐,见前文,不赘引。卜辞"㚔"用于执捕、钳制、夹取之义,动词,如"王其㚔𠱾方"。又"令众御召方㚔。(《屯》38)"② "㚔"亦见之铭文,战国中山王𗴁

---

① 刘兴隆:《新编甲骨文字典》,国际文化出版公司,1993年,第679页。

② 刘兴隆:《新编甲骨文字典》,国际文化出版公司,1993年,第679页。

壶作，其义多释为"甲"，如《战国中山王壶》："氏（是）以身蒙
奉胄。""奉胄"即"甲胄"。"奉"字虽然在甲金文中能见到孤用
例，但是传世文献几乎不见用例。"幸（奉）"是《说文》的部首，所
辖之字有"羍""执（執）""圉""盩""报（報）""籍"等。以上诸字
之"幸"，有的并非严格"手铐"义，有的已经作为字素，以抽象法
律意义而构字，产生具体法律意义，其排列顺序是比较切合司法
程序或过程，王筠《说文释例》曰："奉部字最为明了，首'羍'字
者，司察而捕之也；得则执之矣，故受之以执；既执则入之狱，故受
之以圉；匿情则支击之，故受之以盩；惟讯籍在论报之先，而先
'报'后'籍'，为不合耳。而《玉篇》亦如是，且'盩'字在部末，尤
不合也。"[1]王筠指出《说文》"奉"部各字排列先后次序是比较符
合法理逻辑，唯一的不足是"报"字不该排在"籍"字之前，应当排
在"籍"字之后。其实，许慎的排序并无不妥，因为初审定罪之
后，可再审讯，故"籍"排在"报"之后，反而折射了古代司法谨慎
的精神。当然《玉篇》置"盩"字于部末则比不上《说文》排列顺
序，以致不合司法审讯判决的程序。今之"幸运"之"幸"，《说文》
作"夻"，《说文·夻部》："夻，吉而免凶也。从屰，从夭。夭，死之
事，故死谓之不夻。"邵瑛《群经正字》："今经典作幸。"

"幸（奉）"字除了甲金文可独用外，在传世文献中不见独用，
也不参与构词，只是起字素作用，参与造字。

奉 《说文·手部》："奉，两手同械也。从手，从共，共亦声。
《周礼》：'上罪，梏奉而桎。'奉，或从木。"

"奉"是亦声字，声符"共"寓义。许慎所释是动词义，把罪犯
双手同铐在一起。《周礼·秋官司寇·掌囚》："凡囚者，上罪梏
奉而桎。"郑玄注引郑司农曰："奉者，两手共一木也。"陆德明《经
典释文》引《汉书音义》韦昭云："两手共一木曰奉，两手各一木曰

---

① 丁福保：《说文解字诂林》，中华书局，1988 年，第 10160 页。

桍。"《隋书·刑法志》："凡死罪枷而拲，流罪枷而桍，徒罪枷，鞭罪桎，杖罪散以待断。""拲"亦有名词义，木制刑具。《隋书·刑法志》："狱成将杀者，书其姓名及其罪于拲，而杀之市。"清龚自珍《阐〈告子〉》："浸假而以杞柳为桎、拲、桍。"《说文》未明言"同械"之"械"是何种形状？故学者有不同的理解，朱芳圃以为是"手铐"，即"🔲（卒）"，故"拲"字见于甲骨文，朱芳圃于《殷周文字释丛》曰："🔲（《藏》39·4）、🔲（《藏》244·1）、🔲（《前》6·22·6）、🔲（《前》6·61·2）、🔲（《前》7·15·3）、🔲（《后下》12·10），上揭奇字，从🔲，从收，当为拲字初文。……🔲象其体，🔲言其用。🔲为械其两手之刑具，因之用🔲以械两手为🔲。"[1]张亚初信从朱芳圃之观点："朱氏释拲是对的。该字从🔲，从收，收（拱）亦声，是形声兼会意字。《说文》：'拲，两手同械也。从手，从共，共亦声。《周礼》：上辠，桍拲而桎。'与字形正相合，且音义皆同，故知🔲当是拲字初文。🔲为形声兼会意，拲则变成单纯的形声字，本意就不大清楚了。在甲骨卜辞中🔲一作动辞，为加手拷束缚之意。一作人名族氏名。"[2]张亚初对"拲"字六书构造分析不妥，因为"拲"并非单纯的形声字，也是形声兼会意字。许慎明确指出"拲"的六书形体是"从手，从共，共亦声"，即"共"不仅表读音，亦表义，表"共同"义，"拲"即双手共同被同一刑具🔲（手铐）束缚，凸显"同"义。当然🔲的字形不仅显示了读音，更展示了刑具的具体形状类型，"拲"字未体现刑具形状类型，故从造字角度看，"🔲"字优于"拲"字。"拲"字见于铭文，亢鼎（西周早）、任鼎（西

---

① 古文字诂林编纂委员会：《古文字诂林》第九册，上海教育出版社，1999年，第721页。

② 古文字诂林编纂委员会：《古文字诂林》第九册，上海教育出版社，1999年，第721页。

周中)有"䢅","像两手拇指为囚具夹住之形,即《说文》训'两手同械'之'䢅'字表意初文。"①即铭文之"䢅"是两手指同时被囚具夹住,并非夹在手腕。

"䢅"字可构成复音词,《汉语大词典》收"梏䢅""䢅梏""桎䢅"等词,只有"梏䢅"见之于汉代之前文献,下释之:《周礼·秋官·掌囚》:"凡囚者,上罪梏䢅而桎,中罪桎梏,下罪梏。"郑玄注:"郑司农云:'䢅者两手共一木也,桎梏者两手各一木也。'(郑)玄谓在手曰梏,在足曰桎。"其实,"梏䢅"在《周礼》中,还不算严格的词语,是单音词"梏"与"䢅"组成的词组。因为《周礼》此文,是依据罪之大小而分别施予不同种类与数量的刑具,"梏"与"䢅"独立表义,未凝固为整体,故"梏䢅"并非《汉语大词典》所释"古代刑具。亦以指械系"义。《汉语大词典》以"梏䢅"为词,泛指刑具,此不确。但是从历史角度考察,"梏䢅"在唐代已经凝固成词,因为"梏䢅"有新义或者发生转义现象,如唐独孤及《检校尚书吏部员外郎赵郡李公中集序》:"以八病四声为梏䢅,拳拳守之如奉法令。"此"梏䢅"指"束缚"。另外在明代"梏䢅"已经凝固表义,泛指刑具,如明沈榜《宛署杂记·驾相》:"案查法台驳检成狱,一岁所平反几何,所亭谳几何,疑重疑轻,梏䢅立异几何?"

梏 《说文·木部》:"梏,手械也。从木,告声。"

"梏"即拘系犯人手的木制刑具,用金属制作的为"铐",以"考"声符替换"告",今用双音词"手铐"。杨树达认为"告"亦表义:"《说文》六篇上木部云:'梏,手械也。从木,告声。'按:二篇上告部云:'牛触人,角著横木,所以告人也。'按:人加械于手,犹牛之加木于角,故梏之从告。"②杨树达的推源比张舜徽的推源要

---

① 陈斯鹏、石小力、苏清芳:《新见金文字编》,福建人民出版社,2012 年,第346 页。

② 古文字诂林编纂委员会:《古文字诂林》第五册,上海教育出版社,1999 年,第993 页。

准确得多,张舜徽曰:"械、梏双声,一语之转耳。"①张舜徽仅仅比附"械"的声母,就以为"械""梏"同源,失之太宽。"梏"之刑具义,先秦两汉文献多用例:《易·蒙》:"利用刑人,用说桎梏。"孔颖达疏:"在足曰桎,在手曰梏。"《周礼·秋官·大司寇》:"凡万民之有罪过,而未丽于法,而害于州里者,桎梏而坐诸嘉石。"郑玄注:"木在足曰桎,在手曰梏。"《汉书·刑法志》:"(凡囚)上罪梏拲而桎。"颜师古注:"械在手曰梏,两手同械曰拲,在足曰桎。""梏"可由名词义向动词义引申,产生"拘系"义,如《左传·成公十七年》:"却犨与长鱼矫争田,执而梏之。"杜预注:"梏,械也。"《山海经·海内西经》:"帝乃梏之疏属之山,桎其右足,反缚两手与发,系之山上木。"

"梏"亦可构成复音词,《汉语大词典》一共收 12 个,见之于先秦两汉文献的词语有"梏拲""梏桎""桎梏""免梏"等 4 个,"梏拲"上文已释,下分释"梏桎""桎梏""免梏"等词。"桎梏"见之汉代文献,《史记·齐太公世家》:"鲍叔牙迎受管仲,及堂阜而脱桎梏。""桎梏"为束缚手足刑具。亦作"梏桎",《汉书·刑法志》:"凡囚,'上罪梏拲而桎,中罪桎梏,下罪梏。'""桎梏"虽可言"梏桎",似乎未定型,但是在古文献中两者使用频率高,只能说古人语言规范性不是很强,如许多联绵词在古代有多个词形一样,但是我们不能否定古代有联绵词。《逸周书·文酌》:"四教:一守之以信,二因亲就年,三取戚免梏,四乐生身复。"朱右曾校释:"取其忧戚而免于桎梏,矜不能也。"此"免梏"为"免于桎梏,不受刑罚"义。"免梏"文献罕见用例,《汉语大词典》仅举《逸周书》一条用例,我们查检文献还有用例:元朝方回《桐江集》卷四《先兄百三贡元崇墓志铭》:"然或有鉴其为此,折而从彼者,则未

---

① 张舜徽:《张舜徽集·说文解字约注》,华中师范大学出版社,2009 年,第1501 页。

免梏于物欲之蔽,以枉取直、以屈求伸。"此"免梏"为"不遭受"义。

杽 《说文·木部》:"杽,械也。从木,从手,手亦声。"

《说文》以"械"释"杽",上文已知"械"为桎梏类刑具,另外《说文》本条曰"从手",故知"杽"为束缚手类刑具,段玉裁为了明确"杽"的刑具类型,改"械"为"梏",段氏曰:"械当作梏。字从木、手,则为手械无疑也。《广雅》曰:'杽谓之梏。'杽、杻古今字。"改字不必,因为《说文》常以大名释小名。《说文》用大名释小名的训诂方式,一般言之,是被释词义常见,或者有上下字的注释之衬托,如《说文·木部》:"李,果也。"《说文·木部》:"桃,果也。"《说文》以"果"释"李""桃",这是大名释小名,且是常用义。《说文》本条以"械"释"杽",因为"械"字排在"杽"字之前,《说文》已经以"桎梏"释"械",故知"杽"为"桎梏"类刑具,是"桎",还是"梏"呢?《说文》本条曰"从手",故知"杽"为"束缚手的刑具"。这是依据对上下之字的注释可推出被释词的意义。故段玉裁之改字属多此一举。《集韵·有韵》:"杽,《说文》:'械也。'或从丑。""丑",甲骨文作"ⴹ",乃"手"形,故"杽""杻"同义。《说文》未收"杻"字,但是在注释中又作"杶"字的古文出现,《说文·木部》:"杶,木也。从木,屯声。《夏书》曰:'杶干栝柏。'櫄,或从熏;杻,古文杶。""杶"即香椿树,《说文》此条之"杻"字与"手械"义无关。

"杽""杻"不仅同义,且同源。"杽""杻"源于"纽"。《广雅·释宫》:"杽谓之梏。"王念孙《广雅疏证》云:"杽之言纽也。卷三云:'纽,束也。'"[1]王氏之说可从,"纽""杻"从"丑"声,"丑""杽"上古音皆透母幽韵,故音同,又有源义素"束",故得以同源同义。沈家本曾经探讨"杽""杻""械"的使用情况,《历代

---

① 徐复:《广雅诂林》,江苏古籍出版社,1992年,第546页。

刑法考·刑具考》:"按:杻本手械之名,其后凡械皆以杻名之。……杻乃木名手械之字,本作'杽','杻'行而'杽'废矣。"①沈氏之言可信,"杽"字,文献几乎不见用例;"杻"字,先秦两汉文献有用例,但是用作树名,中古后"杻"才用如刑具名,如《魏书·刑罚志》:"流徒已上,增以杻械。逃用不俱。非大逆外叛之罪,皆不大枷、高杻、重械,又无用石之文。"《汉语大词典》与《汉语大字典》首书证皆举《旧唐书·刑法志》之"又系囚之具,有枷、杻、钳、镣",书证时间滞后,当提前。"杻"字亦可构成双音词,如"杻械""杻锁""鞭杻""杻镣""枷杻""桎杻""手杻"等,以上诸双音词多用于中古以后文献:唐杜甫《草堂》诗:"眼前列杻械,背后吹笙竽。"五代马缟《中华古今注·枷棒》:"六月盛暑,去囚火、枷杻,决断刑狱,放宥之也。"宋王安石《酬王詹叔奉使江东访茶法利害见寄》诗:"输将一不足,往往死鞭杻。"宋苏轼《凤翔八观·石鼓歌》:"扫除诗书诵法律,投弃俎豆陈鞭杻。"

桎 《说文·木部》:"桎,足械也。从木,至声。"

"桎"字,战国楚简《包山楚简》作"𣏓",从木,侄声,与《说文》"从木,至声"稍异。"桎"为拘系犯人足的刑具。先秦两汉多用例:《易·蒙》:"利用刑人,用说桎梏。"孔颖达疏:"在足曰桎,在手曰梏。"《山海经·海内西经》:"帝乃梏之疏属之山,桎其右足。"《周礼·秋官司寇·掌囚》:"凡囚者:上罪梏拲而桎,中罪桎梏,下罪梏。"郑玄注:"木在足曰桎,在手曰梏。"《汉书·刑法志》:"凡囚:上罪梏拲而桎,中罪桎梏,下罪梏。"

"桎"之语源,学者有不同的看法,主要有四种看法:一是"实"或"实情"。《太平御览》卷六百四十四引《风俗通》云:"桎,实也。言其下垂至地,然后吐实首情也。"二是"踬"或"质",

---

① 沈家本撰,邓经元、骈宇骞点校:《历代刑法考》,中华书局,1985年,第1198页。

"踬"与"质"通,即"绊"或"阻碍"义。徐锴《说文解字系传》于"桎"字曰:"桎之言踬也。踬礙(碍)于地也。"段玉裁依《周礼音义》补"所以质地"四字,即:"桎,足械也,所以质地。从木,至声。"三是疐,阻碍或绊住而不能行走。《说文·叀部》:"疐,碍不行也。从叀,引而止之也。"杨树达曰:"夫以木械加于人之足使之碍止不行谓之桎也。……《说文》九篇下广部云:'庢,碍止也,从广,至声。'庢从至声而训为碍止,亦假至为疐也。碍不行谓之疐,碍止谓之庢,足械谓之桎,字形虽殊,音义固一贯也。"①四是"止",今"趾",源义为"足"。张舜徽曰:"桎字从至,乃止之假借。械之加于止者为桎,犹加于手者为杽耳。"上述四种观点,杨树达认为段玉裁与《风俗通》之观点皆"皮傅无理,非正义也"。《风俗通》之观点失之牵强,但由此可窥见汉代滥用声训的强烈主观色彩。其实徐锴、段玉裁之探源与杨树达之探源为殊途同归,因为"踬""疐"为同义词,从"踬"探求语源与从"疐"探求语源是相同的,当然杨树达以与"疐"同源的"庢"来接近"桎"进行论证,这优于徐锴、段玉裁的论证。但是我们认为张舜徽的探源要精准。因为第一,从汉字造字理据系统上看,既然"木""手"可以创制束缚手的刑具"杽"字,当然"木""至(止)"可以创制束缚足的刑具"桎",其实《说文》的"桎"排在"杽"字下,许慎此种列字的顺序并非完全考虑语义,即先列束缚手的刑具,再列束缚足的刑具,因为"梏"是"手械",但是列在"桎"下,即排列次序是"杽"→"桎"→"梏",此种排列字序是明显告诉读者"桎"的造字理据与"杽"的造字理据同。《说文》对"杽""桎""梏"的排序已经暗示"桎"的造字理据。第二,"至"假借"止","止"亦有停滞不前义,即不能行走义,如"疐"同义,如《易·蒙》:"山下有险,险

① 古文字诂林编纂委员会:《古文字诂林》第五册,上海教育出版社,1999 年,第 991 页。

而止。"总之"桎"的语源为"止(足)",不仅从造字理据系统上得以合理解释,而且从语义上也可得到支撑。

"桎"可由法律义"拘系犯人脚的刑具",引申通用的束缚义,因为"桎"的功用在于束缚罪犯之足,防止罪犯逃脱,两者相通,故得以引申。如《庄子·达生》:"故其灵台一而不桎。"陆德明《经典释文》:"桎,阂也。"王先谦《庄子集解》引宣颖曰:"灵台,神舍也。神凝而无拘束之苦。"也可引申"车辖"义,"车辖"乃车轴两端的键,即销钉。其功用在于止住车轮,不使脱落,与"桎"的功用有相通之处,故得以类推引申。如《诗·小雅·节南山》:"维周之氏。"汉郑玄笺:"氏当作桎鎋之桎。"孔颖达疏:《说文》云:'桎,车鎋也。'则桎是鎋之别名耳。"今《说文》此条未有此义,清沈涛《说文古本考》:"此解当有'车鎋'一义,今夺。《说文》无辖字,当作鎋。"《说文·车部》:"鎋,车声也。从车,害声。一曰:鎋,键也。"

"桎"亦可构成复音词,《汉语大词典》收"桎"字构成的复音词共 11 个,于先秦两汉出现的词语有"桎梏""梏桎""桎辖""穷桎"等 4 个,"桎梏""梏桎"上文已释,下释"桎辖""穷桎"二词。《诗·小雅·节南山》:"尹氏大师,维周之氏。"汉郑玄笺:"言尹氏作大师之官,为周之桎辖,持国政之平。""桎辖"是汉代郑玄注释所用词语,其义为"执政大臣,国家重要人物"。《庄子·山木》:"饥渴寒暑,穷桎不行。"成玄英疏:"桎,塞也。夫命终穷塞,道德不行,此犹天地虚盈,四时转变,运动万物,发泄气候也。""穷桎"为"走投无路,时运不济"义,"桎"当通"窒"。《说文·穴部》:"窒,塞也。"此义与成玄英所释相合。

铼　《说文·金部》:"铼,铼铛,琐也。从金,良声。"
铛　《说文·金部》:"铛,铼铛。从金,当声。"

"铼铛"是拟声词或叠韵联绵词,"铼""铛"乃记音字,不表意。故《说文》以"铼铛"释"铼"与"铛"。《说文》训诂元语言虽未明说"锒铛"是法律词语,但是由于"锒铛"的单义性、古书用例以及古人注解,可知"锒铛"指拘系犯人之锁链,即以铁环勾连而成的刑具。段玉裁注曰:"瑣俗作锁,非。瑣为玉声之小者,引申之,彫玉为连环不绝谓之瑣。汉以后罪人不用缧绁,以铁为连环不绝系之,谓之锒铛,遂制锁字。"段玉裁认为"瑣"是雕刻打磨玉石所发出细小声音,此为"锒铛"得名之由。"瑣"并非"锁"字。"锁",《说文》未收录,后增补:《说文新附·金部》:"锁,铁锁,门键也。""锒""铛"既为记音字,故又可作"琅当"。徐灏《说文解字注笺》:"锒铛,铁锁声,古但作琅当,后相承增金旁。"如《汉书·王莽传下》:"以铁锁琅当其颈,传诣钟官。"颜师古注:"琅当,长鏁也。"王先谦补注:"以铁锁琅当其颈,犹言以铁锁锁其颈耳。"虽然《汉书》此用例与王先谦注释之"琅当"皆为动词义,指用铁锁锁人,但颜师古注为名词,"长鏁"即"长锁",《集韵·果韵》:"锁,锒铛也。或作鏁。"名动相依,其实一也。张舜徽认为"锒铛"既非段玉裁所言"雕刻打磨玉石之小声",也非徐灏所说"铁锁声",而是泛指"金器之声"。张舜徽曰:"琅当乃金器之声,非特指锁声为琅当,即钟声、铃声亦谓之琅当。《周礼·夏官·大司马》郑注引《司马法》云:'鼓声不过阗,鼙声不过阘,铎声不过琅。'是琅乃铎声,铎即铃也。盖单言之曰琅,引长言之曰琅当耳。许书作锒铛,他书多从之。《广韵》云:'锒铛,一曰钟声。'是也。字亦作琅珰。杜甫《大云寺赞公房》第一首诗云:'夜深殿突兀,风动金琅珰。'"张舜徽论证较详,所言可从,"锒铛"不专指"锁声"。

由上可知,《说文》所收刑具类词语其实可以分为三类,第一类是总名,即"校""械"等,表示刑具总名义是其同,两者差异如下:"校"的本义并非刑具,而是格栏或匣笼,以关押马、牛等,引申为刑具,包含的刑具有"桎、梏、枷"等,随着时代发展,新的刑具创制,一般不用"校",代之以专门的刑具。从构词的能力看,"校"所构成的复音词不多见,主要原因在于"校"被假借为"学校""校对"等义,导致本义与法律意义弱化,以致文献罕见用例。"械"的引申义是刑具,包括"桎""梏",无"枷"义,故"校""械"在刑具义的来源与所含的刑具多寡等方面不同。"械"的本义"器械"在文献中有较多的用例,与其"刑具"义几乎平分秋色,这从"械"构成的表示法律义与非法律义的复音词数量可窥见一斑,具体构词数量可参上文所统计。另外"械"的构词能力远远强于"校",其主要原因为"械"后来成为常用词,迄今依然是个常用词,参与构词的语素义是"器械"。第二类是束缚手的刑具,如"幸(㚔)""梏""拲""杽""杻"等,"束缚罪犯或嫌疑犯之手"是其同,其不同如下:"幸"本义是手铐,是象形字,但除了甲金文能独用外,于传世文献中几无用例,主要作构字的字素。"梏"的本义亦是手铐,是形声字,"栲""铐"等与"梏"是异体关系。"栲"的本义并非"刑具",而是木名,《尔雅·释木》:"栲,山樗。"后被借用为"梏","铐"则是在"栲"被借用表示刑具义之后,类化产生的字。"栲"表示刑具义见于宋代文献,如宋欧阳修《上皇帝万言书》:"或受赂,而欲脱死囚,则严栲连累之人而承之。""铐"之刑具义,见之于清末文献,刘鹗的《老残游记》第十七回:"一个垂死的老翁,一个深闺的女子,案情我却不管,你上他这手铐脚镣是什么意思?""梏"与"拲"不同源,仅同义,"梏"于上古文献多用例,构词能力较强,能构成多个复音词。"拲"则聚焦于两手同时束缚于同一的手部刑具,凸显"两手与同一刑具"的义素,而"梏"未凸显此义。"拲"字出现较早,商周甲铭文已见,而"梏"晚出,见于《周礼》。但是后来"梏"的用例比"拲"要多,构词能力亦强于"拲",所构成的复音词亦多。"杽""杻"皆是形声字,两者同源,但二者不与"拲""拲"同源,仅同义。"杽"字晚出,见于《说文》,"杻"字早于"杽"出,见于《尔雅》,但假借表示刑具义,其用例在中古魏晋时期。"杽"字文献罕见用例,中古以后"杻"行而"杽"废。第三类束缚足的刑具,即"桎"。不过有学者认为"桎"并非束缚足的刑具,而是束缚手的刑具,与"桊"同义。《周礼·秋官司寇·掌囚》:"上罪梏桊而桎,中罪桎梏,下罪梏。"郑玄引郑司农曰:"桊者,两手共一木也;桎梏者,两手各一木也。"即郑司农认为"桎""梏"乃各自束缚一只手,"桎"演变为名词,即为束缚手的刑具。其实,郑司农的注释并不妥当,《周礼》本段之旨:对不同的罪,处罚不一样,故施加罪犯的刑具多寡不同。罪人犯上罪,即束缚其手腕,夹住其双手指,又束缚其足。"梏""桊"有别,"梏"是施加手铐,"桊"用一个刑具夹住罪犯两个手指(参上文),"桎"则束缚罪犯的足,因此给罪犯施加了三个刑具。"而"是并列连词,可理解为"又";罪人犯中罪,则施予"桎"与"梏"两种刑罚,罪人犯下罪则施予一种刑罚"梏",此则依据犯罪的大小,依次减轻刑罚。如果依照郑司农的注释,"梏"与"桎"同义,在"梏桊而桎"中则重复用词,但又并非同义词连用,而是隔用,因为中间隔了"桊",故用词重复,且并非连用,不合语法。因此无论从《周礼》本句意考虑,还是从语法规则角度看,"桎"之"束缚手"义不妥。第四类链条刑具,即"锒铛"。"锒铛"刑具与以上刑具的区别主要在于形制,其功用主要有两个方面,一是链住罪犯的脖子,二是链住罪罚之足,使其行动不便而难以逃脱,即与"桎"的功用同,后世称之为脚镣。

第六节 被告申诉词语

法官依据原告所控告情况以及自己的判断,会给被告量刑定罪,但是被告认为控告不实、罪罚不当,或者有的被告为了减轻所受惩罚,会在审问或者判决时候向法官诉求以达到己之目的。《说文》收录了"詟"。

詟 《说文·言部》:"詟,大呼自勉也。从言,暴省声。"

"勉"为后人所误改,当为"冤"。段玉裁改"勉"为"冤","冤

各本作勉,今依《广韵》正。按自冤者,自称己冤枉也"①。钮树玉
《说文解字校录》:"钱宫詹云:'《广韵》引勉作冤,是也。'"②《汉
语大词典》释单词"詈"为"痛极而叫喊"③,《汉语大字典》则释为
"因痛而叫喊"④。三者相较,《说文》释义为优。因为《说文》中
的"大呼自冤"隐含了"詈"在法律语境中的应用,指疑犯在严刑
拷打之下喊冤叫屈,故"詈"是与刑讯有关的法律词语。反之《汉
语大词典》《汉语大字典》的释义缺失相关法律语境的元素,因
为"痛极而叫喊""因痛而叫喊"之"叫喊"也许是在非法律语境遭
受痛苦而发出的"哎哟"叫声,故两者释义过泛。不过,《汉语大
词典》和《汉语大字典》首书证皆为:《汉书·东方朔传》:"上令
倡监榜舍人,舍人不胜痛,呼詈。"颜师古注:"谓痛切而叫呼也。"
此虽弥补了释义不周全、不精确之处,同时从中亦看出,两者皆本
颜师古的注,但是作为今天权威的字典辞书,义项的概括应当精
确,不能像随文释义之类古注失之于太泛。"詈"之法律意义的
用法,也见于汉代以后的文献:《明史·刑法志三》:"全刑者曰
械,曰镣,曰棍,曰拶,曰夹棍。五毒备具,呼詈声沸然,血肉溃烂,
宛转求死不得。显纯叱咤自若,然必伺忠贤旨,忠贤所遣听记者
未至,不敢讯也。"(清)缪荃孙、闵尔昌辑《续碑传选集(一)·俞
林传》:"有骑者下而捽其发,乃仆之地,杖之数十,始呼詈乞免。
君谂知其惑众,言于观察,将以军法斩之;士民咸集,为之请。"

　　"詈"字构词能力较弱,《汉语大词典》收"呼詈""嗷詈"两个
词语,出土的简牍文献未见用例。

---

① 丁福保:《说文解字诂林》,中华书局,1988 年,第 3099 页。
② 丁福保:《说文解字诂林》,中华书局,1988 年,第 3099 页。
③ 汉语大词典编辑委员会:《汉语大词典》第十一卷,汉语大词典出版社,1994
年,第 373 页。
④ 汉语大字典编辑委员会:《汉语大字典》,湖北辞书出版社、四川辞书出版
社,1990 年,第 4005 页。

第七节 判决词语

官府经过详细的审讯,就会判决罪犯承担相应的罪罚。《说文》收录了2个表示判决的词语,即"报"与"当"。

当(當) 《说文·田部》:"当,田相值也。从田,尚声。"

段玉裁注:"值者,持也,田与田相持也。引申之凡相持、相抵者皆曰当。"[①]即田地与田地相互依靠、对着。"当"的本义并非"田地的依靠、对着",况且段注未能阐释"相持"是如何引申出"相抵"的意义。"当"的本义应该是田地之价值相等,再引申地位、事物的对等、相对,即许慎所解构的"从田,尚声"提示了"当"的理据,只是未详尽阐释罢了,故段玉裁的注释不妥。其理由如下:其一,形符"田"和声符"尚"的组合显示了"当"的理据。"尚"有"崇尚"义,《说文·八部》:"尚,曾也。庶几也。从八,向声。"许慎未释"尚"的本义,注释的是"尚"的假借义。徐灏《说文解字注笺》:"尚者,尊上之义,向慕之称。"徐灏所释"尊上,向慕"乃"尚"之本义,引申为崇尚,重视意义。"从田,尚声"即重视田地。这是古人重视田地、崇尚田地思想的折射,物的价值以田地价值为衡量的标准。其二,段玉裁以"值"通"持",解"当"之本义,不妥,因为训诂学慎言假借,否则主观性太强。其三,文献保存"当"的"价值"义:《广雅·释诂三》:"当,直也。"《广韵·唐韵》:"当,值也。"今之"当铺""以物当物"也是基于"当"的"值"义。

"当"的本义并非法律语域意义,但是引申义有法律语域意义:若罪行与法律所规定的处罚条款相同,即可依法判处相应的惩罚,故"当"可引申法律意义——判决,判处。《说文》即有此种

---

① 丁福保:《说文解字诂林》,中华书局,1988年,第13374页。

用法:《说文·幸部》:"报,当罪人也。""当罪人"即判决罪人。《汉语大词典》《汉语大字典》皆析出了"当"之"判决"义,两者所举的首书证分别是:《史记·蒙恬列传》:"高有大罪,秦王令蒙毅法治之。毅不敢阿法,当高罪死,除其宦籍。"《字汇·田部》:"断罪曰当,言使罪法相当。"《汉语大词典》为溯源,所以首书证举《史记》;《汉语大字典》为揭示词义形成的动因,故首书证举《字汇》,但是第二书证也是举《史记》,《史记·张释之冯唐列传》:"廷尉奏当,一人犯跸,当罚金。"

　　虽然两辞书皆析出了"判决"义,但是所列"当"的第 1 个义项不同:《汉语大词典》"当1"的第 1 个义项为"对等,相当";《汉语大字典》"当 dāng"的第 1 个义项是"对着;向着"。显而易见,从《汉语大词典》所析的义项"对等,相当"可以较为清楚看出"判决"意义形成动因;《汉语大字典》把"对着;向着"列为第 1 个义项(把"对等;相等于"列为第 2 义项),则与"判决"意义距离较远,不易看出两者之间的关系,这是由于未能正确分析出"当"的本义理据所致。但是《汉语大字典》为了弥补这一不足,举《字汇》的"断罪曰当,言使罪法相当"为"判决"义项下的第一书证,显示了"判决"产生的理据。综言之,《汉语大字典》未能正确析出"当"的本义理据,《汉语大词典》则未揭示"当"的引申义"判决"的渊源。故"当"的第一个义项应为《汉语大词典》所列,"判决"义项下的首书证当为《汉语大字典》所列,这样既能显示"当"之本义的理据,也能看清引申义"判决"形成的渊源。重视词的理据,可以使辞书的编纂更为准确科学,也方便读者理解和把握词的意义。

　　另外值得注意的是:《汉语大词典》将"罪该万死"等同"罪当万死",似不妥。《汉书·东方朔传》:"粪土愚臣,忘生触死,逆盛意,犯隆旨,罪当万死。"此"当",《汉语大词典》应为所收单词"当"第 11 义项"判处",而不是第 12 义项"应当,应该"。

"当"的判决意义在汉代使用较多,除了《史记》有用例外,《汉书》、《悬泉汉简》、《张家山汉墓竹简》、《居延新简》等亦有用例:

1. 于是至汉,汉下广吏。吏当广亡失多,为虏所生得,当斩,赎为庶人。颜师古曰:"当,谓处其罪也。"(《汉书·李广传》)

2. 释之奏当:"此人犯跸,当罚金。"上怒曰:"此人亲惊吾马,马赖和柔,令它马,固不败伤我乎? 而廷尉乃当之罚金!"(《汉书·张释之传》)

3. 当徙边未行,行未到若亡勿徙赦前有罪,后发觉勿治。奏当上勿上,其当出入其□□□在所县为传,疑者谳廷尉,它如律令。(《悬泉汉简》,Ⅱ0214②:565)

4. 吏当:毋忧当腰斩,或曰不当论。(《张家山汉墓竹简·奏谳书》213)

5. 史当:黥武为城旦,除视。(《张家山汉墓竹简·奏谳书》216)

6. 罪当死。叩头死罪死罪。(《居延新简》EPT59.14)

报(報) 《说文·㚔部》:"报,当罪人也。从㚔,从𠬝。𠬝,服罪也。"

"当罪人"即判决罪人,此"报"之本义,为法源词。"报"字金文有"𦉢""𦉣""𦉤"①等形,其构意为用手摁住一个戴着刑具的人,使之下跪受审或者接受审判。此正是古时审讯或审判罪犯之场景再现。"报"之铭文义有②:① 酬报、回报。五年琱生簋:"余𪩘(惠)于君氏大章(璋),报𡩜(妇)氏帛束、璜。"六年琱生簋:"白(伯)氏则报璧琱生。"② 祭祀名。令簋:"隹丁公报。""报"于当今也是个常用词,我们对"报"的几个常用意义产生的原因与

---

① 张世超:《金文形义通解》,中文出版社,1996年,第2493页。

② 张世超:《金文形义通解》,中文出版社,1996年,第2494页。

途径进行简单的阐释。依据场景语义理论,如果是审讯罪人,其场景有多个要素,可以产生多种意义:① 告诉。审讯官讯问罪犯,罪犯会相应回答,所以"报"可以产生"告诉"意义,如《战国策·齐策》:"庙成,还报孟尝君。"又《吕氏春秋·乐成》:"魏攻中山,乐羊将,已得中山,还返报文侯,有贵公之色。"高诱注:"报,白也。"《集韵·号韵》:"报,答也。"此"答"为应答意义。② 回信。如果特指用书面语回答对方,则可产生"回信"意义,如汉司马迁《报任安书》:"阙然久不报,幸勿为过。"③ 回报。若回答的对象泛化,则"报"引申为"回报"意义。如"报恩"则回报对方恩情,因为对方曾施恩于己;"报仇"则施"仇"给对方,因为对方曾施仇于己;"报酬"以钱财回报对方,因为对方为己做事,则可用钱财回报对方。④ 古代一种祭为"报",其命名的理据是为报答神灵的恩赐而举行的祭祀。如《诗·周颂·良耜序》:"良耜,秋报社稷也。"孔颖达疏:"秋物既成,王者乃祭社稷之神。以报生长之功。"《国语·鲁语上》:"幕能帅颛顼者也,有虞氏报焉。"韦昭注:"报,报德,谓祭也。"⑤ 依罪定刑,判决。古代的审讯与判决虽然总体上先后有序,但是判决往往与审讯紧密衔接,审讯之后立即判决。判决之时,罪人亦往往被捆缚,且被人摁而低头,故"报"之古文字之形也生动地呈现古时判决场景,因此能引申"判决"义。如《汉书·胡建传》:"知吏贼伤奴,辟报故不穷审。"颜师古注引苏林曰:"报,论也。断狱为报。"以上"报"共有 5 个义位,我们之所以认为"判决"是本义,是因为"报"的构形是审讯或判决的语境,其凸显的是法律意义,其他意义是非凸显的意义,或者是引申意义。

另段玉裁认为"报"的判决意义是汉代用语,段玉裁注:"当者汉人语,报亦汉人语。"但是我们在汉代以前的文献中也见到"报"的判决意义用例:《韩非子·五蠹》:"以为直于君而曲于父,报而罪之。"此"报"为动词,判决。又《韩非子·五蠹》:"司寇行刑,君为之不举乐;闻死刑之报,君为流涕。"此"报"为名词判决义。故段玉裁之观点未必可信。另外在秦简中有"报书"一词,《里耶秦简》(壹,1877):"有赀论报书不责之皆△。""报书"亦见之《居延汉简》(178.2):"充贵言报书甚不可书。"其中"报"修饰"书",其义皆为"审判、判决"。

第八节　罪名与罪人词语

经过对嫌疑犯的详细审讯,官府依据嫌疑犯的口供与调查的证据等,会裁断嫌疑犯是否犯罪,犯罪了就是罪人,然后量刑定罪,宣布罪犯所承担相应的罪名。《说文》收录了关于"罪"概念的词语、罪名词语。关于"罪"概念的词语有"辠""辜""辥"等。也有罪名的词语,如"盗""宄"等;罪人称谓的词语有"妾""童""奴""宰"等。

　　辠(罪)　《说文·辛部》:"**辠,犯法也。从辛,从自,言罪人蹙鼻苦辛之忧,秦以辠似皇字,改为罪。**"

　　许氏以"犯法"释"辠",动词语义,故"辠"为法源词,是"罪"的本字。段玉裁于"罪"字下注:"本形声字,始皇改为会意字也。……《文字音义》云:'始皇以辠字似皇,乃改为罪。按经典多出秦后,故皆作罪。罪字本义少见于竹帛。'"[1]又徐灏《说文笺注》于"辠"字下注曰:"罪人蹙鼻苦辛,说近穿凿。辠、罪古字通。见于经传者不可枚举,亦非秦人始改用之。"[2]段玉裁、徐灏皆认为"辠"字于古书皆有用例,但是徐灏认为"辠"改为"罪"并非始于秦人,"辠""罪"于先秦可通用。不过徐灏缺失书证,我们先补充传世文献用例:《楚辞·天问·离骚》:"汤出重泉,夫何辠尤?

---

　　①　丁福保:《说文解字诂林》,中华书局,1988年,第7735页。
　　②　丁福保:《说文解字诂林》,中华书局,1988年,第14141页。

不胜心伐帝,夫谁使挑之?"又《楚辞·九章·离骚》:"何贞臣之无罪兮,被离谤而见尤。惭光景之诚信兮,身幽隐而备之。""辠"见之于金文,战国时期中山王𦈻鼎:"佳(虽)有死辠(𦈻),及𦈻(三)世亡不若(赦)。"①"辠"在金文中凡4见②,皆为名词,意义为罪。故"辠"改"罪"不始于秦人,"始于秦始皇"更是附会。其实,"辠"是"劓"的同源分化字,"辠"的构形理据并非许慎所言"罪人蹙鼻苦辛"。"自"与"鼻"同源,"鼻"是"自"的今字,亦同源分化字。"辠"之下的"辛"有义。"辛"是古代的刑刀,其形见于甲金文③,甲骨文有作"𢆶、𢆶、𢆶"等形,金文有作"𢆶、𢆶、𢆶"等形。诸形略差,一脉相承,字义多解:《说文·辛部》:"辛,秋时万物成而孰。金刚味辛,辛痛泣出。从一,从辛,辛,罪也。辛承庚,象人股。"许慎虽以小篆形体立论,但是"辛,罪"离"辛"之本义不远,是"辛"的引申义,或为文化义,或主观臆测有之。后之诸家皆以甲金文立说,各有发明,未能归一,其中郭沫若的观点,获得首肯的多:"字乃象形,由其形象以判之,当系古之剞劂。《说文》云:'剞劂,曲刀也。……其所以转为愆辠之意者,亦有可说。盖古人于异族之俘虏或同族中之有罪而不至于死者,每黥其额而奴使之。'"④可见"辛"乃施行的刀。"自"与"辛"的结合会意为对罪犯施刑,此刑古代为割鼻之刑。甲金文已有此刑的用例⑤,字作"𢆶""𢆶"等形,金文作"𢆶",隶定为"劓"或"劓"。《说文·刀部》:"劓,刑鼻也。从刀,臬声。《易》曰:'天且劓。'𢆶,臬或从

---

① 张世超:《金文形义通解》,中文出版社,1996年,第3429页。
② 张亚初:《殷周金文集成引得》,中华书局,2001年,第1387页。
③ 刘兴隆:《新编甲骨文字典》,国际文化出版公司,1993年,第969页。
④ 古文字诂林编纂委员会:《古文字诂林》第十册,上海教育出版社,1999年,第1022页。
⑤ 刘兴隆:《新编甲骨文字典》,国际文化出版公司,1993年,第258—259页。

鼻。"金文已经演变为形声字,声符为"枲",小篆的正体正是承金文的形声字形,而不是甲骨文的会意字形。当然有学者认为"𦥑"本身就是形声字,如朱骏声《说文通训定声》于"皋"字注曰:"此字从辛,自声。"①季旭昇曰:"自(从脂),皋(从微),声同韵近,可以作声符。"②今以《说文》所列的异体字"劓"为正体。故割鼻之刑,由"劓""劓"记录。"劓"由本义可引申"罪"义(详见下文论证),则由"皋"担当,即"皋"是分化"劓"之"罪"义而造的今字。如果从法律文化或者法律制度演变观之,今天刑与罪泾渭分明,但于上古之时,刑与罪有时共名,并非判然有别,如,《大戴礼记·主言》:"则四海之内无刑民矣。"王聘珍解诂:"刑,罚罪也。"③若此"刑"与"罪"义不十分切合,那么下例之"刑"与"罪"同义:《礼记·名堂位》:"命妇赞夫人,各扬其职;百官废职服大刑,而天下大服。"郑玄注:"大刑,重罪也。"此"刑"即"罪"义。"劓"为小刑,《易·困》:"九五,劓刖。"李鼎祚集解引崔注:"劓、刖,刑之小者。""刑之小"即"罪之小",故割鼻之刑(劓)可引申"罪"义。又如《周礼·天官·甸师》:"王之同皋,则死刑焉。"再如《史记·赵世家》:"盾虽不知,犹为贼首。以臣弑君,子孙在朝,何以惩皋? 请诛之。"季旭昇亦认为"皋"义与"劓"有关,"中山王鼎从自、从辛……会犯法劓鼻之刑。"④季旭昇的"犯法劓鼻之刑"指"皋"既有"犯法"意义,也有"割鼻"义,还有"刑"义,但是未明言名词"罪"义,且未举书证,仅从字形推论。王颖认为"皋"字构形与"劓"似乎也有关系。"'自'是'鼻'的古字,古代有一种劓刑,就是把罪人的鼻子削掉。'皋'字从'自'可能与此

---

① 丁福保:《说文解字诂林》,中华书局,1988 年,第 14142 页。
② 季旭昇:《说文新证》,福建人民出版社,2010 年,第 1006 页。
③ 宗福邦:《故训汇纂》,商务印书馆,2003 年,第 220 页。
④ 季旭昇:《说文新证》,福建人民出版社,2010 年,第 1006 页。

有关。"①以上我们从字的构形、字义、古代法律文化等方面论证"皋"是"𩅀"的分化字,且论证"皋"分化"𩅀"的名词"罪"义,但并未直接论证"皋"的动词"犯法"义。其实,论证了"皋"的名词"罪"意义,就等于阐释了"皋"之动词"犯法"义。因为"犯法"就有"罪","罪"与"犯法"具有明显的引申关系。当然叙述文献中虽然未见"犯法"的用例,但是字书有记录,如《玉篇·辛部》:"皋,犯公法也。"

罪 《说文·网部》:"罪,捕鱼竹网。从网、非。秦以罪为皋字。"

"捕鱼竹网"未见用例,仅后世字书有记录,如《字汇补·网部》:"罪,捕鱼器。"这很令人生疑,较多的学者对《说文》于"罪"之释义与析形不苟同。因为"捕鱼竹网"只释"罪"之上部"网"义,"竹网"之"竹"何处体现呢?也许与"非"有关,故许慎析"罪"为"从网、非"。但"非"无论构形,还是字义与"竹"难有联系,许慎也未透露半点信息。似乎基于此,段玉裁、严可均、马叙伦等认为"非"当是声。段玉裁改"从网、非"为"从网,非声"。经此一改,固能圆通"罪"的音,但依然难周释"捕鱼竹网"义。徐锴以"捕鱼"释"罪",《说文解字系传·网部》:"罪,捕鱼。从网、非。"准此,"非"要么指"鱼",这于古书无征;要么"鱼"有"非"。王筠《说文释例》曰:"鱼有何非而网之哉?"②显然,"捕鱼"义亦难能"从网、从非"得到支撑。"罪"之"非"表义,"非"的本义为"违背",《说文·非部》:"非,违也。""网""非"组合会意为逮捕违法之人。"罪"字构形义亦可参照"罢(罢)"而求得。《说文·网部》:"罢,遣有皋也。从网、能,言有贤能而入网,而贳遣之。""从网、能,言有贤能而入网。"类推之,"从网、非"可言"为非作歹

---

① 李学勤:《字源》下册,天津古籍出版社,2012 年,第 1275 页。
② 丁福保:《说文解字诂林》,中华书局,1988 年,第 7736 页。

之人而入网",故"罪"的构形义为逮捕(网罗)违法之人,抽象之,"罪"的本义则指罪行、罪过。综上,"非"既表音,也表义。"罪"是"亦声字",非会意字。"罪"字不见于甲金文,张玉金曰:"'罪'字表示罪过的意义始于秦朝,并代替了与'皇'字形近的本字'辠'。"[①]"罪"取代"辠"似乎在于"罪"的构形、造意优于"辠",因为"辠"义来源于"劓刑",过于具体;反之"罪"的构形更生动象形,易于联想,造意立足于宏观、抽象的取像。

　　"罪"的罪行意义指犯法的行为,这既指名词罪行、罪过,也指动词违法。动词违法意义罕见,字书保存,如《玉篇·网部》:"罪,犯法也。""罪"主要用于名词罪行、罪过意义,在先秦多用例:如《易·解》:"雷雨作,解,君子以赦过宥罪。"孔颖达疏:"罪谓故犯。"《论语·公冶长》:"虽在缧绁之中,非其罪也。"《荀子·王制》:"无功不赏,无罪不罚。"汉司马迁《报任安书》:"彭越、张敖,南面称孤,系狱抵罪。"上"罪"皆为名词意义。

　　辠　《说文·辛部》:"辠,辠也。从辛,古声。🅇,古文辠从死。"

　　"辠"是"辛"的同源分化字。马叙伦《说文解字六书疏证》曰:"辠亦辛之转注字。辛、辛一字。辛读若愆。音在溪纽。……辠音见纽。皆舌根音也。今人言辛苦,亦言罪过。皆即辛辠、辠辠也。"[②]马叙伦之转注说相当今天同源说。"辠"实为"辛"的转注字。但是马叙伦未论证二字韵部关系。"辠"为见母鱼部字,"辛"为溪母元部字。故两者同为舌根音,鱼韵部与元韵部本不相邻,但是学者认为这两部韵值相近,可以通转。故两者音相近。从字形或者意义上论,两者同义,"辛"有"罪"义。《说

---

　　①　李学勤:《字源》中册,天津古籍出版社,2012年,第683页。
　　②　古文字诂林编纂委员会:《古文字诂林》第十册,上海教育出版社,1999年,第1032页。

文·辛部》："辛，辠也。从干二。二，古文上字，凡辛之属皆从辛。读若愆。张林说。""辛"其实是个部首字，相当今天的字素，"辛"之"辠"义是字素义，也是与之同源字族的源义素。由上可知，"辠""辛"是同源字。同源字虽有同义，亦有异义，否则无需分化。"辜"的本义为"重罪"，"辛"为上位词，其义是"罪"。段玉裁《说文解字注》："本非常重罪，引申之凡有罪皆曰辜。"较多的学者赞同"辜"的本义为"重罪"。如商承祚《说文中之古文考》："从夶者，有罪易罹于夶也。"①罹于死的罪必然为重罪。王凤阳曰："'辜'所以指重罪，因为它的动词用法'磔'，是将动物或人体肢解的意思。《韩非子·内储说上》'采金之禁，得而辄辜磔于市'，'辜磔'连用；《周礼·夏官·小子》'[小子]凡沈辜侯禳饰其牲'，注'辜谓磔牲以祭'，'磔牲'即解体折节，拆散牺牲；《周礼·秋官·掌戮》'杀王之亲者辜之'，注'谓磔之'，即施以分裂肢体的酷刑；《后汉书·王符传》'怨毒之家，冀其辜戮'，'辜戮'即处磔刑。正因为如此，作为名词，'辜'指可施磔刑的重罪，如：《庄子·则阳》'至齐见辜人焉'，《释文》'辜'谓应死人也，《汉书·路温舒传》'虽咎繇（古代最清正明察的狱官）听之，犹以死有余辜'。"②王凤阳主要从同义词、刑的轻重角度，例举先秦两汉的文献论证"辜"的本义为重罪，因此与"罪"相区别。王颖从王凤阳的观点，同时结合商承祚利用"辜"的古文字而论证"辜"的本义为重罪。"'辜'既是'重罪'，则配以重刑，所以引申为'肢解'，即车裂之刑。《周礼·秋官·掌戮》：'凡杀其亲者焚之，杀王之亲者辜之。'郑玄注：'辜谓磔之。'……'辜'字最早见于战国时期，从死，古声，作'𣨛'或'骷'，更接近'重罪'的本义，当是

---

① 古文字诂林编纂委员会：《古文字诂林》第十册，上海教育出版社，1999 年，第 1032 页。

② 王凤阳：《古辞辨》（增订本），中华书局，2011 年，第 448 页。

'辜'的原始构形;小篆始变为从幸,古声,因为此时'辜'的常用义已经由'重罪'过渡到'罪',故把形旁变成了常用于表示'罪'、'刑法'等义的辛。这种构形取代了原来的写法,成为'辜'字的正体,一直延续到今天。"①王颖的推论大体可从,只是阐释字体演变的原因似乎不周详,臆测的成分多。王颖曰:"小篆始变为从幸,古声,因为此时'辜'的常用义已经由'重罪'过渡到'罪',故把形旁变成了常用于表示'罪'、'刑法'等义的辛。""辜"与"'觡''骼'",及与"殆"的造字区别,在于"辜"最明显体现与"辛、辛"同源,即在刑罚上的同源,其他字形没有这种效果,只能体现"死"罢了,但是这种"死"是何种原因造成不得而知。即在表示"重罪"意义上"辜"是最优,故能演变为正体而被继承下来,得到广泛使用,其他的字则被淘汰。

　　以上学人还未从根本上揭示"辜"的造字理据,即未从语源上论证"辜"字有"重罪"义,以致未阐释"辜"为何与"磔"同义,只是从语用上说明"辜"与"磔"同义。其实,"辜"与"磔"同义,《说文》本身就有,这是内证法。《说文·桀部》:"磔,辜也。从桀,石声。"由于"辜"与"磔"互训,从许慎的注释只能看出两者同义,具体在哪个义位相同,许慎未告知。磔刑是"中国古代分裂肢体后悬首张尸示众的一种酷刑"②,即是古代一种残酷的死刑,其中包含的要素很多,"张尸"是核义素之一,即罪人被处死后,张挂尸体,则罪犯尸体经风吹日晒会变干枯。故"干枯"是"磔刑"的隐含义素,如《周礼·秋官·掌戮》:"杀王之亲者,辜之。"郑玄注:"辜之言枯也,磔也。"郑玄明确指出"枯"为"辜"的源义素。"辜"作为刑罚,其中亦有"干枯"义。"辜"的声符"古"示干

---

　　① 李学勤:《字源》下册,天津古籍出版社,2012年,第1276页。
　　② 《法学词典》编辑委员会:《法学词典》(增订版),上海辞书出版社,1984年,第962页。

枯义。殷继明较详细论证了"枯""骷""涸"等声符从"古"的一组同源字具有语源义——干枯①,但是殷继明未论证"辜"之干枯义,当补。从上可知由于"辜"具有源义素"干枯"义,才与"磔"同义,因此为"重罪"。

"辜"字在金文中用作名词,"罪过"义,如盠壶鼎:"大去型(刑)罚,以忧乓民之佳(罹)不辜。"在出土的秦汉简牍语料中亦有用例,有动词"犯罪"义,亦有名词"罪"义,但是已经演变为另一法律术语:

1. 人生子未能行而死,恒然,是不辜鬼处之。(《睡虎地秦墓竹简·日书甲种》)

此"辜"为动词,犯罪。

2. 斗伤人,而以伤辜二旬中死,为杀人。[《张家山汉墓竹简·二年律令》24(C308)]

此"伤辜"凝固为法律术语,是对伤害罪适用的在伤害行为实施以后需要经过一定时间再确定伤害后果的规定②。

3. 父母殴笞子及奴婢,子及奴婢的以殴笞辜死,令赎死。[《张家山汉墓竹简·二年律令》39(F162)]

此"辜"是上之"伤辜"意义,省略为"辜"。

4. 凡犯禁绝理,天诛必至。一国而服(备)六危者威(灭),一国而服(备)三不辜者死,废令者亡。(《马王堆汉墓帛书·老子乙本卷前古佚书·法经·亡论》)

此"辜"为动词,犯罪。

5. 纪曰:"使守布周(舟),游(留)其祸也。刑人俦(耻)刑而哀不辜,□慈(怨)以司(伺)间,千万必有幸矣。"(《马王堆汉墓帛书·春秋事语·吴伐越章》)

---

① 殷继明:《汉语同源字词丛考》,东方出版中心,2007 年,第 116—117 页。
② 沈刚:《居延汉简词语汇释》,科学出版社,2008 年,第 246 页。

此"辜"为动词，犯罪。

　　訧　《说文·言部》："訧，罪也。从言，尤声。《周书》曰：'报以庶訧。'"

　　"罪"是"訧"的本义，特指言语行为招致的罪，如唐元稹《阳城驿》诗："遂令不言者，反以言为訧。"由"言语行为招致的罪过"引申为"罪过"，此乃符合词义由个别到一般的引申规律，如《诗·邶风·绿衣》："我思古人，俾无訧兮。"毛传："訧，过也。"陆德明释文："訧，音尤。本或作尤。""訧"为"尤"的同源分化字，或者"訧"为"尤"的今字，如《论语·为政》："言寡尤，行寡悔，禄在其中矣。"此用"尤"，不用"訧"。"訧"之声符"尤"示源义。"尤"字见于甲金文。甲骨文有"�、form"诸形，金文有"form"形，由"手"与一横构成。对"尤"的构形及所表义，众说纷纭。于省吾曰："《说文》尤字作form，并谓：'尤，异也。从乙，又声。'《说文系传》：'乙者欲出而见阂，见阂则显其尤异也。'徐灏《说文段注笺》：'尤，过也，从乙，草木出土也。物过盛则异于常，是曰尤。'林义光《文源》：'又象手形，乙，抽也，尤异之物自手中抽出也。'许氏据已讹之小篆，误认尤字从乙，又误认为形声字。至于其他三家之说，也均迂回不通。甲骨文尤字习见，作𠂤或form，金文作form，上部皆从横划或邪划，下部右侧无乙者。尤者的造字本又，系于form字上部附加一个横划或邪划，作为指事字的标志，以别于又，而仍因又字为声。"[1]于省吾析字理据可从，但是矛盾或不够精确之处亦存，如一方面认为许慎"误以为形声字"，即"尤"非形声字，而另一方面自己认为"尤""仍因又字为声"，即"又"字为声符，依此推论"尤"为形声字。同时于省吾只是析形，指出徐锴、徐灏、林义光等分析出来的本义迂回不通，但自己未明确指出"尤"字的本义。

---

①　于省吾：《甲骨文字诂林》第四册，中华书局，1996 年，第 3435 页。

"尤"字上的一划,是指事符号,对同一符号表义的看法,影响"尤"字本义。关于"尤"的本义有下面几种观点值得关注:(1)本义是禁阻,动词。高鸿缙《中国字例三篇》曰:"尤实从𠂇(手)而以一横画表禁止之动象,言手有作为而外力以禁止之,其本意应为禁阻,动词。禾留止也,加尤为意符作秋后,又加音符旨作稽,均留止意。于此可悟尤之本意。惟手必须禁止以见不当作而作也。不当作而作者必有过失,故尤可引申借意为过失。动词亦用为名词,《论语》'言寡尤,行寡悔'是也。后世'尤'又借为特别意副词,故有'尤异''尤善''尤佳'等称。许仅举其第二借意而言'从乙,又声'。又声言可从乙,则不可说矣。"[1]高鸿缙释"一划"为禁止之动象,故可解说"尤"的引申义"过错""过失"的来源,亦可从同源字"稽"得到支持。高氏的论证在以下几个方面考虑欠周,以致结论难安妥:一是"一"横划表示禁止意义,未能在别的汉字构形中得到支持,仅是孤证。二是无法阐释与"尤"同源的"疣""肬"等字的理据。三是高氏的假借说,即"尤"有"异"义,缺相关论证。(2)赘疣,指手指上长的六指、瘊子之类的多余物[2]。朱芳圃《殷周文字释丛》卷下:"孔广居曰:'尤,古肬。从又,从乙,象赘肬,又亦声。'(《说文疑疑》)丁山曰:'尤象手欲上申而碍于一,犹巛之从一雝川,米之从𣲙而横止以一也。'(《殷契亡尤说》)马叙伦曰:'𦥑为羞耻之羞本字,从大而两手掩面。指事。'(《六书疏证》28.53)按丁、马说非,孔说是也。《说文·肉部》:'肬,赘也。从肉,尤声。默,籀文肬,从黑。'一作疣。《庄子·大宗师》:'彼以生为附赘悬疣。'盖尤为初文。从又一也。又为手也,一,指赘肬。字之结构与寸相同。《说文·寸部》:'寸,十分也。手却一寸动脉,谓之寸口。从又一。'二字皆

---

① 周法高:《金文诂林》,香港中文大学出版,1975年,第7980页。
② 王凤阳:《古辞辨》(增订本),中华书局,2011年,第449页。

从又一,惟一指赘肬,一识寸口,位置不同而已。《诗·鄘风·载
驰》:'许人尤之。'毛传:'尤,过也。'《左传·昭公十八年》:'夫
有尤物。'杜预注:'尤,异也。'皆引申之义也。孳乳为疣,《说
文·疒部》:'疣,疻疣也。从疒,有声。一曰,疣,瘢也。'"①朱芳
圃赞同孔广居的观点,并且运用内证法及从汉字构形系统角度,
以"寸"证"尤"的"一"横是标记符号,因标记位置不同,所代表的
意义有别,"尤"字中"一"划标记"赘疣",即胼指,第六指。这是
异于常人一手五指的病。同时朱氏以同源字义系统进一步伸发、
佐证其观点。此说可信。不过朱氏未能像高鸿缙那样阐释"尤"
引申为"过错"义的理据,仅运用文献佐证"尤"有"过错""奇异"
义。我们认为"尤"的本义为赘疣,即赘指。"赘指"为一种非正
常的,又令人奇异、奇特的现象,此是"尤"的奇异义产生的理据。
"尤"亦有过错义,因为"尤"是非正常的手指特征,是一种病症,
后造"疣"字。故这类非正常的现象"不宜有也",如有,则失常,
便成"过错",乃抽象言之。这也可参照《说文》对"有"的注释,以
理解"尤"之过错义产生的理据。《说文·有部》:"有,不宜有也。
《春秋传》曰:'日月有食之。'"林义光《文源》:"按:有非'不宜
有'之义。有,特有也。"林义光否定许慎"不宜有"的释义,以"特
有"释"有",为"有"之本义。许慎的注释确非本义,阐释的是
"有"之文化意义,这可从许慎例举的书证"日月有食之"可知。
古人认为如果天象有"日食""月食",这是上天警示人类,人间会
有不吉之事发生。这是由于统治者未能尽心尽力治理天下,造成
人间罪过之事太多,敦促统治者尽快改正过失。故"日食""月
食"不应当有,段玉裁深明许慎之意,故注"不应当有而有"。
"尤"的"过错"义,文献多用例:《易·贲》:"匪寇婚媾,终无尤

---

① 古文字诂林编纂委员会:《古文字诂林》第十册,上海教育出版社,1999 年,
第 954 页。

也。"《诗·小雅·四月》:"废为残贼,莫知其尤。"郑玄笺:"尤,过也。"汉王粲《为刘荆州与袁尚书》:"是故虽灭亲不为尤,诛兄不伤义也。""尤"在甲骨文卜辞中常与"亡"组合为"亡尤",成为一个固定结构,其义为"无灾害"、"无祸患"之义①。"尤"的灾害、祸患义是从过错、罪过义引申而来。如"癸酉卜,中,贞:王亥、癸示彡亡尤在十月",又,"丁未卜,贞:王宾大丁祭亡尤",又,"贞:亡尤",又,"己亥卜,行,贞:王宾小乙鲁亡尤,在十一月"。"尤"在铭文中用例有"过失"义,名词。彝铭或作"𧼨",或作"𥄂",橘伯簋:"麻白(伯)于遘王休,亡尤。"麦尊:"厌见𢎨宗周,亡𧼨。"在铭文亦有人名用例:蔡簋:"王乎(呼)史尤册令(命)蔡。"②下面再讨论几个相关问题。

"疣""肬""尤""咎"之间关系。"疣""肬""尤"本一字,三者的音皆是匣母之部,这是从字的源义素相同而论,其实"疣"与"肬"是异体字,两者也是"尤"的同源分化字,别之以记载不同词义。"咎"字与"尤"亦同源。"咎"为群母幽部字,"群"母与"匣母"皆喉音,故与"尤"的上古音近。"咎"有"过失""罪过"义,《诗·小雅·北山》:"或湛乐饮酒,或惨惨畏咎。"郑玄笺:"咎,犹罪过也。"

"羞耻"之"羞"的本字问题。马叙伦从字形上分析认为"尤"是"羞耻"之"羞"本字。似有牵强之嫌,难以相信。"羞"的本义为"进献",《说文·丑部》:"羞,进献也。从羊,羊所进也;从丑,丑亦声。""进献"义与"羞耻"义距离太远,"进献"不能引申"羞耻"义,故以"羞"记"羞耻"之"羞"是借字。"羞耻"之本字当为"醜(丑)"。羞的声符为丑,丑是透母幽部字;"醜"为上古昌母幽部字。昌母与透母音近,故"羞""醜"两者上古音近。又"醜"有

---

① 马如森:《殷墟甲骨文实用字典》,上海大学出版社,2008 年,第 323 页。
② 张世超:《金文形义通解》,中文出版社,1996 年,第 3405 页。

"羞耻"义,《说文·鬼部》:"醜,可恶也。从鬼,酉声。"因为"醜"为"可恶",则常被人不耻,自己亦会觉得羞耻,故"醜"可引申"羞耻"义,如《管子·大匡》:"夫君以怒遂祸,不畏恶亲,闻容昏生,无醜也。"戴望校正引《广雅》:"醜,耻也。"《史记·魏世家》:"以羞先君宗庙社稷,寡人甚醜之。"故从语音、词义引申理据、文献用例皆能推论"醜"为"羞耻"之"羞"本字,"羞"为假借字。

罚 《说文》:"罚,辠之小者。从刀,从詈。未以刀有所贼,但持刀骂詈,则应罚。"

"罚"本义为小罪,名词,是典型的法源词,今天还是法律语域的常用词。"罚"见于铭文,如"劓(师旟鼎)""劓(孟鼎)""劓(散盘)""劓(陈喜壶)"[1]等,小篆劓是左右结构,金文亦几乎是左右结构,只有"劓(陈喜壶)"是上下结构,这为今楷书"罚"所本。"罚"的本义,依《说文》所释当是小罪,名词。这是与"刑"比较而言,因为只是拿刀威胁,并没有伤人。《王力古汉语字典》把"处罚"列为首义项[2],并曰:"较刑为轻(犯法处以刑,犯规处以罚)。"例举的书证除了举《说文》本条外,另举"《易·豫》'圣人以顺动,则刑罚清而民服'"。《汉语大字典》也以"过错,罪过"为首义项,虽未与刑比较,释义不是很具体,但从释义中看出轻于"刑"。当然这是"罚"的初义,另如《书·吕刑》:"五刑不简,正于五罚。"孔传:"谓不应五刑,当正五罚,出金赎罪。""五刑"与"五罚"相对,且以金可抵罪,"罚"轻"刑"重,判然有别。同时在金文中也可验证[3]:"师旟鼎:'白(伯)懋父迺罚得毚古三百寽。'散盘:'我既付散氏田器,有爽,实余有散氏心贼,则鞭千罚千,传弃之。'盘铭之'鞭千'是刑罚,鞭以千数。'罚千'当是罚金,即罚

---

① 张世超:《金文形义通解》,中文出版社,1996年,第1033页。
② 王力:《王力古汉语字典》,中华书局,2000年,第957页。
③ 张世超:《金文形义通解》,中文出版社,1996年,第1034页。

以千数。此解可征之于**齘**匜：'今我赦女，义（宜）鞭女千，……鞭女五百，罚女五百乎（锊）。'"铭文中的"罚"与"刑"相较，"罚"轻，因为可以通过钱财赎罪而抵消。"罚"在铭文中还有"罚讼"义，指决狱之事，"孟鼎：'……敏諫罚讼。'杨树达曰：'敏諫罚讼，谓刑狱之事当急处之，毋有留狱也。'"①不过有的学者认为"罚"并非小罪，如鲁实先之《说文析义》："以为持刀骂人，虽未行凶，但不可以说是罪之小者，因为主张罚当从言刚（剛），言语过刚则当罚。"②"罚"，被拆分为"从刚"，并不始于鲁实先。早在鲁氏之前，就有学者拆"罚"为"从言，从网，从刀"。马叙伦曰："张文虎曰：'疑从刀，从网，从言。网者，法网。言从辛，辛亦辠也。非取骂詈之义。'徐灏曰：'罪之小者，不独持刀骂詈一事。其说不确。且字形但从刀，从詈，则用法之义不显。末下十四字疑后人所增。《元命苞》尤穿凿，不足辩也。灏谓刑者，法也。从刀，井声。罚亦法也。从网，从言，从刀。网者，罪之省也。言者，爰书定罪之意。刀者，自大辟以至刖、剕、髡、黥之属。皆荆其肢体也。析言之，则重者为刑，轻者为罚。'林义光曰：'刀詈不词。从言、刚。刚，古刚字。'伦按：诸说皆致疑于罚字之构造。其创解则皆未通。林谓从刚，不明从刚为义。抑取其声，检'罚'音房越切。《广雅·释诂四》以'伐'释'罚'。是罚当得声于网。罚、网皆唇齿音也。三篇言部之'訜''诛''讨'诸文，于经传皆有罚罪之义。疑罚从言，刚省声。刚亦得声于网也。《书·吕刑》有'墨罚''劓罚''剕罚''宫罚''大辟'之罚为五刑。是五刑之属皆为罚。罚非专属辠之小者。《甘誓》'恭行天罚'，启所伐有扈，伐国亦非小罪也。《周礼·职金》有'金罚''货罚'，罚不必皆用刀也。盖罚之本义为因其罪而定其刑。即今之判词也。罚正判词之判本字。

---

① 张世超：《金文形义通解》，中文出版社，1996 年，第 1033 页。
② 季旭昇：《说文新证》，福建人民出版社，2010 年，第 365 页。

《墨子·经》:'罚,上报下之罪也。'是其证。罚为报之转注字。报之者为反。'罚''反'音同奉纽。又可证也。许不知罚从刚得声,而误入刀部。"①从上可知,林义光首先提出"罚"当"从刚,从刀",但是未言说其由。马叙伦认为"刚"表音,而鲁实先则认为表义,因为言语过刚则招致罪。马氏之音转太宽,且以中古音为标准,而不以上古音为准,这恐怕犯了源流性错误,因为早在中古之前,字已造好,取音当以上古音为准,安能以后世音为准? 鲁氏表义之说太牵强,因为如彼解字,几与法律语境无关,离法律语义亦远,更谈不上是大罪、小罪之别,反而不如"从网,从言,从刀"之说。不过"从网,从言,从刀",虽显示出法律语境的元素,能反映"罪"义,但是无法解释与"刑"比较,"罚"是小罪。正因为"罚"是小罪,才可以用钱财抵罪,故有"金罚""货罚"之词产生。即便是今天,"罚"与"刑"相较,"罚"为小罪,一般不会惹杀身之祸。文献的用例,确如马叙伦之说,"罚"有时指大罪,导致杀戮发生。乃因为在"罚"前面加了定语,如"天""重""大"等,形成了"天罚""重罚""大罚"等词语或结构。"天罚"源自于"恭行天罚",名词,其义为"上天的诛罚。旧时帝王自谓禀承天意行事,其诛罚不臣常以此为名"②。如《书·多士》:"我乃明致天罚,移尔遐逖。""重罚"虽然《汉语大词典》立为词目,但是动词,其义为"严厉惩罚"③,"罚"是动词,惩罚义。如《韩非子·奸劫弑臣》:"夫严刑重罚者,民之所恶也,而国之所以治也。"《六韬·奇兵》:"尊爵重赏者,所以劝用命也;严刑重罚者,所以进罢怠也。"《汉

----

① 古文字诂林编纂委员会:《古文字诂林》第四册,上海教育出版社,1999 年,第 573—574 页。

② 汉语大词典编辑委员会:《汉语大词典》第二卷,汉语大词典出版社,1994 年,第 1444 页。

③ 汉语大词典编辑委员会:《汉语大词典》第十卷,汉语大词典出版社,1994 年,第 395 页。

书·晁错传》:"劝以厚赏,威以重罚,则前死不还踵矣。""大罚",《汉语大词典》未立为词目,但见之于先秦两汉文献:

1. 乃有不用我降尔命。我乃其大罚殛之。非我有周秉德不康宁。乃惟尔自速辜。(《书·周书·多方》)

此"大罚"为动宾语义结构,义为"大大地惩罚"。

2. 予惟甲子,克致天之大罚,□帝之来,革纣之□,予亦无敢违大命。敬诸!(《逸周书·商誓》)

"天之大罚"之"大罚",名词语义结构,即"重大的惩治"义。

3. 今纳夏姬,贪其色也。贪色为淫,淫为大罚……慎罚,务去之之谓也。若兴诸侯,以取大罚。非慎之也,君其图之。(《左传·成公二年》)

"淫为大罚"之"大罚"为罪名。"以取大罚"之"大罚"为"重大的惩治"义。

4. 再拜稽首曰:"兆有之,臣不敢蔽。蔽兆之纪,失臣之官,有二罪焉,何以事君? 大罚将及,不唯无肴。"(《国语·晋语》)

"大罚将及"之"大罚"为名词语义结构,"重大的惩治"义。

5. 八事,父母有疾,占相之知,能尽力竭精,有以救之;知而不救,天将大罚。(《太平经·辛部》)

"大罚"动词语义结构,为"严厉惩治"义。

从上可知"大罚"既有转义的"淫乱"义,名词;还有"重大的惩治"义,名词;也有"严厉惩治"义,动词。虽然使用频率不高,但既有转义,也有多义,《汉语大词典》既立"重罚"为词目,也应立"大罚"为词目。另外以上 5 条书证中除了转义的"大罚"为"淫"外,其余"大罚"中的"罚"之语义不是"罪"义,而是动词"惩治"义,故"罚"未有"大罪"义。所以"罚"有重罪意义与语料不相符。

法律常有对称词,先秦两汉文献中有"重罚""大罚"等词或结构出现,但是笔者遍检先秦两汉文献,却发现无"小罚"结构,

"轻罚"结构只出现 1 次,即《商君书·去强》:"重罚轻赏,则上爱民,民死上;重赏轻罚,则上不爱民,民不死上。"此"罚"与"赏"对文,为动词,惩治义。且"轻罚"为动宾结构,非名词性、定中结构,未凝固为词语,故《汉语大词典》未立"轻罚"词目,这有道理。此种现象从另一方面更可以证明"罚"为"小罪"义,因为只有"罚"含有义素"小",便不能再添加修饰性的"轻""小"置于"罚"之前,否则重复,赘言。

辥　《说文·辛部》:"辥,罪也。从辛,屵声。"

许慎以上位词"罪"释"辥",释义太略,仅释"罪"与"辥"之同,未辨其异。"辥"是"危险的罪",即死罪。《玉篇·辛部》:"辥,死刑也。""辥"字声符"屵"示义。《说文·自部》:"屵,危高也。从自,中声。读若臬。""辛"表罪义,故"屵""辛"会意为危罪,即死罪。引申为罪,后孳生"孽",如徐灏《说文注笺》:"此盖即罪孽本字。"章炳麟《新方言·释言》:"辥,今人谓罪恶为罪辥,音如孽。"文献未见"辥"之"罪"义的用例,但见引申义"治罪"的用例,如《睡虎地秦墓竹简·为吏之道》:"贤鄙溉辥,禄立(位)有续孰暨上?""辥"字见于甲金文,甲骨文有"𥝩、𨾴、𥝩"诸形[1],卜辞中"辥"的意义有三[2],其中与"罪"义相关的是"害",动词。如"惟祖乙辥我(《合集》1632)",又"兹雨惟辥(《合集》12892)";金文有"𨑄、辥、𨷖、𨷖"诸形[3],除"𨑄"字外,其他字形"辥""𨷖""𨷖"等在自上已加上"中"或"止",与甲骨形体的差异还是明显,多数学人隶定为"辥"字,个别学者隶定为辥。但是考诸铭文义,"辥"字有"治理"义[4],如毛公厝鼎:"命女辥(乂)我家我帮内

---

[1]　中国科学院考古研究所编辑:《甲骨文编》,中华书局,1965 年,第 554 页。
[2]　刘兴隆:《新编甲骨文字典》,国际文化出版公司,1993 年,第 971 页。
[3]　容庚:《金文编》,中华书局,1985 年,第 975 页。
[4]　张世超:《金文形义通解》,中文出版社,1996 年,第 3431 页。

外。"有学者以"治"义与"罪"义不十分切合,故疑《说文》本条有脱文,如高田忠周曰:"《说文》:'辥,罪也。从辛,𡴭声。'此非铭意。……然愚谓辥字训皋也,必当有脱字。疑元作'治罪也'。故转为凡治义。又元有'罪治之'。故转为皋义。"①其实,高田忠周太拘泥《说文》释义,未能从词义引申角度考量词义的产生与发展。李孝定曰:"辥字,《说文》训'皋',似与金文训'治'不合,实则有罪必当治,义本相因;杨树达氏谓'嬖'字,《说文》训'治',无辅翼之义。按辅翼之期归于正,则与治义自得相通。且铭云'保辥''襄辥',直以治义解之,义亦恰适,读者勿拘泥可也。"②其实从字形也可看出"辥"字有治理义。王国维曰:"𠂤者,众也。金文或加从止,盖谓人有辛,自以止之。故训为治。此鼎变止为屮,与小篆同。屮者,止之讹。犹奔字,本从三止孟鼎,后变而从三屮克鼎及石鼓文矣。"③此说可从,既解说"治"义产生的原由,又分析字形演变为"辥"的原因。由于许慎的释义本于小篆字形,以致治理意义不显。

盗(盜) 《说文·㳄部》:"盜,私利物也。从㳄,㳄欲皿者。"

徐灏《说文解字注笺》注曰:"㳄欲皿者,说从㳄之意。垂㳄其皿,欲私其物也。"④此解"盜"字构形义,大致不差。甲骨文有"𝕫"字,有学者隶定为"盪",有学者隶定为"盜"。叶玉森释为"盪","象舟人手持物,象篙楫形。疑均古文盪字。《论语》:'𦐣盪舟。'古谊当训推盪。宜从舟,乃引申为盪涤,故变从皿。古文

① 古文字诂林编纂委员会:《古文字诂林》第十册,上海教育出版社,1999年,第1036页。

② 古文字诂林编纂委员会:《古文字诂林》第十册,上海教育出版社,1999年,第1038页。

③ 周法高:《金文诂林》,香港中文大学出版社,1974年,第8134—8135页。

④ 丁福保:《说文解字诂林》,中华书局,1988年,第8779页。

舟形与皿形近也"①。但是叶玉森所释义与卜辞不合。于省吾、张政烺、刘兴隆等释"盗",且与"次"同义。"𥁕","从次,从舟。次有泛滥之义,次又从舟,更突出了河水之泛滥了。后世误舟为皿,以'次,次欲皿者'用作盗寇之义,似与初义相违。……卜辞次、盗义同,皆河水泛滥之义:'洹不次'(续存下 154)。洹:水名,即今之安阳河。'洹其盗'(合集 8315)。"②由上可知,不管叶玉森,还是刘兴隆对"𥁕"的释义,与今之"盗"义相距甚远,今之"盗"于其义无取,只是形似。但是于省吾对"盗"字的阐释,能拉近其义。"盗字从皿,次声,古读次如诞,二字双声,已详前文。《老子》五十三章的'是谓盗夸',盗夸即诞夸。石鼓文的籃字从竹,从盗(盗),盗字从㳄,与《说文》籀文合。《说文》训次字为'慕欲口液'。甲骨文次者,有的象以手拂液形,有的象口液外流形,故后世形容人之贪饕,以垂涎为言。甲骨文盗字只一见,与次同用。口液为次之本义,引申之则为水流泛滥无方,水流泛滥无方又与后世盗窃之义相因。"③"水流泛滥无方"与"盗窃"之义太过牵强,且卜辞义与"盗窃"不合,故似乎为同形异义之字,即今之"盗"非甲骨文"𥁕"字。

"盗",今作"盗",王玉树《拈字》:"盗,今俗作盗。""盗"本义谓偷盗,动词,乃犯罪行为,亦罪名。《说文》"私利物"指把对他人有利之物窃为己有,王筠《说文句读》:"私有所利于它人之物也。"《左传·僖公二十四年》:"窃人之财犹谓之盗,况贪天之功,以为己力乎?"《史记·高祖本纪》:"杀人者死,伤人及盗抵罪。"

"盗"为罪名,于夏朝已经出现。胡留元的《夏商西周法制

---

① 于省吾:《甲骨文字诂林》第四册,中华书局,1996 年,第 3170 页。
② 刘兴隆:《新编甲骨文字典》,国际文化出版公司,1993 年,第 557—558 页。
③ 于省吾:《甲骨文字释林》,中华书局,1979 年,第 383—384 页。

史》以《尚书大传》论证之①，《尚书大传》卷三《吕刑》："决关梁，窬城郭，而略盗者，其刑膑；男女不以礼仪交者，其刑宫；触易君命、革舆服制度、奸宄寇攘、伤人者，其刑劓；非事而事之，出入不以道义而诵不祥之辞者，其刑墨；降、畔、寇、贼、劫略、夺攘、矫虔者，其刑死。"其中"略盗"为盗取犯罪，上引《左传》中的"盗"亦是偷窃财物，即今之盗窃罪。上古之时视"盗"为洪水猛兽，体现对私有财产的重视，对不劳而获的行为极为痛恨，也是与当时的政治经济形式相适应。但是作为法律罪名之"盗"与构形义、本义、今义有差异，不完全相同，有所扩大与延伸："盗"之构形义为"垂次其皿"，即贪欲食器，本义为"私利其物"。《春秋穀梁传·哀公四年》曰："春秋有三盗：微杀大夫，谓之盗；非所取而取之，谓之盗；辟中国之正道以袭利，谓之盗。""微杀大夫，谓之盗"即暗中杀死大夫为盗；"非所取而取之，谓之盗"即不应该获取的而获取叫做盗。此"取"的对象较多，既指财物，也指政权、名分等。"辟中国之正道以袭利，谓之盗"即不走光明正大的道而获求利益叫做盗，后世之投机取巧获利在上古之人看来也叫做盗。这涉及求利的方法与途径。故春秋战国李悝之《法经》置《盗》《贼》于篇首，以为王者之急，莫急于盗贼；出土文献《张家山汉墓竹简·二年律令》亦置《盗律》于律之首。

　　宄　《说文·宀部》："宄，奸也。外为盗，内为宄。从宀，九声。读若轨。𡆥，古文宄；𡇃，亦古文宄。"

　　"宄"为罪名，许慎以"奸"释"宄"，也许本《左传》，《左传·文公十八年》："毁则为贼，掩贼为藏，窃贿为盗，盗器为奸。""窃器"与"盗"同义，见上文。但是许慎又以"宄"与"盗"不尽同，故对"盗"与"宄"进行辨析：两者都为"奸"，即违法乱纪行为。不同在于："宄"之本义为内盗。段玉裁注："奸宄者通称，内外者析

①　胡留元、冯卓慧：《夏商西周法制史》，商务印书馆，2006 年，第 62—63 页。

言之也。凡盗起外为奸,中出为宄。"《广韵·旨韵》:"宄,内盗也。"《尚书·舜典》:"蛮夷猾夏,寇贼奸宄。"孔传:"在外曰奸,在内曰宄。"孔颖达疏:"寇贼奸宄,皆是作乱害物之名也。"《国语·晋语六》:"乱在内为宄,在外为奸,御宄以德,御奸以刑。"《国语·鲁语上》:"毁则者为贼,掩贼者为藏,窃宝者为宄,用宄之财者为奸。"

但是《说文》小篆"宄"构形理据不显,可利用《说文》所收古文字形"𡧳、𡨈"及甲金文字而寻求。甲骨文有"𡧳(《合集》22548)",金文有"𡧳(师望鼎)""𡧳(义伯簋)""𡧳(师酉簋)""𡧳(曶鼎)"诸形①。从以上形体看,《说文》古文𡧳省略宀,古文𡨈与𡧳(曶鼎)同构,增加双手。《说文》古文"𡨈"中的"心"是"廾(双手)"的讹误。商承祚曰:"从心乃廾之写讹。"②其他金文从宫与从宀同意。其构形义为手持物于屋内驱赶或毁坏东西,这可从甲骨文𡧳中明显看出此义,"宄"之字义为驱赶或在屋内作乱。"宄"在卜辞中为祭祀名,"有祓除鬼祟之义。……如'丁亥,宄寝,𡴀蓺岁羌三十,卯十牛'(《合集》22548),寝:居室。𡴀用作侑。侑、蓺皆均祭名,岁、卯则均用牲之法。"③"祓除鬼祟"则与"驱赶"义通。在屋内作乱即为内乱,与"在内曰宄"同。"宄"于铭文有"奸"义④,与《说文》所释同。如兮甲盘:"其佳我者(诸)侯(侯)、百生(姓),毕(厥)贮(贾),母(毋)不即市,母(毋)敢或(有)入蠻(蛮)宄贮(贾),则亦刑。""宄贮(贾)"即非法买卖。

---

① 张世超:《金文形义通解》,中文出版社,1996年,第1876页。

② 周法高:《金文诂林》,香港中文大学出版社,1974年,第4712页。

③ 刘兴隆:《新编甲骨文字典》,国际文化出版公司,1993年,第446页。

④ 张世超:《金文形义通解》,中文出版社,1996年,第1877页。

贼　《说文·戈部》："贼，败也。从戈，则声。"

许慎以"败"释"贼"，不仅精确地注释词义，而且沟通了"贼"与"败"之构形相通之处。马叙伦认为"贼"与"败"实为一字，以异文为释①。两者从"贝"，古时"贝"既指钱财，又指宝器。"攴"与"刀""戈"相通（《说文》小篆𣁽，从贝，从刀，从戈）。从构形义看，"败""贼"皆为用外物击毁宝器。只是"贼"毁物严重，"败"毁物轻微，因为所持之物不同故也。故"贼"之构形义是严重毁坏宝器，本义则为毁坏。段玉裁注："败者，毁也。毁者，缺也。"段玉裁只析"败""贼"之同，未能辨其异。段玉裁之注优于徐锴之注，徐锴《说文系传》："败，犹害也。"徐锴以"害"注释，未得"贼"之确切义。"伤害"为"贼"之引申义。

"贼"见之于铭文，铭文有"𣁽（散盘）"形，与小篆𣁽相较，"贝""刀"位置换位，即反书，隶定作"贼"。金文"贼"有"败坏"义②，如《散盘》："我既付散氏田器，有爽，实余有散氏心贼，则鞭千罚千，传弃之。""贼"由"毁坏"义可引申"杀"义，如《书·舜典》："扑作教刑，金作赎刑，眚灾肆赦。怙终贼刑。"孔安国传："怙，杀也。"又《国语·晋语五》："灵公虐，赵宣子骤谏，公患之，使鉏麑贼之。"韦昭注："贼，杀也。"《睡虎地秦墓竹简·法律答问》："甲告乙盗牛，若贼伤也。"也可引申为"杀人的人"，如《书·舜典》"帝曰：'皋陶蛮夷猾夏，寇贼奸宄，汝作士。'"孔安国传："杀人曰贼。"又《史记·秦始皇本纪》："燕王昏乱，其太子丹乃阴令荆轲为贼。""败"未见有"杀"义或"杀人的人"义。"贼"与"败"的引申义不同，或许是因其构形的字素不同而形成的。

"贼"由通用词语转为法律罪名，源于杀义。但是古人明确

---

①　古文字诂林编纂委员会：《古文字诂林》第九册，上海教育出版社，1999年，第951页。

②　张世超：《金文形义通解》，中文出版社，1996年，第2944页。

对"贼"的法律意义进行界定,见之于《左传》,《左传·文公十八年》:"毁则为贼,掩贼为藏,窃贿为盗,盗器为奸。"杜预注:"毁则,坏法也。"即为败坏国家法律。"则"的本义为等画物,《说文·刀部》:"则,等画物也。""等画物"则是按等级区划物体,按等级区划物体则必然遵循一定的规则、法则,故可引申为"法律"。"则"字见于甲骨文,通"侧",与法律意义无关。金文有"𩇠(段簋)""𩇠(何尊)""𩇠"诸形,从"鼎",从刀,会意为比较样子刻画器物——照样子作东西①,故可引申为效法、遵守义,如师訇鼎:"不显文武,孚受天令,亦则殷民。""则殷民"即为使殷民遵守周法。铭文"则"虽无名词法则义用例,但传世文献有用例,《书·五子之歌》:"有典有则,贻厥子孙。"孔安国传:"则,法。"《周礼·大宰·天官》:"以八则治都鄙:一曰祭祀,以驭其神。二曰法则,以驭其官。三曰废置,以驭其吏。四曰禄位,以驭其士。五曰赋贡,以驭其用。六曰礼俗,以驭其民。七曰刑赏,以驭其威。八曰田役,以驭其众。"郑玄注:"则亦灋(法)也。"《国语·鲁语上》:"毁则者为贼。"韦昭注:"则,法也。"《左传》与《国语》明确界定"贼"的法律术语义。今之学者亦探求了"贼"之法律意义的起源,以为"最初'贼'字当作'蟊,指食禾节的蝗虫',引申为捕人杀食;后来又作'贼',指杀人而毁坏尸体;更后来则既可指杀害他人生命,也可指伤害他人身体"②。"贼"字来源于"蟊",似不妥。此二字有同源关系,"蟊"源于"贼","贼"为"蟊"的母字而非子字。"蟊"由"贼"与"虫"会意为伤害禾苗的虫,故"蟊"得名源于"贼"的伤害义,并非"贼"得名源于"蟊"伤害禾苗,源流不能颠倒。"蟊",《尔雅》作"贼",《尔雅·释虫》:"食节,贼。"即蛀食禾节的虫叫"贼"。如果从字的记词职能看,在《尔雅》时代,

---

① 张世超:《金文形义通解》,中文出版社,1996年,第1023页。

② 杨一凡:《新编中国法制史》,社会科学出版社,2005年,第262页。

"蟊"还未产生,其职能由"贼"担任,但不能认为那时的"贼"只有"蟊"这个义位,实际上"贼"在上古时候义位较多(见上),"蟊"仅是其中一个义位,所以"贼"义来源于"蟊"不确。"蟊"字在东汉出现,后世承用,东汉王符《潜夫论·德化》:"且有昼晦,宵有大风,飞车拔树,债电为冰,温泉成汤,麟龙鸾凤,蠡蟊蠊蝗,莫不气之所为也。"《广韵·德韵》:"蟊,食禾节虫。亦作贼。"唐贯休《酷吏诗》:"蝗呼蟊乎,东西南北。""蟊"是一种对农作物非常有害的虫,如同"蝗""螟"一样,这在以农为本的中国古代,古人十分了解诸类虫对农作物的危害,因此以之隐喻祸国殃民的人。古人联想丰富,认为如果害虫频发、普发,那是官吏失职、渎职,而违反国家法律。此从《说文》对"螟"字的注释可见一斑。《说文·虫部》:"螟,虫,食谷叶者。吏冥冥犯法即生螟。从虫,从冥,冥亦声。""吏冥冥犯法即生螟"即官吏昏糊无知而失职,因此违犯国家法律,导致螟的产生。这虽有附会,但与官吏不重视害虫的治理全然无关,恐怕也说不过去。

"贼"在春秋战国时代已经成为具有种属性的罪名。贼罪自个人而言,系杀身害命;自国家而言,则既削弱生产力,又破坏社会秩序与安全,更危及国家权威,故次于盗罪而列第二,占据罪名体系之中心地位①。由上可知,古代的"盗罪""贼罪"重点是政治方面犯罪,明显地与今天贼罪相区别。

妾　《说文·辛部》:"妾,有罪女子给事之得接于君者。从辛,从女。《春秋》云:'女为人妾,妾不聘也。'"

"妾"的本义为女性罪犯。从辛,取其罪义,从女,为身份义,二者会意为女性罪犯。上古女性罪犯多来源于战争,战胜方俘获失败方的女性,包括妻子、女儿、女家奴等。这些女性罪犯中较灵巧的往往被选为女侍,有姿色者进一步得以侍寝席,后世"妻妾"

---

①　杨一凡:《新编中国法制史》,社会科学出版社,2005年,第262页。

之"妾"当是由这种身份逐步演变而来①。《说文》所释的"有罪女子给事之得接于君者",正好对应以上三个阶段,"有罪女子"正好对应第一阶段的本义;"给事"对应第二阶段,被选为侍女;"得接于君"对应第三阶段,侍寝主人。不管被选为侍女者,还是侍寝主人者,其地位是很低贱,终归为奴隶,故"妾"于文献多为"女奴",如《书·费誓》:"马牛其风,臣妾逋逃,勿敢越逐。"孔安国传:"役人贱者,男曰臣,女曰妾。"又《书·费誓》:"踰垣墙,窃马牛,诱臣妾,汝则有常刑。"孔安国传:"诱偷奴婢。""妾"字见于甲骨文,甲骨文有"𡘾""𡘾""𡘾"诸形,隶定为"妾"。其构意为对犯罪女子施行惩罚,与许慎析形相合。犯罪女人地位低,只能为人妾,故不聘也。不过今之学者对"妾"之上的"▽"与"𡘾"存在争议,有的学者认为是"刑具",有的学者认为是"头饰"。因此对卜辞"妾"义理解不一致,有的学者认为是"女奴",有的学者认为是"配偶",即与"妻"同义。于省吾对以上的符号进行了辨析:"古文字于人物之顶上每加▽、𡘾、𡘾等形,即辛字,在人则为头饰,在物则为冠角类之象形。童、妾上皆从𡘾或𡘾,疑即'有辠'者之标识。"②虽然于省吾对以上的字素分为两类表义,但是依然无法肯定"妾"之上的符号为刑具。铭文亦有"𡘾(复尊)""𡘾(克鼎)""𡘾(伊簋)"等形③,张世超认为"金文同篆,从'辛'示有罪者,若奴隶仆役。……用如本义。金文每'臣妾'连文。克鼎:'与氒臣妾。'逆钟:'仆庸(傭)臣妾小子。'"即金文"妾"为"女奴"义,无争议,而不同于卜辞"妾"义,有争议。

童　《说文·辛部》:"童,男有罪曰奴,奴曰童,女曰妾。"

"童"之本义为男罪人,今为"儿童"义,词义差别大。"童"字

①　季旭昇:《说文新证》,福建人民出版社,2010年,第166页。
②　陈初生:《金文常用字典》,陕西人民出版社,1987年,第271页。
③　张世超:《金文形义通解》,中文出版社,1996年,第533页。

见之于甲骨文，有"![字形]（屯 650）""![字形]（《合集》30178）"诸形①，"童"有罪人义，刘兴隆认为来源于"象头有曾受黥刑标志、足有械之童奴形"；马如森则认为"从辛，从见。合体象意字。象施刑人目之意"。李守奎亦认为甲骨文"童"字上部像以刑具刺目之形，下从壬②。从上观之，刘兴隆对甲骨文的构形分析为"刑具辛、人、足械"三个构件；马如森只分析两个构件，即刑具、见，而对"见"字下的构件未作分析；李守奎也分析三个构件，即刑具、目、壬，但是"壬"是声符还是意符未作说明。因此三位学者的分析总体上还是一致的，即为受刑之人，但是刘兴隆的分析全面、准确。卜辞"童"用作地名，如"……申……其去雨干☐童利。"（《合》30178）"本辞大意是童地雨后农作物长得好。"③可见甲骨卜辞未有"童"之本义的用法。金文亦见"童"，有"![字形]（墙盘）""![字形]（番生簋）""![字形]（毛公鼎）""![字形]（武王戈）"诸形④，金文有的增加声符"东"，与意符"土"；有的省略了"东"。铭文意亦无奴隶或罪人义，有假借义，如"动，惊惧"或方位名词"东"或"车架构部件之踵"⑤等。有学者据金文"![字形]"，析形为"中间从人，头上有辛（刑刀），身上还背有束（东西），会男子有罪受髡刑为奴之意。……本义为男子有罪受髡刑为奴。"⑥受髡刑，则须剃光头发，故"无发称为秃。秃与童声音相转，童之为言秃也。故光秃的东西可以称为童。如牛羊无角者称为'童牛'、'童羖'。孟子把光秃秃的山叫作'童山'。奴隶的头发被剃，不允许戴冠，所以

---

①　刘兴隆：《新编甲骨文字典》，国际文化出版公司，1993 年，第 127 页。

②　李学勤：《字源》上册，天津古籍出版社，2012 年，第 198 页。

③　马如森：《殷墟甲骨文实用字典》，上海大学出版社，2008 年，第 340 页。

④　张世超：《金文形义通解》，中文出版社，1996 年，第 531 页。

⑤　张世超：《金文形义通解》，中文出版社，1996 年，第 533 页。

⑥　谷衍奎：《汉字源流字典》，华夏出版社，2003 年，第 719 页。

称为童"①。"童"之"奴隶、奴仆、罪犯"义虽不见之于甲金文,但是传世文献有用例:《易·旅》:"九三:旅焚其次,丧其童仆。贞:厉。"《汉书·货殖传》:"牛千足,羊彘千双,童手指千。"颜师古注引孟康曰:"童,奴婢也。"汉刘向《说苑·复恩》:"韩破,良(张良)家童三百人,弟死不葬,良悉以家财求刺客刺秦王,为韩报仇。"

奴 《说文·女部》:"奴,奴、婢,皆古之辠人也。《周礼》曰:'其奴,男子入于辠隶,女子入于舂藁。'从女,从又。伮,古文奴,从人。"

"奴"的身份是罪犯,该字虽然从"女",但不仅指女罪犯,也指男罪犯,《说文》所举的古文"伮"便可证。"奴"见于之于甲金文,甲骨文作"𡥛(《合集》8251)""𡥛"等形,"𡥛,象手抓一女,𡥛象一女双手被反绑,均为被奴役之女性"②。金文作"𡥛""𡤿""𤕣"等形③,金文与甲骨文"𡥛"同构,象手抓一女。卜辞"奴"义不显,铭文"奴"字用例有人名、地名、"孥"等义。"孥"指妻子与子女也。"农卣:'吏(使)乑友妻农,迺槀乑孥(奴)。'杨树达曰:'王既使人以女妻农,又恐农衣食不给,复命槀给其妻孥,王之于农可谓厚。'《孟子·梁惠王下》:'泽梁无禁,罪人不孥。'"④由此可知"孥"乃"罪人"之"孥",义相因。"奴"在后世文献中,指地位低贱的下人,这本之于古时战争的俘虏。虽然甲金文语料未见"奴"字"罪奴、奴仆"义,但是传世文献习见:《说文》所引《周礼》文见之于今《周礼·秋官·司厉》:"其奴,男子入于罪隶;女子入

---

① 王宁、谢栋元等:《说文解字与中国古代文化》,辽宁人民出版社,2000年,第48页。
② 刘兴隆:《新编甲骨文字典》,国际文化出版公司,1993年,第810—811页。
③ 张世超:《金文形义通解》,中文出版社,1996年,第2860页。
④ 张世超:《金文形义通解》,中文出版社,1996年,第2860页。

于春藁。"郑玄注:"郑司农云:'谓坐为盗贼而为奴者,输于罪隶、春人、藁人之官也。由是观之,今之奴婢,古之罪人也。……'(郑)玄谓奴从坐而没入县官者,男女同名。"《论语·微子》:"微子去之,箕子为之奴,比干谏而死。"《史记·季布栾布列传》:"而布为人所掠卖,为奴于燕。"《汉书·食货志下》:"莽以私铸钱死,及非沮宝货投四裔,犯法者多,不可胜行,乃更轻其法:私铸作泉布者,与妻子没入为官奴婢。"

另外注意:"奴""婢"虽同义,但是来源不一,"婢"字是"卑"之同源分化字,两者具有共同源义素。

宰　《说文·宀部》:"宰,辠人在屋下执事者。从宀,从辛。辛,辠也。"

"宰"之本义乃充当家奴的罪人。段玉裁注:"此宰之本义也。"王绍兰《说文解字订补》:"《汉书·扬雄传(解难)》言:'胥靡为宰。'《楚元王传》:'胥靡之。'晋灼曰:'胥,相也;靡,随也。古者相随坐轻刑之名。'此辠人为宰之证。"范文澜认为"宰"是手工业奴隶:"管宰大官叫冢(大)宰,是百官中权力最大、地位最高的一个官。"[①]"宰"的统治、治理义大约由此引申而来。辅佐君王、管制天下的宰相们位高权重,却匍匐在帝王的脚下,口称"待罪宰相"。因为这批高官最初被称为宰、太宰、冢宰等,原本都是罪人在屋下执事者中家奴总管的称谓。张玉金亦曰:"此字'宀'代表房屋,所从的'辛'字代表与罪过刑罚有关的意义。本义是充当家奴的罪人。"[②]"宰"字见之于甲金文,甲骨文有"𠂔(《合集》31136)""𠂔(《合集》5512)""𠂔(《合集》35214)""𠂔(《合集》583)"等形,隶定为"宰"。卜辞"宰"无"罪人"义,用作人名、地

---

①　范文澜:《中国通史》第一册,人民出版社,1978年,第48页。
②　李学勤:《字源》中册,天津古籍出版社,2012年,第659—660页。

名等①,如"……王易(赐)宰丰寝……"(《佚》518)此"宰"为"人名"。"其(罗)尕在宰"(粹1196)。此"宰"为地名。不过有的学者认为"宰"的本义并非罪人。马叙伦曰:"顾炎武曰:'皋人在屋下执事者穿凿。'钮树玉曰:'此注疑经后人改,与上下文义不类。'何治运曰:'古书无以宰为皋人者。当训宰夫在屋下调味者。从宀,从辛。"辛"未也。'严可均曰:'辛'亦声。庄有可曰:'许说非本义。人在屋下必安居者矣。皋人执事岂必在屋下乎?'庄述祖曰:'从宀与从宦同意。从辟,当训治也。经典无训皋人者。'……吴其昌曰:'甲骨文有宀,宰从辛,辛类兵器。故宰之义为宰杀。宰本示于屋下操辛以屠杀切割牛羊牲牷者。故引申为宰夫。主烹庖。'伦按:吴说无据。辛之本义为犯皋。宰从辛犹宦从臣。庄谓皋人执事岂必在屋下者,盖未明乃从家也。古代大夫乃有家,有家得赐臣。此金器文多有言赐臣几人。犹清代之给奴矣。鲁三家皆有宰,列国之卿亦然。孔子于鲁为大夫,然非鲁之母族,故无臣。而子路使门人为臣。皆可证也。"②马叙伦析"宀"为"家"很有创意,且以铭义与史事为参证,其说可从。故"宰"为在"家里做事的罪臣"。此类罪臣一般具有较高技能,既能做家务庖厨之事,也能处理其他事物,故能独当一面,因而能主宰较多的事物。"宰"可按所做之事与能力尤可细分"太宰""家宰""内宰""外宰"等。"宰"亦见之于铭文,词义为职官。斯维至依据甲金文语料详细阐释了"宰"的职官可分"内宰""外宰"③。当然"宰"字本义未能找到直接书证以证之,而是从字的理据与词义引申规律来考量,这是由于"宰"的职能很早就明确

---

① 马如森:《殷墟甲骨文实用字典》,上海大学出版社,2008年,第177页。

② 古文字诂林编纂委员会:《古文字诂林》第六册,上海教育出版社,1999年,第815页。

③ 古文字诂林编纂委员会:《古文字诂林》第六册,上海教育出版社,1999年,第816页。

了,罪犯身份是其来源,职务、工作或能力才是其重点,故"宰"之本义未有用例。

第九节　刑名词语

　　刑与犯罪联系紧密,犯罪指的是危害统治阶级的阶级利益和统治秩序,依法律规定应处以刑罚的行为①。故刑罚是针对犯罪而言,犯了罪应处以相应的刑罚。刑罚具有很强的时代性、社会性,不同的时代与社会有不同的刑罚,重刑轻罪是中国古代司法特点,古代刑罚名称包含内涵、适用范围、惩处的对象是变化发展的。"刑名"指刑罚的名称,该名称已见于三国魏《新律》,其中有《刑名》篇。"刑名词语"即是刑罚种类名称的词语。虽然刑名术语始见于《新律》,但是较多刑罚种类在上古已产生,故有"刑名从商"之说。

　　刑名的分类,不尽统一,即便是今天法学界对刑名的分类也是如此,古代刑名的分类亦有专门的术语,最常见的是"五刑"。"五刑"是中国古代对犯罪者施以的五种刑罚的总称,最早见于《尚书·舜典》:"帝曰:皋陶,蛮夷猾夏,寇贼奸宄。汝作士,五刑有服。五服三就。"此为五刑的名称,但是五刑具体何指呢?《尚书·吕刑》:"墨辟疑赦,其罚百锾,阅实其罪;劓辟疑赦,其罚惟倍,阅实其罪;剕辟疑赦,其罚倍差,阅实其罪;宫辟疑赦,其罚六百锾,阅实其罪;大辟疑赦,其罚千锾,阅实其罪。"即"五刑"乃"墨(黥)、劓、剕、宫、大辟"。其实"五刑"具体名称在不同时期,不完全相同。《周礼·秋官司寇》:"墨罪五百,劓罪五百,宫罪五百,刖罪五百,杀罪五百。若司寇断狱弊讼,则以五刑之法诏刑

---

　　①　《中国大百科全书》总编辑委员会:《中国大百科全书·法学》,中国大百科全书出版社,1984年,第118页。

罚,而以辨罪之轻重。"由上可知:《周礼》"五刑"则为:墨、劓、
宫、刖、杀。汉文帝废除了"墨(黥)、劓、刖"三种肉刑,而增加
"笞、髡钳、城旦、舂、鬼薪、白粲"等刑名,开始改变上古奴隶制
"五刑"之内涵,南北朝依据实际情况也变通增减刑名,但皆未能
形成固定的"五刑"之称,直到隋《开皇律》才定名"笞、杖、徒、流、
死",封建社会的"五刑"便固定下来,沿用至清。故"五刑"又有
"旧五刑"与"新五刑"之别。古代刑罚还有"具五刑"之名,指的
是秦汉时期的一种酷刑,即对一个囚犯几乎同时施用五刑。是一
种极端残忍的肉刑,与死刑并用的刑罚。

　　本文依据现代法学界划分标准,同时并结合古代刑罚的特
点,将刑名分为生命刑、身体刑、自由刑、财产刑、耻辱刑五类。生
命刑又称死刑,指剥夺罪犯生命的刑罚,源自西方刑法学对刑罚
的一种分类。身体刑又称肉刑,摧残受刑人肉体的刑罚方法的总
称,西方刑法学者对刑罚方法的一种分类。身体刑又可分为残废
刑与肉体痛苦刑两种。前者,如中国古代的墨刑、劓刑、宫刑等;
后者,如笞刑、杖刑等。自由刑是以剥夺人的基本权利之一的自
由为主要内容,受刑者在一定的设施内被拘禁。财产刑是以剥夺
犯罪分子的财产为惩罚内容的刑种,包括罚金刑和没收财产刑。
耻辱刑以羞辱人格为主要惩罚方法(如髡、耐、完),是一种综合
刑或者交叉刑,因为任何一种刑罚带有耻辱的成分(如墨、劓),
即使被人指责也是一种耻辱(如诽刑)。

(一)生命刑词语

　　生命刑即通常所说的死刑,指剥夺罪犯生命的刑罚,源自西
方刑法学对刑罚的一种分类。剥夺罪犯生命是人为地处死罪犯,
终结其生命,因而涉及"死"的方式与状态。《说文》收录了"死",
许慎通过注释元语言表达了对死亡的看法,也折射了古人死亡
观。《说文·死部》:"死,澌也,人所离也。从歺,从人。𣦸,古文

死如此。"许慎以"澌"释"死",这是声训。"澌",《说文·水部》:"澌,水索也。"徐锴《说文系传》:"索,尽也。""水索"即"水尽""水流完"或"水干涸",即用维持生命之水尽隐喻人走到生命的终点,可谓言简意深。人离不开水,但是终究如水一样会有流尽之时,故死乃自然现象。但是法律制度导致的死亡,并非一种自然死亡,而是人为地终结生命。其实,许慎的释义元语言也透露了此种信息,如"索"在古文献中有"法度"义。《左传·定公四年》:"皆启以商政,疆以周索。"杜预注:"疆理土地以周法。索,法也。"孔颖达疏:"索之为法,相传训耳。"《玉篇·索部》:"索,法度也。"《集韵·铎韵》:"索,法也。"综上言之,许慎也许间接告知:人的死亡,有的因为受到法律惩罚而产生。虽然此种解说似嫌牵强,希冀离许慎之意不远。不过《说文》所记载的下列词语明确关乎生命刑,如"辜""磔""轘""斩""辟"等,下析之。

辜 《说文·辛部》:"辜,辠也。从辛,古声。𣶶,古文辜从死。"

磔 《说文·桀部》:"磔,辜也。从桀,石声。"

尽管是多义词,《说文》一般只列一个义项。"辜"是个多义词,许慎以"罪"释"辜",这是一种死罪。"辜"也是生命刑名词语,即死刑。"辜"为刑,学人似普遍未对其重视,甚至不以"辜"为刑。清代大法学家沈家本的《历代刑法考》就未考释"辜",今之《法学词典》亦未收"辜"。不过今之《中国古代法学辞典》、《法学辞源》皆收"辜"。《中国古代法学辞典》收"辜",其义项有二①:一是罪,犯罪;二是分裂肢体。故依然未把"辜"作"刑名"看待。但是《中国古代法学辞典》收"辜磔",释义为:"处磔刑,即分裂肢体后悬首张尸示众。"②从释义看,"辜磔"是个偏义复合

---

① 高潮、马建石:《中国古代法学辞典》,南开大学出版社,1989 年,第 110 页。
② 高潮、马建石:《中国古代法学辞典》,南开大学出版社,1989 年,第 111 页。

词。"辜"是陪衬的类义语素,只有"磔"表义。《法学辞源》收"辜"[①],第二个义项为:"分裂肢体,中国古代的一种酷刑。"此明确指出"辜"为刑,但未详析构词理据。《法学辞源》收"辜磔"[②],释义为:"亦作'辜射'。中国古代一种酷刑。指分裂犯人的躯体并弃于闹市。"即"辜"与"辜磔"是两种同而有别的刑。因此"辜"是否为刑? 如果是刑,是一种怎样的刑? 皆是我们要讨论的内容。下面通过"辜"的构形与具体文献用例以探求"辜"演变为刑之原因、途径及其发展变化。

"辜"的语源义可从形符"辛"与声符"古"的组合探求。形符"辛"是多义的,一是"罪"义;二是刑具义。声符"古"与"枯"同源,即干枯义。"辛"之"罪"义与声符"古"之"干枯"义结合,会意为使尸体干枯而致死之罪,简称死罪。作为罪名,已论述,不赘言。"辛"之"刑具"义与"古"之"干枯"义结合,会意为给罪犯施以干枯尸体之刑,此为刑名。故从语源义所推论的"辜刑"并没有包含"分裂肢体"或者"分裂"义,此义是如何产生的呢? 下面通过对"辜"字在先秦两汉用例分析,以探求"辜"字的词义产生与变迁。

辜在先秦两汉习见,我们用"语料库在线"查检,"辜"在先秦共 49 见,单音词用例 18 例,单音名词用例凡 12 见,其义为"罪"或"罪行",如《尚书·酒诰》:"辜在商邑,越殷国灭,无罹。"单音动词用例凡 6 见,下文有详细分析,此不例举。另有 31 例为含"辜"的双音词有"不辜"(23 见)、"非辜"(1 见)、"辜人"(1 见)、"辜罪"(1 见)、"辜功"(1 见)、"辜射"(1 见)、"何辜"(2 见)、"蒙辜"(1 见)等。"不辜",《汉语大词典》作为双音词收录,其义有名词"无罪的人"义与动词"无罪"义。如《书·大禹谟》:"与

---

① 李伟民:《法学辞源》第五册,黑龙江人民出版社,2002 年,第 3113 页。
② 李伟民:《法学辞源》第五册,黑龙江人民出版社,2002 年,第 3113 页。

其杀不辜,宁失不经。"《管子·匡君小匡》:"决狱折中,不杀不辜,不诬无罪,臣不如宾胥无,请立为大司理。"上"不辜"皆为"无罪的人"义,作宾语。《墨子·非攻上》:"至杀不辜人也,扦其衣裘、取戈剑者,其不义又甚入人栏厩,取人马牛。"又《吕氏春秋·听言》:"诛不辜之民以求利。"上"不辜"为动词"无罪"义,作定语。《尚书·仲虺之诰》:"小大战战,罔不惧于非辜。""非辜"即"非罪","被强加之罪"义。《庄子·则阳》:"至齐,见辜人焉,推而强之,解朝服而幕之,号天而哭之。""辜人"则是被处辜刑之人。《中国古代法学辞典》收"辜人"①,释义为:"处磔刑弃市的尸体。"《汉语大词典》收"辜人",第二个义项为"受车裂之刑者"。《汉语大词典》把"辜刑"等同"车裂之刑",恐不妥,具体分析见下。《书·微子》:"凡有辜罪,乃罔恒获。""辜罪"用例不多,笔者用"语料库在线"查检,从上古到明清文献共3见。《书·吕刑》:"狱货非宝,惟府辜功。"蔡沈集传:"辜功,犹云罪状。""辜功"只出现《书》中,历代其他文献未见。"辜射"一词,详见下文分析。"何辜",《汉语大词典》收录,以三国用例为首书证,即三国魏曹丕《燕歌行》:"牵牛织女遥相望,尔独何辜限河梁?"书证太晚。"何辜"已见于《诗》,《诗·小雅·小宛》:"何辜于天,我罪伊何。""蒙辜",《汉语大词典》收录,但首书证为"《汉书·成帝纪》:'日月不光,百姓蒙辜,朕甚闵焉。'"书证滞后。

"辜"在两汉用例比先秦要多,凡186见。其中单音词"辜"凡73见,其中"罪"义,凡66见,如《汉书·王莽传》:"贫者不厌糟糠,穷而为奸。俱陷于辜,刑用不错。"动词"张开"或"磔"义,凡3见,但是依据具体语境,已经转为法律语义,是刑名,详见下文,此不例举。动词"惩治"义,凡1见,如《汉书·杜钦传》:"是以晋献被纳谗之谤,申生蒙无罪之辜。"动词"障"义,凡1见,如

---

① 高潮、马建石:《中国古代法学辞典》,南开大学出版社,1989年,第110页。

《汉书·王莽传》:"如令豪吏猾民辜而擢之,小民弗蒙,非予意也。"《后汉书·灵帝纪》:"四年春正月,初置騄骥厩丞,领受郡国调马。豪右辜榷,马一匹至二百万。"李贤注引《前书音义》:"辜,障也。榷,专也。谓障余人卖买而自取其利。""辜"通"故",凡2见:《史记·屈原贾生列传》:"般纷纷其离此尤兮,亦夫子之辜也。"司马贞索隐曰:《汉书》"辜"作"故"。《汉书·律历志》:"姑洗:洗,洁也,言阳气洗物辜洁之也。位于辰,在三月。"颜师古引孟康曰:"辜,必也,必使之洁也。""辜"作为构词语素,形成双音词,凡113见。双音词有"不辜"(29见)、"无辜"(20见)、"非辜"(6见)、"伏辜"(32见)、"辜罚"(1见)、"何辜"(4见)、"罪辜"(3见)、"亡辜"(8见)、"蒙辜"(4见)、"辜榷"(2见)、"辜较"(2见)、皇辜(2见)等。以上双音词"辜榷""辜较""皇辜"等几无法律语义,其他词语皆与法律之"罪""罪行"义有关。由此可见许慎以"罪"释"辜"不仅与本义相合,而且是先秦两汉的常用义,至今的常用义也是"罪""罪行"等。下面详细分析与"辜刑"有关用例。

1. 以血祭祭社稷、五祀、五岳,以埋沈祭山林、川泽,以疈辜祭四方百物。(《周礼·春官·大宗伯》)

郑玄注:"疈当作罢。郑司农云:'罢辜,披磔牲以祭,若今时磔狗祭以止风。'……疈牲胸也。疈而磔之谓禳及腊祭。""疈""辜"连用。"疈"有分割义。《说文·刀部》:"副,判也。疈,籀文副。"即"疈""副"同义。"副"之"分割""分开"义,准确说是从物的中间剖开,并非随意地分割、分开。《说文》以"判"释"副","判"的声符"半"示义。"'判'最初是剖成两半的意思。"[1]故"疈"指从牲体胸部一半之处割开。"辜"于此为"磔"义,因为从郑玄引郑司农的注释可知"罢辜"对应"披磔"。即"罢"与"披"

---

① 王凤阳:《古辞辨》(增订本),中华书局,2011年,第514页。

同义,"辜"与"磔"同义。另外郑玄本人的注释"副而磔"更明确区分"副"与"磔"是两个先后动作,词义也不同。即先从牲体腹部一半之处割开,然后张开牲体。故"辜"为"张开"义,不过此义为祭祀杀牲的动作,属于祭祀词语,还未演变为法律语义,即刑名。

2. 凡沈辜侯禳,饰其牲。(《周礼·夏官·小子》)

郑玄引郑司农注云:"辜,谓磔牲以祭也。《月令》曰:'九门磔禳以毕春气。'"贾公彦疏:"先郑引《月令·季春令》者,证辜是辜磔牲体之义。"不管郑司农还是贾公彦,皆认为"辜"与"磔"是同义词。从上下文观之,此"辜"与"磔"同义,且皆非法律意义,其义是分割并剖张牲体,已不需"副"来表示分割义,因为凡"磔"必分割牲体。"辜"依然是祭祀词语。

3. 凡几、珥、沉、辜,用駹可也。凡相犬牵犬者属焉,掌其政治。(《周礼·秋官司寇·犬人》)

贾公彦疏:"谓副磔牲体以祭。""辜"依然是祭祀词语,与"磔"同义,含"分割与张开"义。

4. 凡杀其亲者,焚之;杀王之亲者,辜之。(《周礼·秋官·司寇》)

从上下文观之,"辜"已是刑名词语。郑玄注:"辜之言枯也。辜谓磔之。"即"辜"本与"磔"同中有别,但是在具体语境与"磔"同,"辜"的"干枯"义已融入其中,只是隐性义,并非显义,即杀死罪犯,剖张尸体,且令其干枯。"令其干枯"是严厉惩治,长久地警戒世人。文献亦有"枯"通"辜"例,如《荀子·正论》:"詈侮捽搏,捶笞膑脚,斩、断、枯、磔,藉靡后缚,是辱之由外至者也。"杨倞注:"枯,弃市暴尸也。磔,车裂也。"[1]杨倞之注"枯"是泛言之,

---

① 王先谦撰,沈啸寰、王星贤点校:《荀子集解》,中华书局,1988年,第342—343页。

这或许是后世学人以"'辜'或'磔'为'弃市'"义所本。

　　5. 至齐,见辜人焉,推而强之,解朝服而幕之,号天而哭之。(《庄子·杂篇·则阳》)

　　郭庆藩《庄子集释》:"俞(樾)云:'《周官·掌戮》杀王之亲者辜之',郑(玄)注:'辜之言枯也,谓磔之。'《汉景帝纪》'改磔曰弃市',颜(师古)注:'磔,谓张其尸也。'是古之辜磔人者,必张尸于市。"①依郑玄、颜师古及郭庆藩注,知此"辜"为刑名词语。"辜人",《汉语大词典》收录,其义有二:一是"罪人",如《尸子》卷上:"尧养无告,禹爱辜人,汤武及禽兽。"二是受车裂之刑者。书证举《庄子》本条。"辜人"之"罪人"语义结构,后世文献所见的个别例,亦是引用《尸子》的"禹爱辜人";《庄子》本条"辜人"义,后世文献似无用例。总之,虽然"辜人"结构用例少,但"辜人"结构已经发生语义改变,即产生转义,故《汉语大词典》立"辜人"为词条,此合理。"辜人"之"辜"亦是"磔",为刑名词语。"辜人"是被动语义结构,即被施行磔刑之人,因为人已被处死,故是尸体,《中国古代法学辞典》释"辜人"为"处磔刑弃市的尸体",释义的表述不明确,未清楚地反映被动语义。《汉语大词典》释"辜人"为"受车裂之刑者",虽然被动语义结构得以表述,但是把"辜刑"等同"车裂之刑",有失精确,这是两个不同的刑,未能辨其源流与同异。

　　6. 司马子期死而浮于江;田明辜射;宓子贱、西门豹不斗而死人手;董安于死而陈于市;宰予不免于田常;范雎折胁于魏。(《韩非子·难言》)

　　"辜射",俞樾《诸子平议·韩非子》:"辜射即辜磔。磔从石声,与射声相近,故得通用。""石"为禅母铎部,"射"为船母铎部,"禅""船"同类,皆为舌上音,故"磔""射"两者音近,俞

---

①　郭庆藩著,王孝鱼点校:《庄子集释》,中华书局,1961年,第901页。

樾观点可从。这也许是《法学辞源》"辜磔,亦作'辜射'"所本。我们用"语料库在线"查检,发现文献"辜射"的用例只有 1 见,也许因为"辜射"的理据比较难以寻求,故《汉语大词典》立为词条,否则只有 1 见的结构被立为词条,不符合词典立目的一般原则。

　　7. 逮至夏桀、殷纣,燔生人,辜谏者,为炮烙,铸金柱,剖贤人之心,析才士之胫,醢鬼侯之女,菹梅伯之骸。(《淮南子·俶真训》)

　　"燔""辜""剖""析"等词相对,故可知"辜"为"分解""分裂"义。更为具体义是分裂肢体。"辜谏者"即是分裂劝谏人的肢体。但从语境看"辜"是施辜刑,亦是刑名词语。

　　8. 纣醢梅伯,文王与诸侯构之;桀辜谏者,汤使人哭之。(《淮南子·说林训》)

　　"桀"为"磔"的源字,或古字,后世用"磔","磔"为今字。《说文·桀部》:"桀,磔也。从舛,在木上。""桀""辜"连用,从语境看,"辜"亦为刑名,其义是"处……辜刑"。此是"辜""磔"连用的用例,严格说是"辜""桀"连用的用例。此种连用与动作先后、事理逻辑最相符合,因为先剖张尸体,然后风干尸体,所以"桀"在前,"辜"在后,同时告诉我们"磔"与"辜"虽然有联系,但是亦有别,两者具体的异同下文有详释。

　　9. 踰邑梯城者将赦之,不者将掘其墓,朽者扬其灰,未朽者辜其尸。(刘向《说苑》)

　　"辜"与"扬"对文,"辜其尸"则是分解死者之尸体。"辜"亦是法律语域义,依语境亦当释"处……辜刑"。所以"辜"是刑名词语。

　　从上可知"辜"的本义为"罪",在文献中的词义既有"干枯"义,又有"分裂""分割"义。上文已经解说了"辜"之"干枯"理据,"辜"的"分割、分开、分裂"义是如何产生的? 这与"磔"义相关。"礫"的形符"桀"表义。《说文·桀部》:"桀,礫也。从舛,在木上。"许慎以"礫"释"桀"为声训探源,是以子释母的一种同源字训释方式,"礫"并不是"桀"的一个独立义位,两者具有共同源义素而已。有学者不明许慎此种注释方式,以为许慎注释不妥。如徐灏《说文注笺》:"礫当作杰(傑)之误也。桀、傑古今字。……桀与傑同从二人在木上,取其高出人上之义。坐与巫皆从二人相对,与此同例。"①季旭昇亦曰:"《说文》释为'礫也',恐不可信。"②刘桓曰:"构形不明何意。字从舛、从木。战国文字亦有从舛、从土的。而乘字周代从奔从木,二字有无关联,目前还不得而知。"③以上学者之所以对《说文》的注释产生疑问,有以下几个问题似乎未能考虑:一是同源字之母字的义素有的是多元的或多义的,即同一个谐声声符示源的语义有的不是单义,从事同源字研究的多有阐发,此不赘引。二是选择什么样的同源字释义,与注释者释义倾向有关,即注者的传意相关。徐灏只是看到"桀"有"高"义,故以"傑释桀"才是正确的。其他两位学者恐怕也持此种观点。其实"桀"不但有"高"义,而且亦有"张开""分开"义,还有"站立"义。如段玉裁于"桀"字下注曰:"《通俗文》曰:'张伸曰礫。'舛在木上,张伸之义也。"④征之于古文字亦合:"桀"字不见于甲金文,"目前最早见战国文字,从舛在木上,或由乘字分化。"⑤"桀"字,战国文字有作"𣎵"形,汉简作"𣎵"。从"木"与从"土"同意。"𣎵"像张开双足站在树枝上,"𣎵"像双脚张开站在土台上。故"桀"有"张开""高""站立"等三个语义。

---

① 丁福保:《说文解字诂林》,中华书局,1988 年,第 5698 页。
② 季旭昇:《说文新证》,福建人民出版社,2010 年,第 494 页。
③ 李学勤:《字源》中册,天津古籍出版社,2012 年,第 489 页。
④ 丁福保:《说文解字诂林》,中华书局,1988 年,第 5698 页。
⑤ 李学勤:《字源》中册,天津古籍出版社,2012 年,第 489 页。

"枀"之"张开义",其实由"舛"显示出来的。"舛"汉简作"舛",其构形为两足分别朝向,或反向。故有分离、分开义。再引申为抽象的动作行为的背离、违背。由于站在树枝上,相比站在平地会超出、突出,以之言人,分化出"傑"字,"杰出"之义由此而产生。"乘"字亦是"枀"之分化字,"枀"非由"乘"分化而出,故季旭昇之论不妥。"枀"还有"站立"义,这是因为"枀"的构形有"站在树枝或土台上"义,故分化表示"站立"义的"乘"字。因为古之乘车、驾车,不像今天皆有座位供人乘坐,而是站立于车厢,手扶着车轼,或站立驾车。"乘风"即是站立风之上,风吹人走。也可由"乘"的词义系统证之。"乘"有"侮辱""欺凌"义,如《国语·周语中》:"佻天不祥,乘人不义,不祥则天弃之,不义则民叛之。"韦昭注:"乘,陵也。""陵"今之"欺凌"义。乃因为一人站在另一人之上,或者一人用足踩在别人之上,这是"侮辱""欺凌"义产生的理据。"乘"亦有"战胜"义,因为一人把另一人踩在脚下,故战而胜之。如《书·西伯戡黎》:"殷始咎周,周人乘黎。祖伊恐,奔告于受。"孔安国传:"乘,胜也。"以上"枀"字三义,分化三字:一是表示"张开"义的"磔";二是表示"超出、高出"义的"傑";三是表示"站立"义的"乘"。于训诂声训探源而言,"磔""傑""乘"皆可训"枀"。同源字之间训释当以母字与子字之间相训释为准确,因为子字是分化母字的语义而孳乳的字,故两者之间必同义。子字与子字之间训释不一定准确。因为如果母字是多义的,那么不同子字所分化的源义不一定相同。若以分化不同源义素的子字相训释,那训释必不准确。故以"傑"释"枀"是正确的;以"磔"释"枀"也不误。故徐灏认为只有"傑释枀"才是正确,这是知其一,不知其二。许慎为何"以磔释枀"呢?许慎乃欲凸显"枀"之"张开"义。同源字之间训释除了揭示语源外,也是身份的认同。许慎之所以"以磔释枀",其意透露"磔"的语源义,或者揭示"磔"刑命名的理据,体现出许慎对法律词语或者法律制度的重视。

上面详细探求了"桀"之义素,并非"桀"的义位。《说文》以"桀"为部首,可见"桀"在《说文》当作构形的字素,其义当为字素义。当然"桀"也是独立的字。"桀"为独立字,其本义是什么呢?这也是个棘手问题。作为独立的字,必须能够独立运用,其本义需与构形某些特征相符,并且要有文献用例支撑。季旭昇比较全面归纳统计古"桀"字的使用情况,且认为"傑"是古义(本义)。"古文字桀除了用为姓氏、人名外,多半作'傑'义用。如《睡虎地秦墓竹简·日书》'生子为邑桀'(二见)、《马王堆汉墓帛书(壹)·老子乙本卷前古佚书》'能收天下豪桀(傑)票(骠)雄'、《银雀山汉墓竹简(壹)》'豪桀(傑)'(二见)等。在'桀'字现有的诸义中,似以此义较古而普遍,由此义借作桀纣名(或其他人名)也较合理。"季旭昇以出土文献用例推论"傑"为"桀的古义"①,亦即本义。季旭昇对"桀"的释义为"傑",但从传世文献看,"桀"之本义并非"傑"。《汉语大字典》收"桀"②,首义项是"鸡栖息的木桩",书证先举朱骏声《说文通训定声·泰部》"桀,此字当训鸡栖弋也,舛象鸡足",然后举《诗经》为证:《诗·王风·君子于役》:"曷其有佸,鸡栖于桀。"此为《汉语大字典》编纂条例,先举字书、辞书、韵书,然后举最早叙述文献用例。《汉语大字典》认为"鸡栖息的木桩"为本义,因为《汉语大字典》、《王力古汉语字典》以及《汉语大词典》中单音字的首义项要么是本义,要么是常用义,能够确定本义的情况下,首义项则为本义,若不能则首义项是常用义。显然"鸡栖息的木桩"非常用义,故只能是本义。由本义再引申出"木桩或木桩似的"。《汉语大词典》对单

---

① 季旭昇:《说文新证》,福建人民出版社,2010 年,第 495 页。

② 汉语大字典编纂委员会:《汉语大字典》,湖北辞书出版社、四川辞书出版社,1990 年,第 1203 页。

音字"桀"的释义之首义项是"小木桩"①,首书证与《汉语大字典》所引的《诗·王风·君子于役》"曷其有佸,鸡栖于桀"同。《王力古汉语字典》收"桀"②,其首义项为"小木椿",首书证亦为《诗·王风·君子于役》"曷其有佸,鸡栖于桀"。故从上文看来,《汉语大字典》的释义最为准确,从"鸡栖息的木桩"引申为"木桩",既与字形有联系,又符合从个别到一般的引申规律,更为重要的是有早期文献为证。谷衍奎的《汉字源流字典》认为"桀"的本义为"两脚分张站在木上"③,但是谷衍奎未举文献用例,故是构形义或造意,非本义。词义引申规律,从宏观上看词义的发展一般是从具体到抽象,从个别到一般,"傑"可作名词,指才智高、能力强、品德好的人,此义比"鸡栖息的木桩"抽象得多,故"傑"是"桀"的引申义。即从反面推论"傑"并非"桀"的本义。

上面已经阐释"桀"的本义,以及"辜"之系列义。从文献用例看"辜"有"磔"义,但从语源上看,"辜"与"磔"有别,"辜"是从风干牲体以祭而演变为一种酷刑。一般言之,风干牲体主要有下面两种方法,一是杀牲以后整体风干,不需开膛破肚。此种方法风干牲体很慢,经历时间久;另外一种方法即是杀牲后,破肚张裂牲体,此种方法风干牲体快,如以之施刑,则主要体现刑罚的残酷性,未必"让罪犯尸体快速风干"。以上两种具体而详细的风干牲体方法,从"辜"的字形显示不出具体的操作与差异,仅仅只能显示风干牲体义。"磔"之义则可体现分割、刳张牲体义,这是通过"桀"字素体现出来,由于"磔"字本身不能显示风干义,故《说文》以"辜"释"磔",此至少透露 2 个信息:第一,"磔"是一种刑,因为"辜"是一种罪名,也对应相应的刑;第二,"磔"与"辜"同义。

① 汉语大词典编辑委员会:《汉语大词典》第四卷,汉语大词典出版社,1994年,第60页。
② 王力:《王力古汉语字典》,中华书局,2000年,第483页。
③ 谷衍奎:《汉字源流字典》,华夏出版社,2003年,第579页。

同义词有同,亦必有别。"磔"与"辜"具体区别在哪些方面?先看三部法律词典对"磔"的释义:《法学辞源》收"磔",首义项为:"磔,中国古代分裂人体的一种酷刑。亦称'辜''膊''枯磔'。据史料记载,磔刑始于周代,直到明清仍作法外刑而保留。《荀子·宥坐》:'吴子胥不磔姑苏东门外乎!'杨倞注:'磔,谓车裂也。'《史记·李斯列传》:'磔,谓裂其肢体而杀之。'"①笔者按:所引"《史记·李斯列传》:'磔,谓裂其肢体而杀之。'"为唐司马贞注文,并非原文,当改正。《法学词典》所引正确。《法学词典》收"磔",只归纳一个义项,即"磔:中国古代分裂肢体后悬首张尸示众的一种酷刑。《周礼·秋官·掌戮》:'掌斩杀贼谍而搏之。'郑玄注:'搏,当为膊……膊谓去衣磔之。'又:'杀王之亲者,辜之。'郑玄注:'言枯也,谓磔之。'膊和辜都是磔。不过膊是去其衣,分裂其肢体;辜是焚裂肢体。秦时又称矺死。《史记·李斯列传》:'十公主矺死于杜。'司马贞索隐:'矺音宅,与磔同,古今字异耳。磔谓裂肢体而杀之。'"②《中国古代法学辞典》亦收"磔",举两个义项,即"磔:也作'膊''辜''矺''枯磔''辜磔',用分裂肢体的办法杀死罪犯的刑罚。《史记·李斯列传》司马贞索隐:'磔谓裂肢体而杀之。'一说为'陈尸'。《汉书·景帝纪》颜师古曰:'磔,谓张其尸也。'"③由上可知,三部法律词典对"磔"的释义有共同点,皆有"分裂"义,这从"桀"的字形可求得。不过《法学辞源》引杨倞的注"车裂",似乎分裂人的工具是"车",而不是用刀,同时隐含罪犯未被杀死之前就用车裂之致死。沈家本不赞同司马贞与杨倞之观点:"'裂肢体而杀之'大似后世之凌迟,然恐非古义。杨倞以'磔为车裂',不知有所本否?车裂自有辕

---

① 李伟民:《法学辞源》,黑龙江人民出版社,2002 年,第 3456 页。

② 《法学词典》编辑委员会:《法学词典》(增订本),上海辞书出版社,1984 年,第 962 页。

③ 高潮、马建石:《中国古代法学辞典》,南开大学出版社,1989 年,第 444 页。

名,似不得以磔当之,两《汉书》之磔亦只为榜示之意。观《阳球传》言'曹节见磔,甫尸道次',《王吉传》言'随其罪目,宣示县属。夏月腐烂,则以绳连其骨,周遍一郡',可以见肢体未尝分裂也。后来以磔为凌迟,似即本《索隐》诸说矣。"①沈家本的观点可从,因为文献存"磔"此种用法的用例。

"磔"在先秦传世文献共 8 见("语料库在线"查检),分别是:

1. 荆南之地、丽水之中生金,人多窃采金,采金之禁,得而辄辜磔于市甚众,壅离其水也,而人窃金不止。夫罪莫重辜磔于市……故不必得也,则虽辜磔,窃金不止;知必死,则天下不为也。(《韩非子·内储说上》)

2. 命国难,九门磔攘,以毕春气。(《礼记·月令》)

3. 命有司大傩,旁磔,出土牛,以送寒气。(《吕氏春秋·季冬纪》)

4. 詈侮捽搏,捶笞膑脚,斩断枯磔,藉靡舌缚,是辱之由外至者也,夫是之谓势辱。是荣辱之两端也。(《荀子·正论》)

5. 女以谏者为必用邪? 吴子胥不磔姑苏东门外乎!(《荀子·宥坐》)

6. 此六子者,无异于磔犬流豕、操瓢而乞者,皆离名轻死,不念本养寿命者也。(《庄子·盗跖》)

以上例2、例3、例6之"磔"为祭祀词语,其义为"刌张",并无分割动物肢体义。例1、例4、例5之"磔"虽是刑名词语,但这3例中的"磔"亦无"分割罪犯肢体"义,亦是"刌张罪犯尸体"义。《广雅·释诂一》:"磔,张也。"《广雅·释诂二》:"磔,开也。"沈家本亦曰:"磔有张、开二义。"故"磔"细分为二义亦通,《广雅》与沈氏皆未言及"磔"有割裂肢体义,亦是刌张牲体义。"磔"在《睡

---

① 沈家本撰,邓经元、骈宇骞点校:《历代刑法考》,中华书局,1985 年,第 114 页。

虎地秦墓竹简》中亦有用例,如:

7. 甲谋遣乙盗杀人,受分十钱,问乙高未盈六尺,甲可(何)论?当磔。(《睡虎地秦墓竹简·法律答问》)

例7之"磔"是刑名词语,可作"处磔刑"解,但如何具体施刑不得而知。先秦传世文献,或先秦出土文献"磔"也并未显示有"分割肢体"义。

"磔"在两汉凡29见,其中传世文献凡21见,出土文献凡8见。具体如下:

1. 祭星曰布,祭风曰磔。(《尔雅·释风》)

2. 磔狗邑四门,以御蛊灾。(《史记·书·封禅》)

3. 初作伏,祠社,磔狗邑四门。(《史记·表》)

4. 并取鼠与肉,具狱磔堂下。(《史记·张汤列传》)

5. 令国傩,九门磔攘,以毕春气。(《淮南子·时则》)

6. 改磔曰弃市,勿复磔。(《汉书·景帝纪》)

7. 磔狗邑四门,以御蛊灾。(《汉书·郊祀志》)

8. 并取鼠与肉,具狱磔堂下。(《汉书·张汤列传》)

9. 章坐要斩,磔尸东市门。(《汉书·云敞列传》)

10. 尊于是出坐廷上,取不孝子县磔著树,使骑吏五人张弓射杀之,吏民惊骇。(《汉书·王尊列传》)

11. 已捕斩断信二子谷乡侯章、德广侯鲔、义母练、兄宣、亲属二十四人皆磔暴于长安都市四通之衢。……至固始界中捕得义,尸磔陈都市。(《汉书·翟方进列传》)

12. 分梨单于,磔裂属国,夷坑谷,拔卤莽,刊山石。(《汉书·扬雄列传》)

13. 令国傩,九门磔攘,以毕春气。(《汉书·扬雄列传》)

14. 吾苏黄勉之好蓄异书,又为之训释,搜讨磔裂。出入五经、三史。(《申鉴序》)

15. 并取鼠与肉,具狱磔堂下。(《汉书·张汤列传》)

16. 阳球,字方正,为司隶校尉,诣阙上书谢恩,表言常侍王甫罪过,奔车收送诏狱,自临考之,父子皆死于杖下。乃磔(王)甫尸,署曰"贼臣王甫"。(《东观汉记·阳球传》)

17. 杀狗磔邑四门。(《风俗通义·祭典》)

18. 东门磔白鸡头。(《四民月令》)

19. 《月令》:"九门磔禳,以毕春气。"盖天子之城,十有二门,东方三门,生气之门也,不欲使死物见于生门,故独于九门杀犬磔禳。(《风俗通义·祭典》)

20. 《太史公记》:"秦德公始杀狗磔邑四门,以御蛊菑。"今人杀白犬以血题门户,正月白犬血辟除不祥,取法于此也。(《风俗通义·祭典》)

21. 始皇方虎捌而枭磔,噬士犹腊肉也。越与亢眉,终无挠辞,可谓伎矣。(《法言义疏》十四《重黎卷·第十》)

下面为出土文献"磔"之用例。

22. 罐来诱及为间者,磔。亡之罐。[《张家山汉墓竹简·二年律令》3(C 残)]

23. 钱财,盗杀伤人,盗发冢,略卖人若已略未卖,桥(矫)相以为吏、自以为吏以盗,皆磔。[《张家山汉墓竹简·二年律令》66(C310)]

24. 劫人、谋劫人求钱财,虽未得若未劫,皆磔之。罪其妻子,以为城旦舂。[《张家山汉墓竹简·二年律令》68(C286)]

25. 有罪当黥,故黥者劓之,故劓者斩左止,斩左止者斩右止,斩右止者府之。女子当磔若要(腰)斩者,弃市。[《张家山汉墓竹简·二年律令》88(C24)]

26. 史铫初讯问讲,讲与毛盗牛,讲谓不也,铫即磔治(笞)讲北(背)可□余,北(背)□数日,复谓讲盗牛状何如,讲谓实不盗牛,铫有(又)磔讲地,以水责(渍)讲北(背)。……诊讲北(背)治(笞)绉大如指者十三所,小绉瘢相质五也,道肩下到要

（腰），稠不可数。（《张家山汉墓竹简·奏谳书》）

27. 毛改言请（情），曰盗和牛。腾曰谁与盗？毛谓独也。腾曰毛不能独盗，即磔治（笞）毛北（背）殿（臀）股，不审伐数，血下污池（地）也。毛不能支治疾痛，即诬指讲。（《张家山汉墓竹简·奏谳书》）

28. （彗）星下如（衃）血，取若门左，斩若门右，为若不已，磔薄（膊）若市。（《马王堆汉墓帛书·五十二病方·婴儿瘛（瘈）》）

29. 一曰虎游，二曰蝉柎（附），三曰斥（尺）蠖，四曰困桷（角），五曰蝗磔。（《马王堆汉墓帛书·合阴阳》）

以上例2、例3、例5、例6、例7、例13、例17、例18、例19、例20等之"磔"为祭祀词语，以狗或鸡祭，其中例17"东门磔白鸡头"为斫下"鸡头"以祭，虽然有从整体分割之义，但并非"分割肢体"。其实砍下牲体之头为祭祀，在汉代也许是常见的祭祀，如例1：《尔雅·释风》："祭星曰布，祭风曰磔。"汉代李巡注："祭风以头蹄及皮破之以祭，故曰磔。"李巡也未言分割牲体而祭祀，只是说"砍下牲体的头"与"皮破"，破开牲体的皮。余例为以"狗"祭，也未明言是否分割狗的肢体以祭。"磔狗"本以驱热毒，从应劭《风俗通义》的注释例19、例20的内容可看出，"磔狗"是官方的行为，为驱毒而利民，城门是出入城的通道，也是热毒进入的途径，所以磔犬于城门既是为了更有效驱赶热毒，也是一种导向、昭告，敦促人们效仿，在自家或村庄磔犬防热毒，故为了方便人们看见所磔为何种牲体，当初恐怕不会分割狗的肢体，反而是杀狗而取其内脏，然后刳张犬体。如此，人们才看得更清楚，在短期内，也不会有死犬难闻气味。当然个人或少数集团，磔狗以祭时间也许不会太长，故祭祀完毕以后，有可能马上分割狗肉而食，这就演变为今天南方许多少数民族地区依然在初伏磔狗、食狗的习俗。作为刑罚的"磔"，如上例最初取像磔狗为祭祀，故"磔刑"没有"分割肢体"义，行刑的方式为"刳张罪犯尸体"，如《汉书·云敞列传》之"磔尸东市门"、又《汉书·翟方进列传》之"尸磔陈都市"、再如《东观汉记·阳球传》之"乃磔(王)甫尸",皆为磔尸,并非磔活人,上皆为证。所以沈家本认为"磔"当是剐张罪犯的尸体,并非唐司马贞所说罪犯未被处死之前分割其肢体而杀死罪犯,因此早期的"磔刑"未有"分割罪犯肢体"义,到唐代,"磔刑"亦不是常刑,因为汉代已"改磔曰弃市,勿复磔",弃市取代"磔"后,只是针对大逆、谋反等重大罪,才施磔刑,此时行刑的方式也许有改变,故有司马贞之"分割肢体"之义,等同车裂。

上例4、例6、例8、例10、例11、例15、例16、例21、例22、例23、例24、例25、例28 等"磔",皆为刑罚,但是与"磔"的组合不完全相同,如例10"县磔著树,使骑吏五人张弓射杀之"之"磔与县(悬)"连用,以及例21"始皇方虎捌而枭磔"之"磔与枭"连用,此或许是《法学词典》释"磔"为"悬首张尸示众的一种酷刑"之来源。因为"县(悬)"与"枭"皆有悬挂义,当然从语言词语运用角度看,同义、类义的词连用是一种优化的组合,两者的相容性大,组合后两者词义会相互影响或渗透,或凝固产生新义。因为"磔"亦有"高"义,"高"与"悬挂"具有明显的逻辑关系,凡物悬挂则高。"枭",《说文·木部》:"枭,不孝鸟也。日至,捕枭磔之。从鸟,头在木上。"许慎之"捕枭磔之",不但把"枭"与"磔"沟通起来,且体现儒礼入法的思想。"枭"之本义为猫头鹰[1],"猫头鹰"为何是不孝鸟呢?《正字通》曰:"枭鸟生炎州,母妪子百日,羽翼长,从母索食,食母而飞。关系名流离。又土枭,鹰身猫面,穴土而居。又《汉仪》五月五日作枭羹赐百官,亦恶鸟,故食之。亦作鸮。"《正字通》所阐释虽然未必可信,但是"枭"在古人心目中为不孝鸟——食母鸟,依据儒礼入法与"枭"之字形,再类比

---

① 汉语大字典编纂委员会:《汉语大字典》,湖北辞书出版社、四川辞书出版社,1990年,第1217页。

"磔犬"之形式,"枭"之"悬挂"义由此而生,"枭"也演变古代一种残酷死刑。"枭,枭首。古代刑杀后把人头悬挂在木杆上。即悬头示众。"或名"枭首","枭首,古刑名。斩下人头,悬挂在木杆上示众。"①如《墨子·号令》:"犯令者父母妻子皆断,身枭城上。"又如《史记·高祖本纪》:"至栎阳,存问父老,置酒,枭故塞王欣头栎阳市。"司马贞索隐:"枭,县首于木也。"另外"磔薄(膊)"即是"磔"与"膊"连用,"膊"也是一种刑名。"膊"的声符"尃"示源义,"尃"有张布、铺陈义,《说文·寸部》:"尃,布也。""布"即张布、铺陈。殷寄明《汉语同源字词丛考》②例举了"铺""尃""圃"等一组词,其源义为"铺陈"义。"磔"其实亦有铺陈义,因为"磔"之"刳张"即"铺陈",故"磔""膊"同义而连用,这或许是《法学辞源》之"磔,中国古代分裂人体的一种酷刑。亦称'膊'"所本。

以上存在与"磔刑"距离较远的用例,如例26"铫即磔治(笞)讲北(背)……铫有(又)磔讲地"及例27"即磔治(笞)毛北(背)殿(臀)股"之"磔"皆不作"死刑"解,否则无法解说"讲"还未被处死。以上"磔讲地"之"磔"应作四肢张开匍匐在地解;"磔治(笞)"之"磔"是陪衬的类义,只有"治(笞)"有义。最先指出此种词义是李学勤,后来朱湘蓉、彭文芳等进一步详加阐发且有所引申③,此不赘言。

以上"磔"还有通用语义"分裂、分开",如例12"分梨单于,磔裂属国"之"分""梨"同义,"梨"当为"劙",颜师古注:"梨,与劙同,谓剥析也。""磔""裂"同义。又如例14"搜讨磔裂"之"磔""裂"亦同义。

---

①　李伟民:《法学辞源》,黑龙江人民出版社,2002年,第2117页。

②　殷寄明:《汉语同源字词丛考》,中国出版集团,东方出版中心,2007年,第241页。

③　朱湘蓉:《从简牍材料看秦汉时期"磔"的含义》,《现代语文》,2008年第11期;彭文芳《古代刑名诠考》,2009年,浙江大学博士学位论文,第43—44页。

总之,从以上"辜""磔"用例可知,"辜"的本义为法律语义,"罪名"是本义,引申为"辜刑"。"辜刑"凸显的是杀人之后使罪犯尸体干枯;"磔"本是祭祀词语,杀死牲体,使牲体剔张,但是由于祭祀有一定持久的时间,故牲尸亦会干枯,只是隐性义罢了,不像"辜"的干枯为显性义。"磔"类推演变为刑罚词语,与"辜"同义,所以"辜""磔"后来演变为相同刑名,但是"刑罚"并非"辜"的常用义,常用义为"罪",因此后来学者忽视了"辜"之刑罚"磔"义,只认可"磔"为刑名,沈家本就是如此。"磔"本没有"分割肢体"义,而是"剔张尸体"义。另外有的学者认为"磔"与"矺"为古今字,故后世学人以为"磔"有"分割肢体"义。如《史记·李斯列传》:"杀大臣蒙毅等,公子十二人僇死咸阳市,十公主矺死于杜。"司马贞索隐:"矺音宅,与'磔'同,古今字异耳。磔谓裂其支体而杀之。"司马贞是随文作注,只泛言之,并未析其异。"磔"与"矺"的确是同义词,但必存其异。"矺"与"磔"并非司马贞所说古今字关系,因为古今字是语音相同或相近,意义有共同来源的字。这两个条件必须同时满足,缺一不可。"矺"的上古音为端母铎韵,"磔"的上古音为端母铎部,故两者音同,但是其语源义不同(即无共同来源),因此"矺"与"磔"并非古今字关系。下面分析"矺"的语源义。

"矺",《说文》未收,《说文》收"乇",但与"分割"义无关。《说文·乇部》:"乇,草叶也。从垂穗,上贯一,下有艮。象形。"甲骨文有"ƭ""ϛ"等形,于省吾释"乇":"甲骨文ƭ字也作ϛ,旧释为力。ꝗ旧释为召,以为'召即咎之省';ꝗ字旧释为袑,以为'袑当是咎之异体'。按:旧释均误。甲骨文力作ƚ,劦咎男妙等字从之,绝无从ƭ者。……甲骨文的乇字孳乳为舌、栝,均应读为矺。"[1]刘兴隆亦

---

①　于省吾:《甲骨文字释林》,中华书局,1979 年,第 167—168 页。

释作"毛"，"大（屯 900）、大（屯 4295）、壴（邺三下 42.5）、祜（宁 1.195），大象一种刀具，即亦（宅）字所从之声符毛。由于毛多用于祭祀字，故或从口从示。后来毛字繁作声符字，即今日磔猪、磔羊之磔（砳）也"①。于省吾释甲骨文诸形为"毛"，的确不误，因为验之卜辞，例义相合，"毛"字为刀，后接牲名，如羊、犬、牛等，组合为分解、分割羊、犬、牛等以祭祀。徐中舒赞同于省吾的观点，但指出于省吾未详解"毛"字构形理据："然于氏于字形无说。……今按：采字古文作大，所从之大与毛字篆文形略同，亦当是毛字。《说文·采部》：'采，辨别也。象兽指爪分别也。'然采实非象形字，自采之古文观之，乃从毛从八之会意字，八，别也，象物之分别形，而毛乃所以分别之器。盖古刀字作大，为表示其刃部功能，或省作大，复加指事符号一遂作大。……又作壴、祜等形者，皆大形之孳乳字，用例与大全同，今皆并为一字。"②徐中舒解说了由"大"演变为"毛"的构形理据，即由具有分别义的"八"与"大"双重会意构成，但是对"壴""祜"等字形的理据未加说明。刘兴隆则以为加"口"与"示"是因为"毛"用于祭祀。"祜"由"示"与"壴"构成，成为专用的祭祀词语，此可信。但是"壴"字并非从"口"：甲骨文有"皿"形③，隶定作"砳"④。"石"，甲骨文有"冂""冂"等形，亦有省作"冃""冃"等形，当然为了简省变化或求字形美观，有可能"冂"或"冂"省去"冃"或"冃"，而保留下面的"凵"（石块），讹变为"口"，故"壴"并非由"大"与"口"构成，而是"大"与

---

　①　刘兴隆：《新编甲骨文字典》，国际文化出版公司，1993 年，第 115 页，，

　②　徐中舒：《甲骨文字典》卷六，四川辞书出版社，1990 年，第 716—717 页。

　③　叶玉森：《铁云藏龟拾遗附考释》，《中国古文字大系·甲骨文献集成》（第一册），宋镇豪、段志洪主编，四川大学出版社，2001 年，第 249 页。

　④　高明、涂白奎：《古文字类编》（增订本），上海古籍出版社，2008 年，第 833 页。

"石"构成的形声字,"石"是声符,并非刘兴隆所"后来乇字繁作声符字",即刘兴隆认为"乇"是声符。汉字的声化是文字学研究的热门,亦是难点。难点之一在于上古音难觅,今天的上古音研究是拟测,即是假设,虽然能解释大多数汉语语音现象与语音演变规律,至今仍存许多现象难以解释。如"乇"为何加"石"声符孳乳为"矺"?而不是加别的声符而声化。今天古汉字声化的研究主要描写汉字声化字与被声化字,在字形方面变化所体现的声化现象,采用历时对比研究方法,揭示其异同,寻求被声化字的声符形成的原因,囿于文字系统字形要素寻求声化,较少考量语言要素对声化的影响。由于文字记载语言,与语言息息相关,故语言的要素对汉字的声化有重要的作用,这是古汉字声化研究的薄弱点。汉字声化不仅是汉字演变的现象,也是推动汉字孳乳的动力,甚至是推动汉语词语衍生、词汇丰富的一种动力。"所谓的'声化',从心理过程来说,实际上就是由类推而产生变化的结果。"①声化的动力就是类化。类化是人们对客观事物认知的归类与类聚,也是认知的先行。对客观事物的归类与类聚方便我们了解事物之间关系,其实我们是依据客观事物的相互关系进行分类与类聚。汉字有形音义三个相互联系的部分,文字可从形音义三个要素进行归类与类聚,因此从另外一个角度来说,汉字尽可能依据不同要素进行分类或类聚,以便获得身份的认同,便于人们联想其意义。如果从声音角度类聚,借助类化的力量,彰显其意义,这样汉字意义系统价值也可体现。如"桀"之所以增加声符"石",是因为包含"分解"义的"矺"有声符为"石",向"矺"类化。这样"磔""矺"为同义词类聚。这种现象是语言词义影响声化趋势,可形成一种声化类型。当然此种声化类型,一定是两者存在共同意义。其实同源字之间也是语音类化,但是它们之间还必须有共同语源

---

① 赵平安:《汉字声化论稿》,《河北大学学报》,1990年第2期,第7页。

义,而不仅是词义相同就可以了,因为词义相同,不一定语源相同。

由上可知,"矵"与"磔"不同源,"矵"的分割义来源于"乇","磔"的分开、张开义来源于"桀",宽泛看两者是类义词,同属祭祀词语,细分两者是同音同义词,皆有分解义。"矵"与"磔"的不同除了来源不同外,还在于"分割、分裂"的方式不同,"矵"字指分割时先整体切割,如矵肢体、矵头部、然后整块地切割牲体,今天有以此种切割的牲体肉用于祭祀;"磔"的分割牲体方式是从牲体腹部切开,然后剖张牲体,取去其内脏、肠胃等,此种分割得以保存整个牲体,今天也存在此种祭祀方式。

从上可知,"辜"的刑名语义为"杀人致死且暴尸干枯的刑罚"。"磔"作为刑名词语,注释应为"杀人致死且剖张死体的刑罚"。其余"分割肢体""弃市"等应当删除,否则与"辜""磔"法律刑名之初义不甚密合。

轘 《说文·车部》:"轘,车裂人也。从车,睘声。《春秋传》曰:'轘诸栗门。'"

"轘"是法源词,作为刑名指古代一种用车肢解人体的酷刑,俗称为五马分尸。《法学辞源》、《中国古代法学辞典》、《法学词典》皆收"轘",三部法律词典的释义几同,《法学辞源》另收"轘刑"一词:"轘刑,亦称车裂,俗称五马分尸。中国古代用马车分裂人体的一种酷刑。……据史料记载,轘刑始于周代,春秋战国直至南北朝时期常用此刑。如战国商鞅被车裂;秦始皇车裂嫪毒;东汉车裂张角党马元义;三国孙皓车裂张俊等。北魏、北齐、北周均有轘刑。隋朝高祖制法,更定五刑,死刑改为绞、斩两等,此刑遂废。隋炀帝时偶有起用。之后除辽国有'五车轘杀'的刑罚外,其他各代基本废之。"[1]《法学辞源》比较详细阐述"轘刑"的起源变迁,从中也可知道"轘刑"是古代一种残酷的死刑,

---

[1] 李伟民:《法学辞源》,黑龙江人民出版社,2002年,第3521页。

肇始周代,后代相承时间长,又名"车轘、车裂、支解"等,异名较多,如《周礼·秋官·条狼氏》:"誓仆右曰杀,誓驭曰车轘。"郑玄注:"车轘,谓车裂也。""毕沅曰:'车裂、支解,春秋时谓之轘,战国时楚曰支解,秦曰车裂,名虽不同,其刑一也。'"①《说文》所引"《春秋传》曰:'轘诸栗门。'"见之于《左传·宣公十一年》:"遂入陈,杀夏徵舒,轘诸栗门。"又《左传·襄公二十二年》:"王遂杀子南于朝,轘观起于四竟……昔观起有宠于子南,子南得罪,观起车裂,何故不惧?"古代文献没有具体说明如何执行轘刑,仅仅言用车裂人。故后人对轘刑命名的理据有不同看法。汉代刘熙从轘刑的结果探求其得名的原因,即《释名·释丧制》:"车裂曰轘。轘,散也,支体分散。"刘熙从声训的角度寻求轘的语源,即使罪犯肢体分散。此种推求表面上看有合理之处,但是声训失之宽泛,未得其核心,轘刑的理据当从声符"瞏"求得。声符"瞏"为"环绕"义。古代文献虽然未详细明说轘刑的施行方法,但是古代学者的注文透露了部分信息:如:"轘观起于四竟。"晋代杜预注曰:"轘,车裂以徇。"即车裂观起之后,载其尸体在楚国边境四周巡游示众。清人沈家本论"轘"时亦曰:"嫪毐先枭首而后车裂,苏秦亦死后车裂,可以见此刑之制,实为既杀之后分裂其尸,以徇于众。"②又《说文·彳部》:"徇,行示也。《司马法》:'斩以徇。'""徇"与"徇"同。段玉裁注曰:"古匀、旬同用,故亦作徇。"朱骏声《说文通训定声》:"《六书故》引《说文》作'徇'。"《司马法》是古代兵书,作者为战国司马穰苴,《汉书·艺文志》:"《司马法》百五十篇。"今本残缺,《隋书·经籍志》著录《司马兵法》三卷,分为仁本、天子之义、定爵、严位、用众共五篇,注明"齐将司

① 缪文远:《七国考订补》,上海古籍出版社,1987 年,第 686 页。
② 沈家本撰,邓经元、骈宇骞点校:《历代刑法考》,中华书局,1985 年,第 105 页。

马穰苴撰"。《隋书》所录即今存于世的《司马法》。其后的《旧唐书·经籍志》和《唐书·艺文志》沿袭《隋书》,录有《司马法》三卷,署"田穰苴撰";《宋史·艺文志》则著录《司马兵法》六卷,亦题"齐司马穰苴撰"。不过有的学者认为《司马法》是伪书,有的学者认为确有其书。《司马法》实为司马穰苴所作,如蓝永蔚在其《春秋时期的步兵·〈司马法〉书考》一文中说:"穰苴是唯一能够申明古者《司马法》的人。"金建德在《古籍丛考》中说:"姚(际恒)、龚(自珍)二家虽都怀疑今本《司马法》为伪,可是他们并没有提出充分的证据。"刘建国在《〈司马法〉伪书辨正》一文中说:"经过考证,我们认为现存的今本《司马法》并非伪书,而是一部齐国大军事家司马穰苴撰述的兵法或兵法残篇。"①《说文》所引"《司马法》:'斩以徇。'"不见今之《司马法》。从上可知,车裂罪人之后,还需载其肢体巡回示众,以儆效尤。此中涉及"徇"义,即"环绕"义。《后汉书·班彪传附班固》:"徇以离殿别寝,承以崇台闲馆。焕若列星,紫宫是环。"李贤注:"徇,犹绕也。"另外我们从其俗名"五马分尸"可知"轘刑"施行的方法:轘刑又俗称五马分尸,"即将五匹马分别系在犯人的头颈和四肢,驱马使犯人肢解致死。"②五匹马分系着罪人,即五匹马环绕罪人四周,"环绕"义显而易见。综合上述,"轘"的命名与"环绕"义相联系,而声符"睘"正有"环绕"义,如"還""缳"等字,此不详释,可参殷继明的阐释③。另外沈家本认为轘刑"实为既杀之后分裂其尸,以徇于众",此为确诂,与轘刑初制合,即杀死罪犯,再车裂尸体,此可从上引上古文献而知;而《说文》"车裂人"以及后来的注释并

---

① 转引"古诗文网":http://so.gushiwen.org/author_2139.aspx。

② 蒲坚主编:《北京大学法学百科全书·中国法制史》,北京大学出版社,2000年,第864页。

③ 殷寄明:《汉语同源字词丛考》,中国出版集团、东方出版中心,2007年,第533—537页。

不与辕刑的初制相合,因为车裂之人可能是活人;"驱马使犯人肢解致死"即是车裂活人,否则不当用"致死"二字。当然辕刑的施刑方式是变化的,在上古以后确实存在车裂活人的施刑方式。故辕刑的准确、全面的释义应为上古之时杀死罪犯,车裂尸体,然后巡行示众,后来车裂活人,未必载着罪犯尸体示众。

斩 《说文 · 车部》:"斩,截也。从车,从斤。斩,法车裂也。"

于"斩"之本义存争议,主要观点有四:其一是伐木为车。林义光《文源》:"按:车裂不谓斩。斩,伐木也。《考工记 · 轮人》:'斩三材。'从车,谓斩木为车。"[1]谷衍奎亦认为"斩,本义指伐木做车。引申泛指砍伐,砍断。"[2]此种观点拘泥字形太过,"伐木为车"只能算是"斩"的造字意(构形义),并非抽象的字义,况且是依据讹变的字形为据,下文有详说,故难以信从。其二是"砍断、截断"义。此可从许慎的被释词"截"获得。《王力古汉语字典》以"砍、杀"释"斩"[3]为首义项。张舜徽曰:"本书(《说文》)斤部'斲,斩也。''斫,击也。'并与'斩'双声义同。以'斲''斫'诸字推之,疑'斩'当从车,轩省声。不必以会意说也。《释名 · 释丧制》云:'斫头曰斩,斩要曰要斩。'皆谓截断也。"[4]张舜徽不仅认为"截断"为"斩"的本义,且认为"斩"是个形声字,但是未有古音阐释。"轩"的古音为晓母元韵,"斩"的上古音为庄母谈韵,两者声母一为喉音,一为正齿音;韵部一为元韵,一为谈韵;声韵距离皆远,故以"斩"为形声字不妥。以"斩"为形声字的还有马叙伦。

"伦按：古书无言斩法车裂者。《释名》：'斫头曰斩。'此训截也。明非车裂，况用车裂，何必从斤。庄有可以为曲说，是也。斩盖从斤，车声。'车''单（單）'一字，故声入元类，艸部：'蕲，从艸，斳声。'斳即斩也。许误入车部，而校者欲明之义，乃注斩法车裂也。'斩''斫'音同照纽，声同鱼类。斩即今斫头之斫本字。"①马叙伦认为"斩"为形声字，声符"车"来源于"單"，即"單"是"斩"字的读音。此不具有同类例，为孤证，故不能比附。其三是一种栽种方法。用截断种树枝条进行压条栽种为斩②。何金松曰："甲骨文斩字不从车，也不从斤，而是从戊、东会意，金文变为从斤从东。到篆文，东字讹为车，故《说文》解为'从车，从斤'。由东（東）讹为车者，还有……陈与阵。"③何金松阐释的字形演变规律可信，但是所释的义为构形义，字（词）义依然是"截断"。其四是斩刑。"斩法车裂"指斩刑效法车裂刑。《汉语大词典》对"斩"的首条释义是"古代刑罚之一，本谓车裂，后谓斩首或腰斩"。《汉语大字典》对"斩"的首条释义为"古代死刑的一种，引申为砍杀"。"斩"为古代一种刑罚，见之于文献，如《周礼·秋官·掌戮》："掌戮掌斩杀贼谍而搏之。"郑玄注："斩以鈇钺，若今腰斩也，杀以刀刃，若今弃市也。"段玉裁对斩刑的探源很细致："戮，断也。本谓斩人，引申为凡绝之称。'斩法车裂也。'此说从车之意，盖古用车裂，后人乃法车裂之意而用鈇钺，故字亦从车。斤者，鈇钺之类也。"段玉裁认为"斩"字从"车"是效法古代车裂之刑——截断身体，从"斤"是鈇钺之类工具，两者会意为用鈇钺刑具斩断罪犯而致死，并非以"斤"砍伐树木造车。我们认为"斩"的本义为截断，后之学者据讹变字形为据，无论对"斩"的六

---

① 古文字诂林编纂委员会：《古文字诂林》（第十册），上海教育出版社，1999年，第751页。

② 何金松：《汉字文化解读》，湖北人民出版社，2004年，第819页。

③ 何金松：《汉字文化解读》，湖北人民出版社，2004年，第818页。

书类别的归纳，还是所推求本义为"伐木为车"，皆有不妥。许慎所释"截"为本义，"斩法车裂"乃引申义，虽然据讹变字形立论，不过再次折射出许慎对法律文化的重视。

　　斩刑所截断的身体部位在哪？或者与车裂、腰斩的区别何在？《法学辞源》曰："斩，古代一种死刑名称。始于周朝，之后大部分朝代有此刑。《释名·释丧制》：'斫头曰斩，斫（斩）要曰要斩。'《正字通》：'斩，断首也。'"①即斩刑所斩的部位在头颈相连之处，此不仅明确指出与"腰斩"的区别，而且隐含与腰斩、车裂刑（断四肢和头）之异。但是《法学词典》持不同看法，"秦汉初期至清末均有斩刑。其方法南北朝以前和以后有所不同。自周至秦汉，都为腰斩。《史记·孔子世家》夹谷之会所称手足异处，即是腰斩。《史记·商君列传》：'不告者腰斩。'汉初死刑有腰斩、弃市、枭首、磔，汉景帝时并磔于弃市。魏晋亦有斩刑。至南北朝已无腰斩。北魏仍沿用。北齐、北周均有斩刑。隋为斩、绞两种。唐与隋同。五代及宋、辽、金、元、明、清法定死刑均有斩。清代有斩决枭示、斩立决、斩监候之分。魏晋以后，凡弃市为绞刑，其斩均为斩头。"②《历代酷刑实录》："先秦死刑有车裂、斩、杀等名目，但那时的斩不是斩首，而是腰斩。……秦以前也有把人割头处死的做法，那叫'杀'。秦以后，逐渐把'斩'引申为广义的杀，杀头的刑罚便叫斩首。"③《法学辞源》、《法学词典》、《历代酷刑实录》对"斩刑"看法不同，主要是：《法学辞源》引汉代《释名》"斫头曰斩"为书证，即汉代或以前"斩"是斩头；《法学词典》明确指出："斩""自周至秦汉，都为腰斩"，魏晋以后，斩为斩头。《历代酷刑实录》则指出先秦之"斩"是腰斩，斩头为杀。以上孰是孰非呢？

　　①　李伟民：《法学辞源》，黑龙江人民出版社，2002年，第1913页。
　　②　《法学词典》编辑委员会：《法学词典》（增订本），上海辞书出版社，1984年，第493页。
　　③　包振远、马季凡：《历代酷刑实录》，中国社会科学出版社，1998年，第78页。

下面所举用例,颇能证之。

1. 有人无首,操戈盾立,名曰夏耕之尸。故成汤伐夏桀于章山,克之,斩耕厥前。(《山海经·大荒西经》)

"耕"无首,因成汤斩之,故"斩"为断首。

2. 庶人之剑,蓬头突鬓,垂冠,曼胡之缨,短后之衣,瞋目而语难,相击于前,上斩颈领,下决肝肺。(《庄子·说剑》)

"斩颈领"即"斩"的部位为首与"颈领"连接之处,故"斩"为斩首。

3. 吴起与秦战,未合,一夫不胜其勇,前获双首而还。吴起立命斩之。军吏谏曰:'此材士也,不可斩!'起曰:'材士则是也,非吾令也。'斩之。(《尉缭子·武议》)

上段话描写战争,"斩"出现在战争语言环境,"一夫不胜其勇,前获双首而还"告诉我们战争中的"杀敌、斩敌"是取敌人首级,以之记功,或便于记功。刑起之于兵,由此而推及"斩"是斩首。战争中的"斩"是斩首,还在于战争中不可能像腰斩那样需要较多的刑具。腰斩所截断的部位是人之腰,腰部较软,故腰斩之时,需要在被斫罪犯的胸部下面垫"锧(质)",然后斫其背。而战争中的你死我活往往决定于一刹那间,无需用,更不可能用"锧"。故"斩"之初义为斩首。

上三例之"斩"皆单用,出现在先秦文献中,且上下文比较短,故容易看出"斩"具体意义。当然在先秦文献中"斩"的单用例很多,但是由于不能通过比较小的语言环境识别"斩"的具体意义,故未举。同时我们之所以举以上三例,还因为在先秦,对"斩刑"未有详细、明确的解说,只能借助比较短的上下段落以知晓其意义。汉代"斩"的用法比先秦丰富,既出现单用,亦出现"斩""首"连用,或者"斩""要(腰)",或"斩"与"头"连用、邻用情形,在注释文献中出现对"斩刑"之明确的释义。

4. 斫头曰斩,斩要曰要斩。(《释名·释丧制》)

刘熙明确区分"斩"与"腰斩"。即单用"斩"为斩首。

5. 于是斩侏儒,手足异处。齐侯惧,有惭色。(《孔子家语·相鲁》)

既然"手足异处",那"斩"的部位为腰,因为腰斩可使得上肢"手"与下肢"足"分开在两截内。故此"斩"为腰斩。

6. 掌戮掌斩杀贼谍而搏之。(《周礼·秋官·掌戮》)

上例虽是先秦语料,但是汉人郑玄注曰:"斩以鈇钺,若今腰斩也;杀以刀刃,若今弃市也。"据郑玄之注,"斩"当为腰斩。

7. 送车分散驰,遂斩(原)涉,县之长安市。(《汉书·原涉列传》)

斩原涉之后,悬头于长安市,颜师古注:"县其首。"故知"斩"为斩首。

8. 同时断斩,悬头竿杪,珠珥在耳,首饰犹存,为计若此,岂不悖哉!(《汉书·王莽列传》)

从"悬头"可知"斩"为斩首。

9. 及沛公略地过阳武,苍以客从攻南阳。苍当斩,解衣伏质,身长大,肥白如瓠,时王陵见而怪其美士,乃言沛公,赦勿斩。(《汉书·张苍列传》)

腰斩罪犯之时,罪犯须"解衣伏质",以利施刑。故"斩"为"腰斩"。

从上所举之例可知,"斩"有"斩首"义,如例4、例7、例8之"斩"便是;"斩"亦有"腰斩"义,例5、例6、例9之"斩"便是。其实在汉代文献中为了区分以上两种用法,"斩"有不同的组合,如:

10. 春申君后入,止棘门。园死士夹刺春申君,斩其头,投之棘门外。(《战国策·楚策》)

11. 恐惧不敢自陈,谨斩樊於期头,及献燕之督亢之地图,函封,燕王拜送于庭,使使以闻大王。唯大王命之。(《战国策·燕策》)

12. 灌夫曰:"今日斩头陷胸,何知程李乎!"(《史记·魏其武安侯列传》)

《战国策》成书于汉代,并非先秦作品,故我们视作汉代语料。例10、例11之"斩"与"头"邻用,即说明"斩"是"斩头"义。例12之"斩"与"头"连用。

13. 大破二国之军,流血漂卤,斩首二十四万。(《战国策·中山策》)

"斩""首"连用为"斩首",从词组演变为词,谓所斩之首。《汉语大词典》立"斩首"为词目,但是第二个义项为"所斩之首",是名词性的偏正结构。首义项为"砍头",是动词性的动宾结构,首书证举宋代的语料。语文词典义项排列先后,当以词的理性意义出现先后为标准,故《汉语大词典》"斩首"的首义项当为"所斩之首"。"斩首"一词在汉代习见,笔者用"语料库在线"查检凡141见,其义多为名词性的偏正结构。也有动词性的动宾结构,词义为"砍头",如《汉书·赵充国列传》:"众人皆以破羌、强弩出击,多斩首获降,虏以破坏。"

14. 两军相当,将施令曰:"斩首拜爵,而屈挠者要斩。"然而队阶之卒皆不能前遂斩首之功,而后被要斩之罪,是去恐死而就必死也。(《淮南子·汜论》)

上例明确使用"斩首""腰斩",而不是单一的"斩",这样"斩"的多义在具体语境中变为单义。

上面我们对从先秦至两汉一些用例进行分析,从中可以看出"斩"为刑罚,有两种意义,一是斩首;二是腰斩或斩腰。因此《法学词典》之"自周至秦汉,都为腰斩"不正确;《历代酷刑实录》所言"那时的斩不是斩首,而是腰斩"亦不符事实。

辟 《说文·辟部》:"辟,法也。从卩,从辛,节制其辠也;从口,用法者也。"

许慎以"法"释"辟",故"辟"是法源词,但是此"法"指广义的法,即法的总称。一部上古法律史就是一部刑法史,古代"法"
"刑"不分,故"辟"可引申为刑法,《尚书·君陈》:"殷民在辟,予
曰辟,尔惟勿辟。"孔安国传:"殷人有罪在刑法者,我曰:'刑之。'
汝勿刑。""辟"为何刑? 是死刑,为死刑的总称,而不是指某种具
体的死刑,这有别于"磔""斩""辕"等具体死刑。"辟"之本义为
治罪、施刑,所施的刑为死刑,本义已于前文阐释。但是文献中几
乎不见"辟"字单用指死刑,而是用"大辟"。"大辟"从先秦到两
汉皆有用例,下例举如下:

1. 大辟疑赦,其罚千锾。(《尚书·吕刑》)

孔安国传:"死刑也。"孔颖达疏:"《释诂》云:'辟,罪也。'死
是罪之大者,故谓死刑为大辟。"

2. 劓罚之属千,荆罚之属五百,宫罚之属三百,大辟之罚其
属二百。(《尚书·吕刑》)

3. 其死罪,则曰,某之罪在大辟;其刑罪,则曰,某之罪在小
辟。(《礼记·文王世子》)

4. 因五行相克而作五刑,墨、劓、荆、宫、大辟,是也。……水
能灭火,故大辟以绝其生命。(《逸周书逸文》)

5. 墨罚之属千,劓罚之属千,膑罚之属五百,宫罚之属三百,
大辟之罚其属二百:五刑之属三千。(《史记·周本纪》)

6. 曾子有疾,孟仪往问之。曾子曰:"鸟之将死,必有悲声;
君子集大辟,必有顺辞。礼有三仪,知之乎?"(《说苑·第十九》)

7. 至于陷大辟受刑戮者不绝,繇不习五常之道也。(《汉
书·礼乐志》)

8. 宫者,女子淫,执置宫中,不得出也;丈夫淫,割去其势也。
大辟者,谓死也。(《白虎通义·五刑》)

9. 五帝有流殛放杀之诛,三王有大辟刻肌之法,是以五帝、
三王之刑,除残去乱。(《东观汉记·朱浮传》)

10. 若徼天之中,得赦其大辟,则吴愿长为臣妾。(东汉赵晔

《吴越春秋·勾践伐吴外传》)

11. 刘向得其遗文,奇而献之,成帝令典尚方铸作事,费甚多而方不验,劾向大辟,系须冬狱,兄阳成侯乞入国半,故得减死。(《风俗通义·正失第二》)

由上可知"大辟"一词,在先秦至两汉于众多的语料出现,是个常用法律词语。《法学辞源》、《中国古代法学辞典》、《法学词典》虽皆未收"辟"一词,但皆收"大辟"一词。"大辟,中国古代五刑之一。商、周、春秋战国时死刑的通称。《礼记·文王世子》:'狱成,有司谳于公,其死罪,则曰某之罪在大辟。'《汉书·礼乐志》:'自京师有悖逆不顺之子孙,至于陷大辟受刑戮者不绝,繇不习五常之道也。'"①《法学辞源》的释义在以下两个方面似乎失当:一是义证时间不完全相合。因为释义为"商、周、春秋战国时死刑的通称",时间段为"商、周、春秋战国",但是其中一个书证为《汉书·礼乐志》,《汉书》是东汉时期文献,不在"商、周、春秋战国"之内。二是对"大辟"一词存废时间探流不远。因为"大辟"不仅是"商、周、春秋战国时死刑的通称",而且汉代甚至到隋唐以前皆为死刑的通称。《中国古代法学辞典》对"大辟"的释义:"古代五刑之一。隋以前死刑的通称。隋唐以前,凡是剥夺罪犯生命的刑罚,如斩首、弃市、枭首、火焚、腰斩、磔、绞等属于大辟。隋唐以后定死刑为绞、斩两种,不用'大辟'刑名。"②《中国古代法学辞典》只有释义,未举书证,这在编纂上不如《法学辞源》,影响编纂的质量。不过对"大辟"刑名沿革论述较祥,这优于《法学辞源》。《法学辞源》为探求法律词语源流的工具书,却未能全面、深入、准确地溯源探流,这点有待改进提高。《法学词典》对"大辟"释义为"中国古代五行之一。隋以前死刑的通称。隋唐

①　李伟民:《法学辞源》,黑龙江人民出版社,2002年,第141页。
②　高潮、马建石:《中国古代法学辞典》,南开大学出版社,1989年,第50页。

以后五刑刑名不用大辟,称死刑。(一)周代的大辟,据《刑书释名》分为七等:1. 斩,诛之斧钺;2. 杀,以刀刃弃市,即刑于市,与众共弃之;3. 搏,去其衣而磔之;4. 焚,以火烧杀之;5. 辜磔之,指焚裂尸体;6. 踣,毙之于市场;7. 罄,缢之使毙于隐处。(二)秦代的大辟,有:1. 斩;2. 枭首;3. 车裂;4. 弃市;5. 腰斩;6. 体解即肢解;7. 磔;8. 蒺藜等。又据《汉书·刑法志》大辟复有:1. 凿颠,凿去顶颠;2. 抽胁,抽去肋胁;3. 镬烹,在锅里煮死。(三)汉时称废除秦苛酷之刑,然汉初诛戮功臣仍有夷三族之令,不但五刑俱全而且菹其骨肉于市。高后元年(前 187 年)废除以上酷刑后,大辟之刑为腰斩、弃市、枭首、磔。汉景帝中元二年(前 148 年)又改磔为弃市。"①《法学词典》对"大辟"的溯源析流虽未必皆准确,如把"斩"与"腰斩"在先秦区别开来,这不妥当,但是源流清晰,脉络分明,此条释义堪称法律词典编纂典范。

(二)身体刑词语

"身体刑是指消灭罪犯某种器官或对罪犯的肉体进行拷打、摧残、伤害而造成其肉体痛苦的刑罚。"②身体刑的种类很多,如肉刑、鞭刑与髡刑等,《说文》训诂元语言明确显示的肉刑有"劓(劓)""黥""联""髡"等,未明确地记载鞭刑。

劓(劓)　《说文·刀部》:"劓,刑鼻也。从刀,臬声。《易》曰:'天且劓。'劓,臬或从鼻。"

从《说文》的训诂元语言"刑鼻"及所引《易》文字可知"劓"的本义为"割鼻"。"割鼻"是处置罪犯的一种方式,故作刑名。"劓"今通作"劓",《说文》"劓,臬或从鼻"乃其证;出土文献有作

---

　　①　《法学词典》编辑委员会:《法学词典》(增订本),上海辞书出版社,1984 年,第 39 页。

　　②　张全民:《〈周礼〉所见法制研究》,法律出版社,2004 年,第 73 页。

"劓"形，与《说文》小篆同，如《睡虎地秦墓竹简·法律答问》："当黥城旦而以完城旦诬人，可（何）论？当黥劓。"甲骨文"□"（铁 250.1）、"□"（前 4.32.8）等形，今释作"劓"，会以刀割鼻之义，即商代劓刑的反映。《岳麓书院秦简·占梦书》："梦绳外□（劓）为外忧，内自□（劓）为中忧。梦见豆，不出三日家（嫁）。"[1]其中"□"与甲骨文同，其义为"断"义。"此字从'自'从'刂'，当是'劓'字的俗体，与'劓'同字。《广雅释·诂一》：'劓，断也。'"[2]从"割鼻"也可引申为"割断"义，已用于卜辞。卜辞"劓"有二义[3]，一是施劓刑，如"贞，呼劓（《合集》5995）"；二是用牲法，如"亘贞，劓牛，爵（《合集》6226）"。其实，"用牲法"之"劓"当作"割掉，宰割"解较好，"劓牛"是宰割牛。传世文献有"割掉，割除"义用例，如《书·盘庚中》："我乃劓殄灭之，无遗育。"孔传："劓，割；育，长也。言不吉之人当割绝灭之，无遗长其类。"《左传·昭公十三年》："先归复所，后者劓。"汉桓宽《盐铁论·诏圣》："劓鼻盈蔂，断足盈车。"晋葛洪《抱朴子·用刑》："昔周用肉刑，刖足劓鼻。"金文有"□"字（辛鼎），此为《说文》小篆所本。铭文"□"借作"友僚"义[4]，无"刑罚"或"割除"义。战国古文作"□"，从鼻，从刀，此为《说文》或体所本。《说文》引《易》之"天且劓"，今通行本《易》作"其人天且劓"。虞翻注："黥额为天，割鼻为劓。"

"劓"作为刑名，于先秦两汉的传世文献多用例：

---

① 朱汉民、陈松长：《岳麓书院秦简（壹）·占梦书》，上海辞书出版社，2013 年，第 43 页。

② 朱汉民、陈松长：《岳麓书院秦简（壹）·占梦书》，上海辞书出版社，2013 年，第 166 页。

③ 刘兴隆：《新编甲骨文字典》，国际文化出版公司，1993 年，第 259 页。

④ 张世超：《金文形义通解》，中文出版社，1996 年，第 1035 页。

1. 惟作五虐之刑曰法,杀戮无辜,爰始淫为劓刵椓黥。(《尚书·吕刑》)

孔颖达疏:"劓,截人鼻。"又《新唐书·吐蕃传上》:"其刑虽小,罪必抉目,或刖、劓。"

2. 使观从从师于乾溪,而遂告之,且曰:"先归复所,后者劓。"(《左传·昭公十三年》)

3. 司马喜杀爱骞而季辛诛,郑袖言恶臭而新人劓,费无忌教郤宛而令尹诛,陈需杀张寿而犀首走。(《韩非子·内储说下》)

4. 权衡丈尺。行之四年,公子虔复犯约,劓之。(《史记·商君列传》)

5. 使赵高傅胡亥而教之狱,所习者非斩劓人,则夷人之三族也。(《汉书·贾谊列传》)

出土的先秦两汉简牍语料"劓"的文献用例:

1. 不盈五人,盗过六百六十钱,黥劓以为城旦;不盈六百六十到二百廿钱,黥为城旦。(《睡虎地秦墓竹简·法律答问》)

2. 爰书:某里公士甲缚诣大女子丙,告曰:"某里五大夫乙家吏。丙,乙妾(也)。乙使甲曰:丙悍,谒黥劓丙。"(《睡虎地秦墓竹简·封诊式》)

3. 有罪当黥,故黥者劓之,故劓者斩左止,斩左止者斩右止,斩右止者府之。女子当磔若要斩者,弃市。当斩为城旦者黥为舂,当赎斩者赎黥。(《张家山汉墓竹简·二年律令·具律》89)

4. 审□以其赎论之。爵戍四岁及觌城旦舂六岁以上罪,罚金四两。赎死、赎城旦舂、鬼薪白粲、赎斩宫、赎劓黥、戍不盈。(《张家山汉墓竹简·具律》96)

5. 食不化,必如挓(纯)鞠(鞠),是生甘心密墨,(危)汤(伤)劓(痹)惑(躄),故道者敬卧。(《马王堆帛书·十问》)

此"劓"通"痹",为假借字,与法律义无关。

劓刑"系中国奴隶制五刑之一,始于夏、商、周。该刑重于黥刑,轻于刖刑。在汉文帝废除肉刑,以笞刑三百代替劓刑之前,一直保留这种刑罚。……汉文帝废除肉刑改笞刑后,自魏晋到唐宋,各朝均无法定劓刑。金代法律规定重罪可以赎免,但是为了区别贵贱,'于齐民则劓刵为别'。元初规定,对于各种公事而乱参言者割掉其耳朵。明洪武二十八年,朝廷明令禁用劓刑。清朝初年,曾有穿耳鼻作为惩罚案例,顺治三年被废除。根据史料记载,中国古代各朝的劓刑,既可作主刑,亦可作为其他刑罚的附加刑,二者结合使用。《秦简》:'不盈五百,盗过六百六十,黥劓为城旦。'即受刑者既要被割去鼻子,在脸上刺字,还要被罚作苦役。"①《法学辞源》在宏观上粗线条勾勒了"劓刑"于先秦迄清朝的发展变化、消亡的过程,但是于细微之处失当,张全民与彭文芳对"劓刑"的研究可补。"应该指出的是,《周礼》及其他典籍中的劓刑是主刑,而在秦律中,'劓'常与'黥'一起成为'城旦'的附加刑。"②这比《法学辞源》"中国古代各朝的劓刑,既可作主刑,亦可作为其他刑罚的附加刑,二者结合使用"要准确,因为在《周礼》中"劓"是主刑,而不是附加刑,在秦律才为附加刑。另外彭文芳指出劓刑在元代还是正式的律刑③,在元代并没有废除。

　　黥　《说文·黑部》:"黥,墨刑在面也。从黑,京声。剠,黥或从刀。"

　　"黥"与"墨"作为刑名乃名同字异,如许慎所释"墨刑在面",不仅说明"黥""墨"同一,而且告知黥(墨)刑所施刑的部位在面部。故"黥"是法源词,但是墨作为刑名乃转用义,因为墨的本义为写字绘画等用的黑色颜料,《说文·土部》:"墨,书墨也。""黥"施刑于人面部何处呢? 许慎未细言。"黥"的或体"剠"与"劓"可

　　①　李伟民:《法学辞源》,黑龙江人民出版社,2002年,第3508页。
　　②　张全民:《〈周礼〉所见法制研究》,法律出版社,2004年,第76页。
　　③　彭文芳:《古代刑名诠考》,2009年,浙江大学博士学位论文,第127—128页。

补充。其实,"黥""剠""剙""墨"皆为墨刑,同名异字,如《广
韵·庚韵》:"剠,同黥。古作剙。""剠"亦见之汉代叙述文献,如
汉焦赣《易林·睽·贲》:"剠剙髡剕,人所贱弃。"对"黥刑"的施
刑部位除了许慎所言施于面部外,郑玄亦认为施刑于面部,如
《周礼·秋官·司刑》:"墨罪五百,劓罪五百。"郑玄注:"墨,黥
也,先刻其面,以墨窒之。"又《法学词典》:"墨,亦称'黥'。中国
古代五刑之一。《周礼》称墨,《尚书》称黥,肉刑的一种。指在犯
人脸上刺字,染以黑色。"①再如《中国古代法学辞典》:"墨,亦称
'黥'。我国古代五刑(墨、劓、剕、宫、大辟)中的罪轻刑。在犯人
脸上刺字并染成黑色。"②古之学者亦持墨刑的施刑部位在额的
观点:《白虎通·五刑》:"墨者,墨其额也。"又《战国策·秦一》:
"赏不私亲近,法及太子,黥劓其傅。"汉高诱注:"刻其额,以墨实
其中,曰黥。"③今之学人有兼而言之,认为"黥"施刑于额头与面
部,如"刺刻犯人面额,染之以墨"④。又《法学辞源》:"黥,中国
古代的一种肉刑,亦称墨刑。即用刀刺刻额颊等处,再涂上墨,故
名。"⑤无论施刑的部位在面,还是在额,黥刑的命名理据可从
"黑"和"京"及许慎所引异体字"剙"中的"刂"推求。"刂"表示
施刑的工具(刀),"黑"表示施行后所涂的黑色颜料,"京"则表示
施刑的部位在高处。"京"有"高"义。《说文·京部》:"京,人所
为绝高丘也。"《尔雅·释丘》:"绝高为之京。""黥"又名"天",
《集韵·先韵》:"天,刑名。剠凿其额曰天。"人之额头和面部(颧

① 《法学词典》编辑委员会:《法学词典》(增订本),上海辞书出版社,1984年,第964页。
② 高潮、马建石:《中国古代法学辞典》,南开大学出版社,1989年,第227页。
③ 刘向:《战国策》上,上海古籍出版社,1985年,第76页。
④ 蒲坚:《北京大学法学百科全书·中国法制史》,北京大学出版社,2000年,第574页。
⑤ 李伟民:《法学辞源》,黑龙江人民出版社,2002年,第3541页。

骨）则不仅是人之高部位，且是明显之处，故与"京"义相通。此为"黥""剠""天"等刑名命名理据。

若据传世文献所叙述，"黥刑""墨刑"已见之于远古皋陶时期，如《左传·昭公十四年》："《夏书》曰：'昏、墨、贼、杀，皋陶之刑也。'请从之。乃施邢侯。"出土甲骨文献记载"墨""黥"等刑，只是不作"墨""黥"而已，其实一也。郭沫若在《甲骨文研究·释支干》一文中详细分析了"辛"之字素义，并探求"妾"字构形理据，推论"妾即黥额之奴"。"辛绝非头上所插之装饰，乃于头上或额上所固有之附属物。余谓之黥刑之会意也。有罪之意无法表示，故借黥刑以表示之。黥刑亦无法表示于简单之字形中，故借施黥刑之刑具剞劂表示之。剞劂即辛辛，是辛辛字可有剠义。"①刘海年本郭沫若观点，对卜辞中表示"黥刑"之辛用法进行全面注释，如"丙寅卜，王，令火戈辛。（《合集》20245）"刘海年释："丙寅日占卜，商王问卦道：派遣火、戈二人去施黥刑，可以吗？"②出土的简牍文献亦见"黥刑"的用例，"黥"于《睡虎地秦墓竹简》凡 25 见；于《银雀山汉墓竹简》凡 1 见，于《张家山汉墓竹简》凡 48 见，于《岳麓书院秦简》凡 5 见，例举如下：

1. 五人盗，臧（赃）一钱以上，斩左止，有（又）黥以为城旦；不盈五人，盗过六百六十钱，黥（劓）以为城旦；不盈六百六十到二百廿钱，黥为城旦；不盈二百廿以下到一钱，（迁）之。求盗比此。（《睡虎地秦墓竹简·法律答问》）

2. 为伪书者，黥为城旦舂。[《张家山汉墓竹简·二年律令》13（C6）]

3. 卒岁少入二百斗者，罚为公人二岁。出之之岁□□□□□

---

① 郭沫若：《郭沫若全集·考古篇·甲骨文字研究·释支干》，科学出版社，1982 年，第 186 页。

② 刘海年：《中国珍稀法律典籍集成（甲编）·甲骨文金文简牍法律文献》，科学出版社，1994 年，第 107 页。

者,以为公人终身。卒岁少入三百斗者,黥刑以为公人。(《银雀山汉墓竹简·守法守令·田法》)

4. 吏议曰:除多。或曰:黥为城旦。(《岳麓书院秦简(叁)·多小未能与谋案》编号 094,彩色页码 0028,红外线页码 0143)

聅 　《说文·耳部》:"军法以矢贯耳也。从耳,从矢。《司马法》曰:'小罪,聅;中罪,刖;大罪,剕。'"

从许慎的释义与所引用的语料《司马法》可知"聅"是法源词,为军事刑名。"聅"乃会意"耳"和"矢"而成义,即"以矢贯耳",用作刑名指以箭镞穿耳惩治违反军法者,此为聅刑的命名理据。"聅"见于战国古文字,作"𦕑"[1],字形左旁为"耳",右旁为"弓箭",故释作"聅"。不过左旁又似与"身"近似,故也可释作"躲"。"躲"为"射"的古文,《说文·矢部》:"躲,弓弩发于身而中于远也。从矢,从身。射,篆文。躲从寸,寸法度也,亦手。"即"躲"本是古文,"射"是篆文,今通行篆文"射"。古文"躲"与法律词"𦕑(聅)"形近,但是文献中以通行的"射"代"躲",故文献中出现以"射"代"聅"的情形,如《墨子》卷十五《号令第七十》:"则从淫之法,其罪射。"孙诒让注曰:"射,毕云'谓贯耳'……射,正字作躲,与聅形近。"[2]"聅"文献几无用例,仅见之字典、韵书等,如《广韵·寒韵》:"聅,军法以矢贯耳。"又《广韵·薛韵》:"聅,谓以箭贯耳。"再如《集韵·薛韵》:"聅,以矢贯耳。"但文献中能见到与"聅"同类刑罚表述:《左传·僖公二十七年》:"楚子将围宋,使子文治兵于睽。终朝而毕,不戮一人。子玉复治兵于蒍,终日而毕。鞭七人,贯三人耳。"又有"贯耳"一词,如《汉书·游侠(原涉)列传》:"尹公不听,诸豪则曰:'原巨先奴犯法不得,

---

① 　高明、涂白奎:《古文字类编》(增订本),上海古籍出版社,第 864 页。
② 　孙诒让:《墨子间诂》,中华书局,2001 年,第 616 页。

使肉袒自缚,箭贯耳,诣廷门谢罪,于君威亦足矣。'"《后汉书》:
"范升尝为出妇所告,坐系狱,政乃肉袒,以箭贯耳,抱升子潜伏
道傍,候车驾,而持章叩头大言曰:'范升三娶唯有一子,今适三
岁,孤之可哀。'"可见"聅刑"见之于古史,只不过没用"聅"一词
罢了。

但是有学者认为"聅"并非"贯耳"之刑,"桂馥曰:'贯当为
毌。僖二十七年《左传》:'子玉复治兵于蒍,终日而毕。鞭七人,
贯三人耳。'《正义》云:'耳,助句也。'(桂)馥谓聅即贯耳也。'舜
徽按:聅之言彻也,谓取人耳以箭通贯之也。故其文从耳从矢,
会意。"①即唐代孔颖达认为"贯耳"之"耳"为语气词,因此"聅"
并非贯耳之刑。马叙伦也认为"聅"并非"贯耳"之刑。"若果以
矢贯之,为射而贯之邪?必司射者皆羿与养由基也。若自上贯
下,则耳亦不能存,矢复著于何处?以此知必无此法。《左僖二
十七年传》:'子玉复治兵于蒍,终日而毕。鞭七人,贯三人耳。'
《正义》曰:'耳,助句也。'是孔颖达所见《说文》聅下盖不作'军
法以矢贯耳'。故孔以耳为助句。不然,岂有不明贯耳为军法而
以耳为助句邪?王筠谓:'贯三人耳即聅,《正义》说误。'然细研
《传文》,知王说误。《司马法》言:'小罪,聅;中罪,刖;大罪,剄。'
刖是断足,剄是断首,则聅当是断耳,非以矢贯耳也。"马叙伦之
说难以安妥,其理由如下:一是如果按照罪的大小而截断人肢体
躯干,那么应当有"断手"之刑,事实上无断手之刑,故刑罚惩处
的程度不能以马叙伦推论而否定"聅"为贯耳;二是古代已有断
耳、割耳之刑,即"刵",这不必用"聅"以表示。《说文·刀部》:
"刵,断耳也。从刀,从耳。"许慎虽未明言"刵"是刑名,然"刵"的
实际用例显露出为刑名,或者如王筠所说因为"刵"是常刑,没有

---

① 张舜徽:《张舜徽集·说文解字约注》,华中师范大学出版社,2009 年,第
2929 页。

必要明说,如《书·吕刑》:"爰始淫为劓、刵、椓、黥。"孔颖达疏:
"刵,截人耳。"《说文》同时另收一表示断耳的"聝"字,《说文·
耳部》:"聝,军战断耳也。《春秋传》曰:'以为俘聝。'从耳,或
声。馘,聝或从首。"此"聝"为名词,其义是敌人的耳朵,这是
由动词结构"断耳"引申为"耳朵"。战争割取敌耳以记功,亦
可砍取敌首以计功,故"聝"可从"首"。"王筠曰:'《刀部》:
刵,断耳也。是常刑,故此加军战以别之。而田猎之获者,取左
耳,亦缘此起矣。'舜徽按:聝之言割也,谓割取其耳也。今经
传率用或体馘,而聝渐废。许所引《春秋传》,乃成公三年《左
传》文。今亦作馘。"①"聝"虽有割取耳朵义,但是并没有像
"刵"那样引申为刑罚或变为刑名。此或许是语言词汇系统的
相互排挤作用或者占位原则,因为既有"刵"表示割取耳朵的刑
罚,那么不用"聝"或"馘"。三是"耿"于文献中不见用于刑罚
的用例,但是文献中存与"耿"相同的刑罚,即"贯耳",这说明
"耿刑"是存在的。

　　劅　《说文·攴部》:"劅,去阴之荆也。从攴,蜀声。《周书》
曰:'刖劓劅黥。'"

　　"去阴之刑"即是毁坏男女生殖器之刑,故劅是法源词。
"劅"亦作"椓""羖""剢""剢"等字。《集韵·觉韵》:"劅,或作
椓,古作剢。"《说文》本条所引《周书》之"刖劓劅黥",今《尚书·
吕刑》作"刖劓椓黥"。孔颖达疏:"椓阴,即宫刑也……郑玄云:
'椓,谓椓破阴。'"《法学辞源》、《中国古代法学辞典》、《法学词
典》皆未收"劅",均收录"椓"。《法学辞源》:"椓,古代割去男性
生殖器的酷刑。"②《中国古代法学辞典》:"椓,传说中氏族部落苗

---

　　①　张舜徽:《张舜徽集·说文解字约注》,华中师范大学出版社,2009年,第
2929—2930页。

　　②　李伟民:《法学辞源》,黑龙江人民出版社,2002年,第3125页。

人所施行的宫刑。"①《法学词典》："椓，传说中的古代苗族宫刑。"②这三部词典对"椓"的释义不完全相同，其中《法学辞源》认为"椓"是割去男性生殖器的酷刑，另两部词典认为是宫刑。其实注释为宫刑比注释为"割去男性生殖器之酷刑"要妥当。因为宫刑不仅施予男性罪犯，也施予女性罪犯。对毁刑施刑的方式、施刑的对象，清代学者段玉裁、今之学者张舜徽等恐怕也未能了解清楚。段玉裁《说文解字注》于"毁"下注曰："椓，击也。去阴不可曰椓。"张舜徽亦曰："椓字训击，去阴之事，非可击也。"③由于段、张二人对"毁"的施刑方式不是十分清楚，故有其说。"毁"的语源义确实相当隐晦，可从"剟""椓""殺"等字推求。《广韵·屋韵》丁目切："剟，刀锄。"即有刀砍斫。"剟"与"斫"同义，《六书故·工事五》："斫，又作剟。"以上释义只能显示"剟"有砍斫义，未揭示"剟"字构形义。"剟"由字素"豖"与"刀"构成，"豖"是"豕"的形变，两者会意为用刀割猪之势。"唐兰先生根据甲骨文，谓豕字是字（豤之古文）的形变，并说'剟训去阴犹之刵为断鼻'。盖以为剟刑之本字当作剟。闻一多先生有'释豕篇'，认为甲骨文的字，腹下一笔与腹连着，当为豤字；又有字，腹下一笔不连，象去势之豕，乃豖字：'豖去阴之称，通之于人，故男子宫刑亦谓豖，《诗》作椓用借字，郑作劅，许作毁，并后起形声字。'"④即"剟""椓""劅""毁""毁""殺"等字具有渊源，《说文·木部》："椓，击也。"《说文·殳部》："毁，椎击物也。"

---

①　高潮、马建石：《中国古代法学辞典》，南开大学出版社，1989年，第472页。

②　《法学词典》编辑委员会：《法学词典》（增订本），上海辞书出版社，1984年，第878页。

③　张舜徽：《张舜徽集·说文解字约注》，华中师范大学出版社，2009年，第766页。

④　赵佩馨：《甲骨文所见商代五刑——并释刖、剟二字》，《考古》，1973年第2期，第108—109页。

《说文·攴部》："攲，击也。"刘钧杰的《同源字典补》详细论证了"敫、攲、椓"诸字语源意义为"击打"，且曰："按照《书·吕刑》郑注及《诗·召旻》笺、疏来看，最初毁坏男性生殖器可能是以击破方式进行的，所以用椓字及后来的敫字表示。后代改用割势方式，所以许慎等人用'去阴'释敫。"①古代去势之刑，最初可能对男性来说用割去其生殖的尻丸，如甲骨文有"𢽎"字，这个字一边是男子生殖器的象形，此字无疑是椓刑的专用字，卜辞有"庚辰卜，王，朕𢽎羌，不死"②。当然也可能是捣碎其尻丸，如《说文》所收上述"椓""攲""敫"字皆可窥见一二。对女罪犯言之，则捣击其腹部，所以许慎泛言之为"去阴之刑"。敫刑当是宫刑的滥觞。"宫刑，破坏犯罪者性生活能力和生殖能力的刑罚。据史书记载，此刑最早创始于苗族，叫'椓刑'……《周礼·秋官·司刑》郑玄注：'宫者，丈夫则割其势，女子闭于宫中。'……关于对女犯施宫刑的方法，一般都是'幽闭'。但如何幽闭？自古以来有两说：一说为禁闭于宫中……另一说是槌击女腹部，使其子宫下垂……用刑罚方法破坏女子生殖器官。"③由上观之，许慎所释的"去阴之刑"包含男犯被割势和女犯毁坏其生殖器官两个方面，故以"击打"方式去阴是"敫刑"的施刑方式，也是其语源。

　　刖　《说文·刀部》："刖，绝也。从刀，月声。"

　　跀　《说文·足部》："跀，断足也。从足，月声。趴，跀或从兀。"

　　跰　《说文·足部》："跰，跀也。从足，非声。读若匪。"

　　"刖""跀""跰"三者为同义词，但是其构词理据与用法有

① 刘钧杰：《同源字典补》，商务印书馆，1999年，第66—67页。
② 赵佩馨：《甲骨文中所见的商代五刑——并释刖、刵二字》，《考古》，1961年第2期，第108页。
③ 蒲坚主编：《北京大学法学百科全书·中国法制史》，北京大学出版社，2000年，第268页。

差异。

许慎以"绝"释"刖"为声训探源,"绝"即是断绝、截断义。"断绝、截断"既是"刖""绝"之间的源义素,也是独立的义位。作为独立的义位见之于文献用例,如《睡虎地秦墓竹简·为吏之道》:"岩刚毋暴,廉而毋刖。"汉焦赣《易林·艮之需》:"根刖残树,华叶落去。"虽然许慎的训诂元语言皆未显示"刖""跀"为法律词语,但是于上条"𣃚"的训诂元语言所引《周书》"刖劓𣃚黥"可知"刖"为刑名。

"刖"字本义为断足的刑罚,《玉篇·刀部》:"刖,断足也。"《左传·庄公十六年》:"九月,杀公子阏,刖强鉏。"杜预注:"断足为刖。"引申为"斩断,截断"义。段玉裁注:"凡绝皆称刖,故'劓'下云:'刖鼻也。'刖足则为跀,《周礼》'刖者使守囿',此是假刖为跀。"段玉裁之"假刖为跀"未必可信。因为"刖者"是受刖刑之人,此"刖"并非通用语义"断足",即并非"跀"字的意义。作为刑罚义"断足"的"刖"与通用义"断足"的"跀",两者虽有相同的理性义,但是两者也有区别。徐锴《说文解字系传》亦曰:"足见断为跀,其刑名则刖。""刖"之断足是因为犯罪而处罚,"跀"之"断足"并非因为犯罪而导致足断。故《周礼》'刖者使守囿'中"刖"并非假借,恰相反用的是本字。

"刖",作为刑名,《法学辞源》收录:"中国古代断足的刑罚。亦称'剕''跀'。"[1]《中国古代法学辞典》收录"刖":"刖,刑名。断足。刖刑也就是剕刑。……秦汉时的'刖'即斩左右趾。汉文帝废除肉刑后,用笞五百代替斩左趾,弃市代替斩右趾。"[2]《法学词典》收"刖",等同"剕","剕,中国古代五刑之一。把脚砍掉的刑罚"。由上观之,刖刑来源久矣,亦是发展变化的,且"刖"与

---

① 李伟民:《法学辞源》,黑龙江人民出版社,2002年,第1422页。

② 高潮、马建石:《中国古代法学辞典》,南开大学出版社,1989年,第424页。

"刖"是同义词。"刖"之得名与声符"月"有关,"月"有残缺义,《说文·月部》:"月,阙也,大阴之精,象形。"许慎以"阙"释"月",乃声训探源,"阙"是源义素,并非义项(或义位)。与"阙"音同或音近的字多有"残缺、不完整"义。如"缺""决""玦"等字,《说文·缶部》:"缺,器破也。"《说文·说部》:"决,行流也。"即打开河堤坝,挖个缺口,疏导水流。《说文·玉部》:"玦,玉佩也。从玉,从夬。"《广韵·屑韵》:"玦,佩如環而有缺。"即环形有缺口的佩玉。王力曰:"水缺为'决',玉缺为'玦',器缺为'缺',门缺为'阙',四字同源。"①张舜徽亦曰:"刖从月得声,实亦从月得义。月之为言阙也,五官百体去其一,皆得谓之刖,言于人身有所阙失也。"②商代已见刖刑,甲骨文有"𠂤""𠂤""𠂤""𠂤"等形,释作"刖","象以刀或锯断人足之形,当是刖字初文。另有一𠂤字与《说文》刖字全同,但在卜辞中无刖足之义。"③上列甲骨文诸形中人,一足长,一足短,刀或锯正对的足要短,这既会意被锯断或砍断了的足比未被锯断或砍断的足短,同时表示该足已经残缺,这与"月、缺"的语源义相合。赵佩馨也详细论证了商代有刖刑,并且指出刖字是断足之刑的本字,兀是人的讹变,与甲骨文构形正相合。刖刑不仅见之于甲骨文卜辞,如"刖隶八十人,不死?"(《合集》58)又"刖隶不死?"(《合集》581)亦有考古实物之证:如1971年中国科学院考古研究所安阳发掘队在安阳后冈一座商代长方形土坑竖穴墓M16中,发现我国首具商朝缺少一个下肢骨的刖刑骨架,"很明显,是一个生前就受过刖刑残害的奴隶"④。又如胡留元、冯卓慧《长安文物与古代法制》一书中就记录了三

① 王力:《同源字典》,商务印书馆,1982年,第482页。
② 张舜徽:《张舜徽集·说文解字约注》,华中师范大学出版社,2009年,第1072页。
③ 刘兴隆:《新编甲骨文字典》,国际文化出版公司,1993年,第258页。
④ 胡厚宣:《殷代的刖刑》,《考古》,1973年第2期,第108页。

件实物①：第一，《刖刑奴隶守门铜方鬲》为西周前期青铜器，分为上下两层，下层是方形炉膛，炉膛正面有门，在右门近合扇处，铸有一个裸体束发，拱肩曲肘，曲膝跪坐，左腿无足的守门奴隶。这是一个受过刖刑，被砍掉左足的奴隶。第二，《"它"字盘》，西周晚期青铜器，该盘圈足下有 4 个受过刖刑的裸体男子作小足，右足完好，左足被砍。第三，《刖刑奴隶骨架》，西周刖刑断手足的骨架，单身俯身直肢葬式，两腿骨上放有一个绳纹陶罐（陪葬品），两臂向后，似受刑时被缚，无双足、双手。

"跀"字虽有"刖"义，但其构形理据，由"足"与"非"构成。声符"非"亦示义。张舜徽曰："荆字不见于许书，而经沿用之。盖荆之为言腓也，本书肉部：'腓，胫腨也。'刖足而谓之跀，犹之言刖足谓之髌。髌乃膝端骨名也，皆就刑时所去者言耳。"张舜徽探求"荆"字语源似有不妥。依张氏之意，"荆"即从腓处砍断人腿。因为"胫腨"即小腿肚，段玉裁于"腓"字下注曰："谓胫骨后之肉也。腓之言肥，似中有肠者然，故曰腓肠。"另外张氏之"刖足谓髌"亦似不精确。刖足之刑即刖刑，施刑的部位并非脚趾，而是斩断踝下整个脚掌，因此斩断部位并非在跀（小腿）处，王凤阳也认为"'腓'是小腿，所以锯掉小腿叫'腓'"②。同时髌刑施刑的部位在膝盖处，古代髌刑与刖刑划然有别，张氏未能区分清楚而混言之，关于刖刑与髌刑的施刑部位的详细论证可参彭文芳的《古代刑名诠考》。"跀"字声符"非"的语源义并非"腓"。"跀"字语源义当与"荆"一并寻求。段玉裁于"跀"字下注曰："字亦作荆。"《说文》未收"荆"，"荆"字用例滞后"刖"，虽然商朝甲骨文之"外"未有断足用例，但已经产生，"荆"字用例最早见于

① 胡留元，冯卓慧：《长安文物与古代法制》，法律出版社，1989 年，第31—35 页。

② 王凤阳：《古辞辨》（增订本），中华书局，2011 年，第 658 页。

《书》,但在先秦两汉使用频率不高,远远低于"刖"字使用频率,主要见于《书》、《荀子》等,如《书·吕刑》:"剕辟疑赦,其罚倍差。……劓罚之属千,剕罚之属五百。"《荀子·正论》:"世俗之为说者曰:'治古无肉刑,而有象刑:墨黥,慅婴,共、艾毕,剕、枲屦,杀、赭衣而不纯。治古如是。'""剕"与"刖"是同义词,但是"刖"字使用频率高,在《周礼》、《左传》、《韩非子》、《管子》、《战国策》、《国语》、《说苑》、《史记》、《汉书》等书中出现。"剕""刖"两者使用情况差异,或许与构字理据相关,"刖"的理据便于联想记忆,故使用广泛;"剕"的理据深奥,且与字形联系不紧密。"剕"的声符"非"亦示"分"义。"非"见于甲骨文,甲骨文有"𢁢""𢁢""𢁢""𢁢""𢁢"等形,"象二人相背之形,或从北从廿义同"①。《说文·非部》:"非,违也。"无论从字的构形,还是《说文》的释义,皆可知"非"有分解、分别、分开等义。从"非"的同源字亦有"分"义,如"甝""斐""靡"等字,《说文·非部》:"甝,别也。"段玉裁注:"别者,分解也。"《说文·文部》:"斐,分别文也。"《墨子·尚同中》:"靡分天下,设以为万国诸侯。"《集韵·支韵》:"靡,分也。"故"剕"的构形理据为用刀分解或分开物。物截断、砍断则分,用之于刑罚则可指用刀断足。此理据不如"刖"之"用刀砍断足使之残缺"清楚明白,故"剕"并未普遍使用开来。

(三) 名誉刑理据

"名誉刑,又名'丑辱刑'或'耻辱刑'。以剥夺罪犯名誉权为目的的刑罚。"②诚然,任何一种刑罚皆有耻辱性质,耻辱刑在古代可指"剃须鬓、头发(今天罪犯也必须剃光头发),损坏人的生殖器"等刑。因为古人认为身体发肤受之于父母,损之对父母不

---

① 刘兴隆:《新编甲骨文字典》,国际文化出版公司,1993年,第775页。
② 张全民:《〈周礼〉所见法制研究》,法律出版社,2004年,第113页。

敬,违背儒家之孝礼,出礼便入刑。儒家对不孝有多种规定,"不孝有三,无后为大","三"是泛指多,"无后"便是无后嗣。这是最大的不孝。所以古人如果不能生育,最为人不齿了,损坏生殖器会导致无后,《说文》训诂元语言显示的有"耏""髡"。

耏 《说文·而部》:"耏,罪不至髡也。从而,从彡。耐,或从寸。诸法度字从寸。"

髡 《说文·髟部》:"髡,剃发也。从髟,兀声。髡,或从元。"

由以上两条训诂元语言,可知:第一,"耏"与"髡"皆为刑罚,故也是刑名。虽然"髡,剃发也"并未明言"髡"为刑罚,显示的是"髡"之剃发义,但从"耏,罪不至髡也"可知"髡"亦为古代刑罚。第二,耏刑轻于髡刑。许慎之"耏,罪不至髡也",即说明"耏罪"低于髡罪,即耏刑轻于髡刑。同时因为于人而言,头发较之须鬓更为重要,且剃光头较剃须鬓更能凸显与众人有异,所以耏刑轻于髡刑。

"耏""髡"演变为法律词语的原因有二:一是"耏""髡"的语源义有"剔除鬓须"与"剔除毛发"义,此是演变相应的法律词语基础。"耏"的异体字"耐"则凸显法律义,即许慎所言"诸法度字从寸"。"耐"字未能清晰地彰显施刑方式,或者处置罪犯的方式较隐晦。"耏"则明确告知惩处的方式,即剃掉罪犯的胡须,后连类而及,亦谓剃须鬓。"耏"由"而"与"彡"会意成义。"而"为象形字,依许慎所释为颊毛。《说文·而部》:"而,颊毛也。象毛之形。《周礼》曰:'作其鳞之而。'"又《说文·页部》:"颊,面旁也。"故"颊毛"乃脸两边的毛。段玉裁则以为是"胡须"。段玉裁改"颊毛"为"须",段玉裁曰:"而,须也。象形。各本作颊毛也,象毛之形。今正。颊毛者,须部所谓髯须之类耳。《礼运》正义引《说文》曰:'而,须也。'须谓颐下之毛,象形字也。知唐初本'须'篆下颐毛也。'而'篆下云'须也。'二篆相为转注。其象形,

则首画象鼻端,次象人中,次象口上之髭,次象承浆及颐下者。盖
而为口上、口下之总名。分之则口上为髭,口下为须,须本颐下之
专称,髭与承浆、与颊輈皆得称须。是以,而之训曰须也。"段玉
裁析"而"形虽嫌臆测,但与甲骨文"而"形相距不远。甲骨文有
𜶇、𜶈、𜶉等形,正像人之胡须。"彡"之表义,学人有不同看法:
一是须发。《说文·彡部》:"彡,毛饰画文也。象形。"段玉裁注:
"毛所饰画之文成彡,须发皆毛属也,故皆以为彡之属而从彡。"
二是须发和文饰,存二义,字各有取。饶炯《说文解字部首订》:
"毛饰画文,互词为义。其实彡属事,非象形。《说解》当云:'文
饰也,象画之形。'本谓毛饰为文曰彡,画饰为文亦曰彡,故从彡
之字,或从毛取义,或从画取义不一。"①又徐灝《说文解字注笺》:
"毛饰画文者,谓凡毛及饰画之文。毛如须、髟,饰画如'彣、彰、
彫、修'是也。段云'毛所饰画之文',失之。"②饶炯、徐灝之说可
从。"髢"之"彡"并非须发义,乃文饰义,引申为修治、剔。故髢
刑的施刑方式为剃须鬓。"髡"的构形,上部的"髟"有长毛发义,
《说文·髟部》:"髟,长发猋猋也。从长,从彡。"许慎释"髟"为长
发下垂,可引申为"长发"义。如《集韵·笑韵》:"髟,长髦。"
"长髦"即长毛发。《文选·马融〈长笛赋〉》:"寒熊振颔,特麚
昏髟。"李善注:"髟,芟髦也。"胡克家考异:"案:芟当作长,各
本皆误。""髡"下部之"兀"有截断、斩断义。《说文·儿部》:
"兀,高而上平也。"许慎是从静态角度注释"兀"义,若从动态
角度释义,"兀"就会"铲除、截断、斩断"义,因为高的物体从上
部截断、斩断、铲除,会变得平坦。"兀"之截断、斩断义见之于
文献用例,如《后汉书·袁谭传》:"未有弃亲即异,兀其根本,而
能全于长世者也。"《敦煌变文集·捉季布传文》:"兀发剪头披短

---

① 丁福保:《说文解字诂林》,中华书局,1988 年,第 8924 页。
② 丁福保:《说文解字诂林》,中华书局,1988 年,第 8923 页。

褐,假作家生一贱人。"故"髟"与"兀"会意为断长发,此为"髡"之"剃发"义来源。二是汉文化因素促使"耏""髡"演变为法律词语。这与中国古代礼有关。《孝经·开宗明义章》:"身体发肤,受之父母。不敢毁伤,孝之始也。"故对鬓须、头发不可率意处之,否则不孝。不孝在汉代乃大辟。故以剃罪犯之鬓须、头发而示惩罚。

　　关于耐刑产生的时间、刑期、使用范围等法制沿革与变迁内容,法律专著与词典工具书有较详细的解说:"耐,通耏。中国古代剃去犯人须鬓的刑罚。汉制为一岁刑。《睡虎地秦墓竹简·秦律杂抄》:'分甲以为二甲搜者,耐。'《睡虎地秦墓竹简·法律答问》:'律曰:斗决人耳,耐。'《汉书·高帝纪》:'令郎中有耐罪以上,请之。'应劭曰:'轻罪不至于髡,完且耏鬓,故曰耏。古耏字从彡,发肤之意也。杜林以为法度之字皆从寸,后改如是。'"①从《中国法制史》所引文献可知,"耏"当始于秦,但是耏刑在汉代后怎样,未有解说。"耐,本作耏,亦称'完'。中国古代剃光犯人鬓须,强制其服劳役的刑罚。实为徒刑的一种。《秦简》有耐为侯,耐为隶臣,捕人相移以受爵(有职务的官吏捕获罪犯移交他人冒领爵位)者耐等刑名。有时亦用完城旦舂或完为城旦舂等。《汉书·高帝纪下》:'令郎中有耐罪以上,请之。'颜师古引应劭曰:'轻罪不至于髡,完且耏鬓,故曰耏。古耏字从彡,发肤之意也。'(《说文》段注同)程树德《九朝律考》卷一引《史记索隐》:'汉令完而不髡曰耐。'即保存头发完好,故耐亦称为完。较髡刑为轻。汉制一岁为罚作,二岁、三岁、四岁刑为耐。又有耐为司寇、耐为隶臣、耐为鬼薪、耐为城旦等。魏、晋、梁耐罪有二岁刑、三岁刑、四岁刑。北齐耐罪有五岁、四岁、三岁、二岁、

----

　　① 蒲坚主编:《北京大学法学百科全书·中国法制史》,北京大学出版社,2000年,第582页。

一岁之差。北周起耐改徒刑,而完之名已废弃。"①《法学词典》比
较详细指出"耐刑"的施刑方式、耐刑的刑期、耐刑的性质及产生
与消亡的时间。作为法律专科词典,"耐"词条的编纂比较理想,
但是并没有明确指出"耐刑"既是主刑,又是附加刑,而是说"又
有耐为司寇、耐为隶臣、耐为鬼薪、耐为城旦等",故对"耐刑"性
质的确定不够明确,在这点上不如《中国古代法学辞典》。《中国
古代法学辞典》:"耐,徒刑的一种。剃光犯人鬓毛和胡须,并强
制其服劳役的刑罚。也称'完'刑。可作为主刑,也可作为附加
刑。……汉时耐刑刑期为二年、三年或四年。北齐耐刑刑期有一
年到四五年不等。"②以上所引值得特别指出,《法学词典》与《中
国古代法学辞典》皆认为"耐刑"为"完刑",下文详细探讨。

　　髡为刑名,周朝已有,如《周礼·秋官司寇》:"墨者使守门,
劓者使守关,宫者使守内,刖者使守囿,髡者使守积。"郑玄注:
"郑司农云:'髡当作完,谓但居作三年,不亏体者也。'玄谓此出
五刑之中而髡者,必王之同族不宫者。宫之为翦其类,髡头而已。
守积,积在隐者宜也。"栗劲曰:"男子受宫刑以后,引起生理上的
变化,不再生胡须。对于应受宫刑的贵族给与优待,用剃光头发
和胡须的刑罚代替宫刑,于是就产生了髡刑。"③《周礼·秋官司
寇》为传世文献最早对髡刑使用的目的、罪犯所从劳役之事的说
明,即髡刑最初是专为王族之宫刑的替代刑,是一种附加刑,同时
是一种罪犯类别的标记,惩罚的劳役为"守积",即在隐蔽之处看
守粮仓。后来髡刑扩大,适用的范围宽,所罚劳役之事多,如《汉
书·刑法志》:"当黥者,髡钳为城旦舂。""髡"为刑名,《法学辞

　　① 《法学词典》编辑委员会:《法学词典》(增订本),上海辞书出版社,1984 年,
第 650 页。
　　② 高潮、马建石:《中国古代法学辞典》,南开大学出版社,1989 年,第 239 页。
　　③ 栗劲:《秦律通论》,山东人民出版社,1985 年,第 250 页。

源》收录,释义为"中国古代剃去头发的刑罚"。①《汉语大词典》
对单音字"髡"注释为"指剃眉须之刑"。《中国法制史》亦收录
"髡",注释为"中国古代剃光犯人头发的刑罚"。②《中国古代法
学辞典》、《法学词典》皆未收录"髡",但是收"髡钳"一词,故该
两部词典还未认可"髡"刑独立身份,或者说"髡"是附加刑,还需
配合其他刑罚一块施行,故收"髡钳"。从收录"髡"的词典与专
著看,释义不完全同。《汉语大词典》是"剃眉须",未涉及"头
发",故释义明显不妥,不合古代髡刑施刑方式。《法学词典》释
为"剃去头发",《中国法制史》释为"剃光头发"。"剃去头发"未
明言剃去头发的多少,即未言剃去头发的数量。"剃光头发"即
把头发完全剃去,涉及头发数量。"髡刑"是否把罪人的头发全
部剃光,还是保留部分? 上古文献并无记载,后来学者对这个问
题进行探讨。顾颉刚曰:"按髡者,剃其周围之发,以顶发作辫下
垂,亦即被发也。此为奴隶之形,合《杜注》所谓'示服为臣仆'
者。"③即受"髡"的人头发并没有完全剃掉,头顶存留一小撮,织
为辫子而下垂。但是顾颉刚没有明说所留发有多长,如果所垂
之发从头顶到肩膀的话(因为披发,一般披到肩膀),不会短于五
寸。吴荣曾认为"髡是剪去刑徒的长发,只留三寸多长,仅垂到
耳朵附近。"④吴荣曾的结论是依据《太平御览》所引孔融《肉刑
论》与王隐《晋书》。《太平御览》卷六四二引孔融《肉刑论》:"洛
阳豪徒韩伯密,加笞三百不中一,髡头至耳发诣膝。"又《太平御
览》卷六四八引王隐《晋书》:"刘颂上书曰:'古者用刑以止刑,及
今反于此。以刑生刑,以徒生徒。诸重犯亡者,发过三寸,辄重髡

① 李伟民:《法学辞源》,黑龙江人民出版社,2002年,第3296页。
② 蒲坚主编:《北京大学法学百科全书·中国法制史》,北京大学出版社,2000
年,第441页。
③ 顾颉刚:《史林杂识·"被发""左衽"》,中华书局,1963年,第152页。
④ 吴荣曾:《先秦两汉史研究》,中华书局,1995年,第278页。

之。'"孔融于《肉刑论》指出,"罪犯受髡刑,头发的长度本来只能留到耳朵,但由于官吏徇私,一些犯了罪的有权势者,头发却可以长到膝盖。"①王隐《晋书》中"发过三寸,辄重髡之"则明确指出罪犯的头发不能超过三寸,即髡刑罪犯的头发不能超过3寸长。刘洋补充出土材料以更进一步证明"髡刑"并非把头发剃光,"山东诸城前凉台的汉末汉阳太守孙琮墓出土的画像石中,有一幅'髡笞图',图中那些受髡刑之人的长发正在被剃成短发。……这些都说明髡刑既不是将罪犯的头发全部剃光,也不是只剃去周遭的头发,以顶发作为辫下垂,而是断长发为短发,其长度一般是三寸左右"②。吴荣曾与刘洋的结论大致可信,但是表述欠精确,比较准确的解释应当是"罪犯的头发不当超过三寸",因为文献只是说超过三寸,就应该髡,即使头发垂耳也不一定是三寸左右。

完　《说文·宀部》:"完,全也。从宀,元声。古文以为宽字。"

《说文》的训诂元语言并未透露"完"与刑罚相关信息,即"完"并非法源词,但是由于"完"在法律语域中经常与刑名"耐""髡"等连用、邻用或对用,且罪犯一旦受"耐""髡"之后,毛发或鬓须不完整,亏损身体,这样与"耐""髡"等名誉刑相关联,似乎"完"能演变为法律词语,但是"完"到底是怎样的刑罚,文献并无明确记载,今之《法学辞源》虽然把"完"作为刑名收录,但是未能详细指出是何种刑罚,即"完,古代轻刑之一"③。所以法学界对"完"的讨论主要在以下几个方面:一、"完"为古代一种刑名;二、"完"不是刑名,如栗劲在《秦律通论·秦律刑罚体系》中未

①　刘洋:《秦汉律中"髡刑"溯源——以法人类学为视角》,《西部法学评论》,2008年第4期,第68页。
②　刘洋:《秦汉律中"髡刑"溯源——以法人类学为视角》,《西部法学评论》,2008年第4期,第68页。
③　李伟民:《法学辞源》,黑龙江人民出版社,2002年,第1796页。

把"完"列做刑罚,并说:"因而在秦律中,也就不应有'完刑'这个概念。"①三、要分阶段来看待"完",在某个阶段是法律词语,在某个阶段不是法律词语。下面我们基于"完"为刑名,此为分析起点,然后分析学人对"完"的看法存在分歧的原因,"完"为刑名主要有以下几种:

第一种,完谓耐。"耏",不施加肉刑,不剃发,仅剃须鬓。《史记·赵奢列传》:"赵奢曰:'请受令。'许历曰:'请就鈇质之诛。'赵奢曰:'胥后令邯郸。'许历复请谏。"司马贞引江遂曰:"汉令称完而不髡曰耐,是完士未免从军也。"段玉裁解说甚详、明白,段玉裁于《说文》"耐"字下注:"不剃其发,仅去须鬓,是曰耐,亦曰完。谓之完者,完其发也。""孟康以完为髡,然髡者剃发,完者仅去须鬓,实不同也。"②故沈家本认为"完"即"耐"。程树德信从段玉裁观点,也认为:"按完者,完其发也,谓去其鬓而完其发,故谓之完,见《说文》段注。"③今人刘海年认为"耐"即"完","耐刑仅剃去鬓毛和胡须,完其发,所以又称为完刑。耐与完是一种刑罚的两种称呼。"④《法学词典》认为完即"耐"⑤。《中国古代法学辞典》收"完刑"一词,认为完刑即耐刑。"完刑,又作'耐刑',剃去犯人的鬓毛、胡须,使服劳役的刑罚。"⑥

第二种,完谓髡。《周礼·司刑·掌戮》:"髡者使守积。"郑

① 栗劲:《秦律通论》,山东人民出版社,1985年,第251页。

② 沈家本著,邓经元、骈宇骞点校:《历代刑法考》,中华书局,1985年12月版,第302页。

③ 程树德:《九朝律考》,中华书局,2003年,第45页。

④ 中华书局编辑部:《云梦秦简研究·秦律刑罚考析》,中华书局,1981年,第192页。

⑤ 《法学词典》编辑委员会:《法学词典》(增订版),上海辞书出版社,1984年,第439页。

⑥ 高潮、马建石:《中国古代法学辞典》,南开大学出版社,1989年,第346—347页。

玄注："郑司农云：'髡当作完，谓但居作三年，不亏体者也。'"班固《汉书·刑法志》转引改作："完者使守积。"即班固亦认为"完"等同"髡"。又《汉书·惠帝纪》："民年七十以上若不满十岁有罪当刑者，皆完之。"颜师古引孟康曰："不加肉刑，髡剃也。"今人杨广伟亦持"完"谓"髡"的观点，曰："这说明最初出现的'髡刑'，很可能在秦代已经改为'完刑'，而汉承秦制，袭用'完刑'之名是很自然的，班固和郑众等人将原有史书上的'髡'易为'完'，也就是顺理成章的事了。完刑即髡刑。"①

　　第三种，完谓保持身体发肤完好无损之意。如王森认为："既不加宫、刖、劓、黥等肉刑，又不加以剃发的髡刑，也不加去鬓须的耐刑，保全完好的身体，这就是所谓的'完'。"②王森同时认为引孟康之注，句读当为"不加肉刑髡剃也"。赵坤坡亦认为："中国古代规定的不施加肉刑和髡、耐的劳役刑。"③日本学者富谷至持此种观点："完城旦也是不剃去头发并使之保持完好的意思。因此，我认为孟康注应释作'不施肉刑髡剃'。"④

　　第四种，完刑在中国古代是发展变化的，不同时代其含义不同。韩树峰认为："秦代的'完'即'耐'，汉初的'完'，为'耐'或'髡'，至汉文帝刑罚改制，'完'成为现代意义上的身体发肤完好无损之意。"⑤张全民认为："先秦至汉初，完刑与髡刑为同一种刑罚……而汉文帝刑制改革后……而仅剃出胡须与鬓毛的耐刑则被看成完刑。"⑥刘晓认为："秦至汉文帝刑制改革前，完等同于

---

　　①　杨广伟：《"完刑"即"髡刑"术》，《复旦学报》（社科版），1986 年 2 期，第112 页。

　　②　王森：《秦汉律中髡、耐、完刑辨析》，《法学研究》，1986 年第 1 期，第 88 页。

　　③　蒲坚主编：《中国法制史》，北京大学出版社，2000 年，第 823 页。

　　④　富谷至：《秦汉刑罚制度研究》，广西师范大学出版社，2006 年，第 16 页。

　　⑤　韩树峰：《秦汉律令中的完刑·内容提要》，《中国史研究》2003 年第 4 期，第49 页。

　　⑥　张全民：《〈周礼〉所见法制研究》，法律出版社，2004 年，第 87—88 页。

髡……汉文帝刑罚改革后,完是指完整、完备。"①

第一种看法,"完"谓"耐",那么两者同,不应有别,但是我们发现秦汉法律"完"与"耐"不但有别,且泾渭分明,如《张家山汉简二年律令·具律》:"隶臣妾及收人有耐罪,鬠(系)城旦舂六岁。鬠(系)日未备而复有耐罪,完为城旦舂。"②此处"完"作"城旦舂"的附加刑。《睡虎地秦墓竹简·法律答问》:"捕赀罪,即端以剑及兵刃刺杀之,可(何)论?杀之,完为城旦;伤之,耐为隶臣。"此条罪之轻则"耐为隶臣",罪之重则"完为城旦"。故"完"不当谓"耐"。

第二种看法,"完"谓"髡",于下文讲不通:《汉书·刑法志》:"诸当完者,完为城旦舂;当黥者,髡钳为城旦舂;当劓者,笞三百;当斩左止者,笞五百;当斩右止,及杀人先自告,及吏坐受赇枉法,守县官财物而即盗之,已论命复有笞罪者,皆弃市。"即"诸当完者,完为城旦舂"、"当黥者,髡钳为城旦舂"中的"完"与"髡"存在对立或对应关系,否则不会有"完"与"髡"用字之别,故有学者认为"完"为"髡"之误。颜师古认为:晋人"臣瓒"认为第一个"完"当为"髡"之误。我们认为不能断定为用字之误,因为上引《史记·廉颇蔺相如列传》"许历复请谏"中,司马贞《索隐》引江遂注"汉令称完而不髡曰耐"。此处"完"显而易见不等同"髡"。故"完"不等同"髡"。今之学人从"完"的语用情形、词的组合情况进行分析,认为"完"不当谓"髡"。"简牍中的大量用例说明,'完'与'髡'出现的语境是不同的,出现'完'的地方一般不出现'髡',同样出现'髡'的地方一般不会出现'完',也就是说,它们是呈现'互补'状态。从前面所举例句来看,'完'一般跟'城

---

① 刘晓:《秦汉耐刑研究》,东北师范大学硕士论文,2015年,第34—36页。
② 朱红林:《张家山汉简〈二年律令集释〉》,社会科学文献出版社,2005年,第79—80页。

旦'、'城旦舂'搭配,组成'完城旦'、'完为城旦舂',还可以单说'完'、'完之'。而'髡'一般要先和'钳'组合成'髡钳'再与其他刑名组合。"①

第三种看法,"完"谓不施加肉刑和髡、耐的劳役刑。第三种看法和第二种看法不同主要是对孟康之注文句读不同造成的,第二种看法句读为:"不加肉刑,髡剃也。"第三种看法句读为:"不加肉刑髡剃也。"今之学人认为这种论证很不周全,至少还应以"完"在刑罚体系中轻重排序等方法来论证。如彭文芳曰:"《二年律令》第 92 简:'有罪当耐,其法不名耐者,庶人以上耐为司寇,司寇耐为隶臣妾。隶臣妾及收人有耐罪,毄(系)城旦舂六岁。毄(系)日未备而复有耐罪,完为城旦舂。城旦舂有耐罪以上,黥之。'在这个依次加重的刑罚体系链条中,'完为城旦舂'在'毄(系)城旦舂'之后,在'黥城旦舂'之前,若'完'是什么不加,岂不轻于前者,故'完'定然是个重于拘系但又轻于黥的附加刑。"②

第四种看法,是从历史的角度考察"完"的用法,进而指出完有刑名义与通用义,这样"完"刑是发展变化的。但是以上第四种看法也并不完全相同,有的认为完始终是刑名,只是内涵在不同阶段不一样,如上面韩树峰、张全民的观点;有的认为在汉文帝改刑制后,"完"已经不是刑名,其义为"完整、完备",如上面刘晓的观点,再如赵久湘也持相同观点,"'完'的确称不上一种刑罚了,其作用只是说明一种伴随状态——以完好的身躯去服劳役:筑城或者舂米"③。其实,更早些栗劲就赞同"完"不是一种刑罚,"从其发展来看,'髡'代替了'宫',保全了肢体的完好,剃去了头

①   赵久湘:《秦汉简牍法律用语"完"再考辨》,《古汉语研究》,2011 年第 4 期,第 53 页。

②   彭文芳:《古代刑名诠考》,2009 年,浙江大学博士学位论文,第 177 页。

③   赵久湘:《秦汉简牍法律用语"完"再考辨》,《古汉语研究》,2011 年第 4 期,第 54 页。

1. 有责（债）于公及赀、赎者居它县，辄移居县责之。公有责（债）百姓来赏（偿），亦移其县，县赏（偿）。（《睡虎地秦墓竹简·秦律十八种·金布律》）

2. □获各三甲，不智，劾云：赀三甲，不应律令，故皆毋它坐，它如官书。（《里耶秦简（壹）》8—754）

3. 瀗（谳）报：毋择巳（已）为卿，赀某、某各一盾。谨窬（穷）以灋（法）论之。（《岳麓书院秦简（叁）·学为伪书案》236/861）

4. 发传送，县官车牛不足，令大夫以下有訾（赀）者以赀共出车牛及益，令其毋訾（赀）者与共出牛食、约、载具，吏及宦皇帝者不与给传送。［《张家山汉墓竹简·二年律令·兴律》411（C71）］

第十节　赦免词语

"赦免，国家对于犯罪分子宣告免于追诉或者免除执行刑罚之全部或部分的法律制度。赦免制度源远流长，中国史籍早有记载。《尚书·舜典》有'眚灾肆赦'；《尚书·吕刑》有'五刑之疑有赦'；《易·解卦》有'赦过宥罪'；《周礼·秋官·司刺》中有三赦之规定，即一赦幼弱，二赦老耄，三赦蠢愚。最初的赦免只适用于'过失''疑案'或无刑罚适应能力之人，属于司法上的赦免。"[1]其实，古今中外皆有赦免制度，现代国家，甚至公认的法治国家，如法国、英国，尽管充分认识到赦免对法律的确定性和权威性的破坏作用，在民主的宪政体制下，也大都保留了赦免制度，我国至今存在赦免制度。古代的赦免制度一般规定在刑法中，现代

---

① 高铭暄：《中华法学大词典·刑法学卷》，中国检察出版社，1996 年，第523 页。

的赦免制度仍保留了这一渊源。赦免最初带有神权或宗教的神秘色彩,被看作是神的宽恕或君主的恩惠。我国赦免制度创制较早,肇始于唐虞时代,发展于春秋战国,确立于汉代,后之封建王朝,沿用不废。《说文》收录了"赦""置""宥""罢"等字,许慎对"赦""置""宥"等字的训释虽未告知是法律的赦免词语,但是从古文献用例与今之法律词典皆显示其法律语义,故我们把以上四个字作为赦免词语,并对其进行分析。

　　赦　《说文·攴部》:"赦,置也。从攴,赤声。赦,赦或从亦。"

　　置　《说文·网部》:"置,赦也。从网、直。"

　　宥　《说文·宀部》:"宥,宽也。从宀,有声。"

　　"赦"较"赦"晚出。"赦"字见于西周铭文,铭文有"𣀕""𣁋"等形,隶定为"赦",其义为"赦免,恕"①。如,爯匜:"今我赦(赦)女(汝)。"又"今大赦(赦)女(汝)"。"赦"字见于《睡虎地秦墓竹简》,其作"𢼣""𢿃""𢾷"等形②,此字《睡虎地秦墓竹简文字编》释作"赦",当释作"赦"为妥。"赦"字见于战国,"《说文》在整理文字时,对亦声字、赤声字的并加收录,且将后出的赤声字作为正体字,早出的亦声字附列为重文,是后代楷书被确定为正字的基础与依据。亦声字隶变后作赦,《现代汉语规范字典》以赦为正体③。汉代的《居延新简》既有"赦"字用例,亦有"赦"字用例,如"翟义、刘宇、刘璜及亲属当坐者,盗臧证臧,它皆赦除之"(《居延新简》EPT59·42)。又"诏书曰:其赦天下自殊死以下诸不当赦者,皆赦除之"(《居延新简》EPF22·164)。段玉裁于"赦"字下注曰:"《网部》曰:'置,赦也。'二字互训。赦与

---

①　张世超:《金文形义通解》,中文出版社,1996年,第744页。

②　张守中:《睡虎地秦墓竹简文字编》,文物出版社,1994年,第47页。

③　李学勤:《字源》上册,天津古籍出版社,2012年,第257页。

捨音义同,非专谓赦罪也。后捨行而赦废,赦专为赦罪矣。"即段玉裁认为"赦"的本义是放弃,后引申为"赦罪"义,如《尔雅·释诂》:"赦,舍也。"郭璞注:"舍,放置。"《左传·宣公十二年》:"左右曰:'不可许也,得国无赦。'""赦"后转为赦罪义,《易·解卦》:"象曰:雷雨作,解,君子以赦过宥罪。"孔颖达疏:"赦谓放免。"《韩非子·五蠹》:"施赏不迁,行诛无赦。"

"赦""置"二字互训,折射了许慎注重法律词语的释义,体现了许慎对法律文献释读的重视。因为"置"的本义并非今之常用义"放置、放弃",而是赦免犯法之人。这可从"置"的构形推出。"置"由"网"与"直"构成,"网"具有法律义,即法网。"直"有放置、放弃义。"直"为"值"之省,"值"有"放弃"义。《说文·人部》:"值,措也。从人,直声。"故"置"之声符"直"有"放弃、措放"义。"网"与"直"会意为放弃对罪犯之法律的惩罚,即不惩罚罪犯,故从构形看"置"是法源词。谷衍奎亦曰:"篆文从网(法网),直声,直也兼表搁放之意。用放弃刑罚会意释放之意。"[1]段玉裁也以"置"为法律义,段玉裁于"置"下注云:"《攴部》曰:'赦,置也。'二字互训。'置'之本义为贳遣,转之为建立……徐锴曰:'与罢同意。'是也。""贳遣"是法律义,"贳"有"赦免"义,如《国语·吴语》:"吾先君阖庐,不贳不忍。被甲带剑,挺铍搢铎,以与楚昭王毒逐于中原柏举。"韦昭注:"贳,赦也。"《汉书·车千秋传》:"武帝以为辱命,欲下之吏。良久,乃贳之。""遣"有"放逐,发配"之法律义,如《左传·哀公二十五年》:"挥在朝,使吏遣诸其室。"杜预注:"难面逐之,先逐其家。"《史记·白起王翦列传》:"秦王乃使人遣白起,不得留咸阳中。"唐韩愈《女挐圹铭》:"愈既行,有司以罪人家不可留京师,迫遣之。"故"贳遣"为赦免或放逐罪犯,段玉裁同时引徐锴对"罢"的释义以佐证。

---

① 谷衍奎:《汉字源流字典》,华夏出版社,2003年,第757页。

"罢"的法律义详下文。以上从字形的理据以及段玉裁观点论证"置"的本义是法律义,其实文献亦存"置"的法律义用例,如《左传·隐公元年》:"遂寘姜氏于城颖,而誓之曰:'不及黄泉,无相见也。'""寘"与"置"是异体字关系或正俗体关系。《篇海类编·宫室类·宀部》:"寘,俗作置。"此处的"寘(置)"不是通用语义"放置"或"释放"义,而是法律语义"流放"。因为姜氏纵容小儿子共叔段攻打大儿子庄公,庄公战胜了,按理当惩罚姜氏,但是考虑到姜氏是自己的母亲,故只好免除姜氏之罪,不过名誉处罚不能免,所以流放姜氏。又如《国语·郑语》:"褒人褒姁有狱,而以为入于王,王遂置之。"韦昭注:"置,赦褒姁。"《史记·吴王濞列传》:"击反虏者,深入多杀为功,斩首捕虏比三百石以上者皆杀之,无有所置。"张守节正义:"置,放释也。""置"的法律义"赦免、释放"再引申为通用语义释放。也许在汉代"置"的本义不显,反而"赦"作为法律用语常用,故许慎才以"赦"释"置"。当然许慎亦以"置"释"赦",这是训诂学的互训。这对互训释义,其目的在于相互阐发、彰显意义,从而凸显"置""赦"的法律意义。反观《尔雅》释义则不然,《尔雅》以通用语义释"赦",《尔雅·释诂》:"赦,舍也。""舍"即"捨",放弃义,此为通用语义。比较《说文》与《尔雅》对"赦"的释义差异,从另一个角度折射许慎对法律词义的关注。

"赦",段玉裁以为"赦与捨音义同,非专谓赦罪也",即"赦"的本义并非"赦罪",而是"舍弃、放弃",因此"赦"不是法源词,而是通用词,我们不苟同。我们在上面通过对许慎的互训方式的分析,认为"赦"是法源词。下面从语音线索与文化内涵两方面进一步再论证"赦"是法源词。"赦"字的构形无法显示其法律义来源,当从语音与文化两方面求之。段玉裁其实通过语音线索探求"赦"的语源义,即"赦与捨音义同",此虽能够求得其"放弃、舍弃"义,但是未能揭示"赦免"法律制度义,即退一步说"赦"的本义为放弃,为何"舍"未演变为法律词,而是"赦"呢? 这是由于未全面认识"赦"的语源义。因为一个词的产生既有语音方面要素,亦有文化方面的要素,两者须同时兼顾。"赦"的语源义当从与之音近的"解(懈)"及其使用语言环境中探求。其实,古人在这方面已经给予提示,即《易·解卦》:"象曰:雷雨作,解,君子以赦过宥罪。""君子以赦过宥罪"乃"说明'君子'效法《解》象,以'赦过宥罪'体现开释、舒缓的'仁政'"①。君子的"赦过宥罪"正如同雷雨之后,地上草木受到雨水的滋润,而解除干涸。故"雷雨作"乃前提,"解"乃目的。"赦"与"解"古音近,"赦"为铎韵字,"解"锡韵字,两者韵部通转,故"赦"得义于"解"。"解"有"解除、免除、废除"义。《易·系辞下》:"故恶积而不可掩,罪大而不可解。"《汉书·孔光传》:"长(淳于长)犯大逆时,乃始等见为长妻,已有当坐之罪,与身犯法无异。后乃弃去,于法无以解。"颜师古注:"解,免也。"晋葛洪《抱朴子·安贫》:"图画骐骥以代徒行之劳,遥指海水以解口焦之渴。"清代沈家本引用孔颖达、程颐、邱濬等人对《易·解卦》的象征义而求"赦"的语义:"(孔颖达)疏:'赦谓放免,过谓误失,宥谓宽宥,罪谓故犯。过轻则赦,罪重则宥,皆解缓之义也。'程(颐)传:'天地解散而成雷雨,故雷雨作而为解也。赦,释之。宥,宽之。过失则赦之可也。'邱濬曰:'按:雷雨作,解。君子亦赦过宥罪。盖言《易卦》之象如此尔。'"②即"赦"之语源义来源于"解"。

"赦过宥罪"之"宥",马叙伦以为其本字是"休":"至于经传宥赦字当作休。《书·吕刑》:'虽休勿休。'某传:'休,宥之也。'朱珔谓'休借为宥'。其实,凡宥赦字借为休也。宥其罪即

---

① 黄寿祺、张善文:《周易译注》,上海古籍出版社,2001 年,第 329 页。
② 沈家本撰,邓经元、骈宇骞点校:《历代刑法考·赦一》,中华书局,1985 年,第 521 页。

止其罚也。"①朱琦之观点可从,即"休"是"宥"的借字,因为"休""宥"两者音近,两者意义相差较远。马叙伦之"宥"字当作"休"看法,颠倒了借字与本字的关系,故不妥。马叙伦也许未能清楚"宥"的本义,因而有其说。较多学者对"宥"之本义进行过探讨,如"朱骏声曰:'广厦容人曰宥。'徐灏曰:'宥本谓居室之宽,引申为宽宥之称。'舜徽按:经传中率用引申义而本义废也。"②朱骏声之观点包含大厦义,徐灏认为"宥"是房屋宽大,即朱氏、徐氏皆认为"宥"有"大"义,但未详细论证"宥"之"大"义来源,也未阐释"有"之"大"义形成的原因。"宥"之"大"义来源声符"有",且"有"还有"多""富裕"义,"大"有"广"义。下详细论证:

1. "有"之"大"义:《广雅·释诂一》:"方,有也。"王念孙《广雅疏证》曰:"有与大义相近,故有谓之厖,亦谓之方。"

2. "有"之"富有"义:《诗·邶风·谷风》:"何有何亡,黾勉求之。"毛亨传:"有,谓富有也。"《列子·说符》:"羡施氏之有,因从请进趋之方。"张湛注:"有,犹富也。"《诗·大雅·公刘》:"止基乃理,爰众爰有。"郑玄笺:"人数日益多矣,器物有足矣。"朱熹《诗集传》:"众,人多也;有,财足也。"《尔雅·释诂上》:"憮,有也。"郝懿行义疏:"有之为言又也,亦言富也。《易·杂卦》云:'大有众也。有与大皆丰厚之意,故其义相成也。'"

3. "有"之"多"义:《诗·小雅·莆田》:"禾易长亩,终善且有。"朱熹《诗集传》:"有,多。"杨树达《积微居小学述林》:"终善且有,谓既善且多也。"《诗·小雅·鱼丽》:"君子有酒,旨且有。"朱熹《诗集传》:"有,犹多也。"戴震《毛郑诗考证》:"有,犹备也,

① 古文字诂林编纂委员会:《古文字诂林》第六册,上海教育出版社,1999年,第820页。

② 张舜徽:《张舜徽集·说文解字约注》,华中师范大学出版社,2009年,第1782页。

义进于多。"

4. "大"之"广"义：如《诗·鲁颂·泮水》："元龟象齿，大赂南金。"郑玄笺："大，犹广也。"《论语·学而》："君子务本，本立而道生。孝弟也者，其为仁之本与！"何晏《论语集解》："本，基也，基立而后可大成。"刘宝楠《论语正义》："大，犹广也。"

5. 以"有"为声符的"囿""疛"等字包含"大"等源义素。如《文选·张衡〈西京赋〉》："丰囿草以毓兽。"李善注引薛君曰："囿，博也。有博大茂草也。"① 又《说文·疒部》："疛，疛疛也。从疒，有声。"许慎的注释未能显示"有"的源义，《素问·通评虚实论》："刺手太阴旁三疛。"张志聪集注："疛，皮肤肿起之象。"② "肿起"则变大，故"疛"存源义素"大"。

上之"大""富有""多""广"等义，析言有别，浑言相通，其实一也，皆源自"有"与相关词的组合及汉民族文化而产生出的意义。

词的组合关系是语言中最重要的、根本的关系之一，不同意义的词组合后会发生意义变化。组合生义最常见的类型是"感染生义""相因生义""组合同化"等，即两个意义不同的词经常连用，其中一个词受另一个词的影响，产生出跟另一个词相同的义项。如"汉语中的'夏'本来意义是'大'，如《诗经》中的'夏屋'的意义就是'大屋'。……后来'夏'感染了'屋'的意义，本身也表示'大屋'了"③。现代汉语也存此用例，如"轮""船"常连用，形成"轮船"，后来"轮"因感染而产生了"船"的意义，"轮渡"中的"轮"即是。当然组合生义还有另外一种形式，即两个词组合后，其中一个能产生出新的意义，有时并非因另外一个词的理性

---

① 宗福邦：《故训汇纂》，商务印书馆，2003年，第400页。
② 宗福邦：《故训汇纂》，商务印书馆，2003年，第1504页。
③ 伍铁平：《词义的感染》，载《语文研究》，1984年第4期。

意义感染,而是受到另外一个词的褒贬色彩意义的影响所致,即心理、情感、文化、语用等因素渗透而产生意义。如"土地、人口、年成、财物、国家、政权、氏族、帝王、道德"等是古人常常欣羡、追求、持有和占有的,换言之,希冀拥有的土地、人口、年成、财物、道德越多越好;拥有的国家、政权、帝王位置等愈久愈高兴。其实,"有"在古文献中就特指"土地财物",如《荀子·王霸》:"内不修正其所以有,然常欲人之有。"杨倞注:"有,土地财货也。"这样"有"跟上述等名词组合的时候产生出"大、多、高尚"等意义,即"有"随所组合的名词意义不同而理解为不同的褒义程度形容词,当然如果"有"在句子中担当谓语成分,那么理解的时候,所产生的褒义程度形容词意义就用来限定后面的名词了,如《孟子·公孙丑上》:"夏后殷周之盛,地未有过千里者也,而齐有其地矣。"王力主编的《古代汉语》教材注为:"其地,这样[大]的地方。"①因为在"齐有其地"担当谓语,"有"所产生的"大"义就修饰名词"地"了,因此教材的注者也发现了这个问题,只是谨慎地把"大"在括号方[ ]里面罢了。又《论语·公冶长》:"邦有道,则知。"其实"有"这种用法,在现代汉语中依然使用,如说某个人有很多钱时,用"他有钱,买了奔驰车"来表示;又如称赞某个人美貌,用"她有貌"来表示。

综上可推"宥"的声符"有"示"大""宽"义。"宥"的"宽缓"义是本义,并非引申义。因为"宥"的"大厦容人"或"室宽大"皆是构形义,文献并无用例,即"宥"本非法源词,后来引申为"赦免"义,才演变为法律词。

"置""赦""宥"皆为赦免法律词语,但是构词理据、组合结构、交际功能等方面皆有差异。"置"的声符虽然表义,但是其字素"网"也是极为重要要素,直观上一眼能看出"置"是法律词语,

---

① 王力:《古代汉语》,中华书局,1999 年,第 302 页。

当然要细微地了解"置"的赦免语义,还要结合声符"直";"赦"的法律语义,只能从该字的读音与中国古代赦罪制度的根源去寻求,"赦"字构形不能显示法律语义;"宥"字的声符"有"也能提示语义,但是为"大"义。从交际功能上看,"置"虽然造字时是"赦免"义,但是使用的频率不高,后来"置"演变为通用词,法律语义几乎不用;"赦"是法源词,"宥"非法源词,词义引申或者在语用中与相关法律词组合后转变为法律词。"赦""宥"被传承至今,"置"则被废弃。"赦"与"宥"的差异,唐代孔颖达归纳总结:"赦"是赦过失;"宥"是"赦罪",宽缓或减轻罪犯罪行,并非完全无罪。但文献的用例并非孔颖达所言之泾渭分明,"罪"亦可"赦",如《左传·昭公五年》:"竖牛祸叔孙氏,使乱大从,杀嫡立庶;又披其邑,将以赦罪,罪莫大焉。"同时,"过"亦可"宥",如《管子·版法》:"武威既明,令不再行,顿卒怠倦以辱之,罚罪宥过以惩之,杀僇犯禁以振之。"以上用例分别是"赦罪"与"宥过"之组合结构,故"赦"并非专用于"赦过","宥"并非专用于"宥罪"。但是孔颖达之"宥"是宽缓或减轻罪,与文献用例合,王凤阳也认为:"'赦'是免于处罚,'宥'是宽大处理。"[①]"宥"几乎不见用例,"赦"字在出土的文献中多用例,例如下:

1. 或以赦前盗千钱,赦后尽用之而得,论可(何)殹(也)?(《睡虎地秦墓竹简·法律答问》)

2. 赦□□□□◻ ⁄。(《里耶秦简》1633)

3. 有小罪而赦之,匿也。有大罪弗诛,不行。有小罪而弗赦,不辩于道。(《马王堆汉墓帛书·老子甲本卷后古佚书·五行》)

4. ……是胃(谓)伪诈。失民得法,国□日君。失民失法,罪死不赦。凡治之道,公□……(《银雀山竹简·守法守令·缺题》)

5. 以赦令免为庶人名籍。(《居延新简》EPT5·105)

---

① 王凤阳:《古辞辨》(增订本),中华书局,2011年,第662页。

罢（罷）　《说文·网部》："罢，遣有辠也。从网、能，言有贤能而入网，而贳遣之。《周禮》曰：'议能之辟。'"

关于"罢"字的本义，学人有争议，主要有两种看法。第一种看法："罢"的本义为"疲困"。如张舜徽、张玉金等人持此种观点："舜徽按：本书'能，熊属。足似鹿，从肉，㠯声。能兽坚中，故称贤能，而强壮称能杰也。'是贤能、能杰之称，皆假借义，其本义乃兽名。罢从网能，当用本义。凡兽为人所困，则疲困矣。能在网下为罢惫，犹兔在门下为冤屈耳。故罢字当以疲困为本义，因引申为休罢之罢。后世说此字者，多以休罢为本义，疲困为假借义，许君从俗立说，而原意晦矣。"①张玉金在比较许慎与张舜徽的观点后，赞同张舜徽的说法："按《说文》的说法，'罢'的本义是放遣有罪的人，有贤能的人进入法网，就赦免放遣他。张舜徽《说文解字约注》：'能（熊属）在网下为罢态……故罢字当以疲困为本义。'此说更为可信。"②第二种看法："罢"的本义为放遣有罪的人。持此种观点的人有何金松以及今之《汉语大字典》的编者。何金松曰："从网、能会意，网表示罪网、法网，能代表贤能之臣，义为放逐有罪的贤臣。……罢字的创制者，头脑是清醒的，看到了贤臣遭逐的可悲事实，通过文字反映出来，意义十分深远。"③"放遣有罪的贤臣"与"遣有罪的人"在字面表达上虽有差异，但其实是一样的，因为许慎后面所解说的"能"是贤能之人。《汉语大字典》收录"罢"字，首义项是"放遣罪人"，此与《说文》此条释义同。笔者认为"罢"字本义可以有两说，这在前文我们已经阐释，一个字可以有多个本义。张舜徽的观点是基于"罢"的直观构形而得出，即"能"为熊属，能被网捕捉，几经扑腾后，变

---

① 张舜徽：《张舜徽集·说文解字约注》，华中师范大学出版社，2009 年，第 1865 页。

② 李学勤：《字源》中册，天津古籍出版社，2012 年，第 685 页。

③ 何金松：《汉字文化解读》，湖北人民出版社，2004 年，第 158 页。

得精疲力竭,所以"疲困"为本义,此说亦通。文献中"罷"有作"疲困"的用例,如《左传·昭公十九年》:"今宫室无量,民人日骇,劳罷死转,忘寝与食,非抚之也。"杜预注:"罷,音皮;本或作疲。"故"罷"作"疲"解并非假借义,因为从文字构形理据与用例均可论证"罷"有"疲困"义。"罷"的本义为"放遣罪犯义",此亦成立。因为此义基于"罷"字义素"网"与"能"的比喻义,而此意义与"疲困"没有联系。"罷"存两个本义是因为虽然构形相同,但是取像的象征不同,故形成两个本义,这正如我们前面谈论到的"井"有多个本义一样。其实清代学者对许慎的析形有较为详细的解说,如徐灝《说文解字注笺》:"许意'入网'犹犯罪也。有贤能而犯罪,则贳其罪而罷遣之。"王筠《说文句读》:"遣者,纵也,纵舍之也。""罷"本为有罪而放遣,但在具体语境中亦可能是无罪而被放遣,如《史记·齐悼惠王世家》:"灌将军熟视笑曰:'人谓魏勃勇,妄庸人耳,何能为乎!'乃罷魏勃。"司马贞索隐:"罷,谓不罪而放遣之。""放遣有罪的人",即罪人不遭受法律的惩罚,但是可能须解职回家休养,故可引申为"放遣,遣归",如《国语·吴语》:"我既执诸侯之柄,以岁之不获,无有诛焉,而先罷之,诸侯必说。"韦昭注:"罷,遣诸侯令先归。"又《史记·高祖本纪》:"遂不使治病,赐金五十罢之。"也可引申为"解除",如《战国策·秦策三》:"吴起为楚悼罷无能,废无用,损不急之官,塞私门之请。"《淮南子·时则》:"罷官之无事、器之无用者。"高诱注:"罷,省。""省"即"省略",为"不用"或"废除"之义。又《字汇·网部》:"罷,废也,黜也。""罷"字本义存两说,许慎以其中的法律义(放遣罪犯)为本义,这折射了许慎对中国古代法律文化或法律词语的重视。

"罷"见于出土文献,用例颇多,意义不一,亦可作为构词语素构词,构成"罷休""罷卒"等词,例如下:

1. 殄北守塞尉罷遣之▨。(《居延新简》EPT6·10)

"罷"与"遣"连用,为遣送义。

2. 今调守第七候长，真官到，若有代，罢。(《居延新简》EPF22·481)

3. 第十守士吏李孝，今调守万岁候长，有代，罢。(《居延新简》EPF22·256)

4. 真官到，若有代，罢。(《居延新简》EPF22·248)

5. 代罢如律令。(《居延新简》EPT52·111)

例2、例3、例4、例5之"罢"皆为解除。

6. 贫寒队(燧)长夏□等罢休，当还入十五日食石五斗，各如牒。(《居延新简》EPF22·294)

7. 第十队(燧)长田宏贫寒罢休，当还九月十五日食。(《居延新简》EPF22·296)

8. 乘廿、卅井队(燧)长张翕贫寒罢休。(《居延新简》EPF22·301A)

9. □恭贫寒罢休。(《居延新简》EPF22·303)

例6、例7、例8、例9中的"罢"与"休"构成双音词"罢休"，《汉语大词典》收录"罢休"，第四条义项为"辞去官职"，正合上之"罢休"义，但是所举书证为唐代语料，书证时间远远滞后《居延汉简》时代。

10. 三月十五日治罢卒簿府。(《居延新简》EPT2·2)

11. 罢卒，伏地再□□。(《居延汉简》4·22A)

12. 罢卒在正月四日到部私留一日，适运茭五百东致候官会八月旦。(《居延汉简》285·10)

13. □遂长赵彭祖九月奉六百出八，治罢卒簿。(《肩水金关汉简》73EJT10·251)

例10、例11、例12、例13中的"罢卒"已经是一个词。"罢卒"的义，大多数学者认为是服役期满，将归家之卒①。《汉语大

---

① 沈刚：《居延汉简词语汇释》，科学出版社，2008年，第204页。

词典》未收录"罢卒",当补。

许慎以"议能之辟"证上古存在贤能之人犯法可以减免刑罚的制度,这包含赦免的对象、程序等内容,源自《周礼》的八辟。周制规定八种人的犯罪须经特别审议,并可减免刑罚,称为"八辟"。《周礼·秋官·小司寇》:"以八辟丽邦法附刑罚。一曰议亲之辟,二曰议故之辟,三曰议贤之辟,四曰议能之辟,五曰议功之辟,六曰议贵之辟,七曰议勤之辟,八曰议宾之辟。"贾公彦疏:"案《曲礼》云:'刑不上大夫。'郑注云:'其犯法,则在八议轻重,不在刑书。'若然,此八辟为不在刑书,若有罪当议,议得其罪,乃附邦法而附于刑罚也。"孙诒让正义:"依《曲礼》注义,盖凡入八议限者,轻罪则宥,重罪则改附轻比,乃有刑也。"后来成为历代封建帝王的亲族、近臣减刑免刑的特权规定。汉代改名八议,三国魏正式写入法典,唐代在《唐律疏议》中详定八议:一曰议亲,谓皇帝袒免以上亲及太皇太后皇太后缌麻以上亲皇后小功以上亲。二曰议故,谓故旧。三曰议贤,谓有大德行。四曰议能,谓有大才艺。五曰议功,谓有大功勋。六曰议贵,谓职事官三品以上、散官二品以上及爵一品者。七曰议勤,谓有大勤劳。八曰议宾,谓承先代之后为国宾者。一直沿用到清代。

第十一节　监　狱　词　语

"监""狱"连用,汉代已见,但不是名词义,如《汉书·王尊传》:"(王尊)年十三,求为狱小吏。数岁,给事太守府,问诏书行事,尊无不对。太守奇之,除补书佐,署守属监狱。"唐颜师古注曰:"署为守属,令监狱主囚也。"此"监狱"为动宾结构,还不是词,更不是今之"牢房"义。"监"为审查义,"狱"为"刑狱之事",故此"监狱"为"审查刑狱之事"义。"监"在上古没有"监狱"义,演变为"监狱"义是从"监禁、关押"而来,如宋文天祥《宫籍监诗序》:"予监一室,颇潇洒。"此"监"是被动语义,即"被监禁","犯人进了牢房就被监禁看押,失去了人身、行动自由,所以入狱被说成'进监',牢房被说成监房"①。即"监"演变为名词"牢房"义源自"被监禁"动词语义名物化为"被监禁之处"。"狱"之本义也非"牢房"义,是从本义"争讼、诉讼"引申而来。因为争讼,会导致犯罪之人进入"牢狱",故引申为"监狱"。"监""狱"连用且演变为名词的用例,已经见于金元时期的文献,如《金元散曲·李茂之》:"把条款别体倒违礼煞,寨儿中、监狱儿内、禁牢儿里下,则悫傍人每鉴咱。"《汉语大词典》收"监狱"一词,释义为"监押犯人的处所",但是首书证为清代的语料,即魏源《圣武记》卷十:"其衮僻寥阔之区,非徒增营汛,且必增州县,使有城池、廨署、学校、仓库、监狱。"故《汉语大词典》所举书证时代滞后,当提前。"监狱"一词的概念并非《汉语大词典》所释那样简单,内涵众多,也是随着时代的变化而变化的②:监狱,从性质上看,具有阶级性、强制性和专门性等内容;从功能看,监狱具有羁押、隔离、惩罚等基本内容;从特征上看,监狱最重要特征是封闭性。因此从广义的角度对监狱下个定义:监狱是对违抗统治阶级意志以及触犯统治阶级利益的人们进行监禁、拘束及惩罚的机构或场所。它既包括自由刑(徒刑和拘役)罪犯的执行场所,也包括以下之处所:古代充军、流刑等犯人待解待发的羁押场所和发配劳役的场所;死刑犯暂时收监等候处决的场所;皇室贵族的软禁之地;刑事被告人等嫌疑犯、未决犯的看守场所;民事诉讼被告人以及民事诉讼的干连佐证的管收场所;另外,还有各种拘留所、感化教养机构以及各种私牢等。监狱的内涵涉及诸多的内容,古汉语文献中"监狱"称谓词亦多,如"圜土""夏台""均台""羑里""囹圄"

---

① 王凤阳:《古辞辨》(增订本),中华书局,2011 年,第 446 页。
② 万安中:《中国监狱史》(第三版),中国政法大学出版社,2015 年,第 2—5 页。

"丛棘""圉""狱""监狱"等,这些监狱名称有的隐藏许多忧伤故事,亦反映监狱的形制及惩罚的程度,同时折射汉民族对违法犯罪行为的评判与狱政思想。《说文》收录的及训诂元语言反映的关于"监狱"称谓的有"狱""牢""豻""陛""圉""圂""圈""埧"等词。

狱 **《说文·犾部》:"狱,确也。从犾,从言。二犬,所以守也。"**

许慎以"确"释"狱",乃声训探源,"狱"的古音为疑母屋部,"确"的古音为见母屋部,两者声同类,韵同部,故音近。"确"同"埆",有坚固牢实义。段玉裁注曰:《召南传》云:'狱,埆也。'埆同确,坚刚相持之意。许云所以守者,谓犴牢拘罪之处。"《释名·释宫室》:"狱又谓之牢,言所在坚牢也。"《急就篇》卷四:"皋陶造狱法律存。"颜师古注:"狱之言埆也,去其坚牢也。"张舜徽亦曰:"确有坚义,此为囹圄周固,罪人不得越出也。"①但是"确"为"狱"的源义素,并非独立的义项。因为在文献中并无"狱"之"确"义的独立用例,只是构成义位的要素(义素)。"狱"是多义词,主要有"争讼""监狱""诉讼案件"等义,如《周礼·秋官·大司寇》:"以两剂禁民狱。"郑玄注:"狱,谓相告以罪名者。"《国语·周语中》:"夫君臣无狱……君臣皆狱,父子将狱,是无上下也。"韦昭注:"狱,讼也。无是非曲直,狱讼之义也。"上之"狱"皆"争讼"义。又《诗·小雅·小宛》:"哀我填寡,宜岸宜狱。"朱熹集传:"岸,亦狱也,《韩诗》作'犴'。乡亭之系曰犴,朝廷曰狱。"《汉书·刑法志》:"今郡国被刑而死者岁以万数,天下狱二千余所,其冤死者多少相覆。"上之"狱"皆"监狱"义。又《易·贲》:"君子以明庶政,无敢折狱。"孔颖达疏:"勿得直用果敢折断讼

---

① 张舜徽:《张舜徽集·说文解字约注》,华中师范大学出版社,2009年,第2434页。

狱。"《汉书·景帝纪》："狱疑者谳有司。有司所不能决,移廷尉。"上之"狱"皆"诉讼案件"义。"狱"本义为何? 若依许慎析形之"二犬,所以守也"(即谓二犬守备之处)、段玉裁注之"许云所以守者,谓狴牢拘罪之处"与"古之狱有犬以守之,故从二犬"[1]等,"狱"的本义似乎为"监狱",许慎、张舜徽等认为"狱"之本义为"监狱",但是我们不苟同,认为"狱"之本义当为"争讼",因为许慎解未能全面与准确说解"狱"之造意,仅言"二犬,所以守也"。杨树达曰:"从言之义,许君不及。二犬守言,义不相会。"[2]"从二犬"并非相守,而是二犬相对,"从言"即是二犬相吠咬,其实许慎析字为"狀"就有"二犬相咬"之义,只是许慎未在本条解说而已,《说文·狀部》:"狀,两犬相啮。""狀"即两犬相咬。许慎于本条不以"狀"为构件,却拆分"二犬"的原因,恐与犬相守义冲突,从而影响其对"狱"之本义为"监狱"的推断。"狱"字见于铭文,其形作 狱(《六年琱生簋》),其构形为两犬正反相对,与《说文》小篆几同,而构形尤精。铭文"狱"字有二义[3],一为狱讼,《六年琱生簋》:"公朿稟贝,用狱 諫 为白(伯)。"二为刑狱,《蔡簋》:"勿吏(使)敢又(有)庆止(鈦趾)从(纵)狱。"故铭文中今未见"监狱"义。其实,古人借"二犬"喻指诉讼双方,即原告人与被告人,这需从中国古代诉讼法律文化角度理解,因为古人极力追求社会和谐,强调息事宁人,认为诉讼双方对簿公堂是最不和谐的体现,因此原告人、被告人对簿公堂争讼,无异于两犬相争,故以"犬"喻争讼之人。"言"有争讼义,戴侗《六书故》曰:"从言,

---

① 张舜徽:《张舜徽集·说文解字约注》,华中师范大学出版社,2009 年,第 2434 页。

② 古文字诂林编纂委员会:《古文字诂林》第八册,上海教育出版社,1999 年,第 627 页。

③ 张世超:《金文形义通解》,中文出版社,1996 年,第 2424 页。

守丞,皆得断狱、瀗(谳)狱,皆令监临庳(卑)官,而勿令坐官。[《张家山汉墓竹简·二年律令·盗律》102—103(C40)]

"断狱""谳狱"皆为双音词,"断狱"谓"判决案件",《汉语大词典》收"断狱",已经见于《墨子》。"谳狱"谓"审理案件",《汉语大词典》收"谳狱",首书证举宋代的语料,书证滞后《张家山墓竹简》,当提前。

牢　《说文·牛部》:"牢,闲,羊牛马圈也。从牛,冬省。取其四周帀。"

"牢"之本义谓养牛马的圈。甲骨文有"𤘺""𡆠""𡇢"等形,隶定为"牢"。"𤘺"像三面封闭,只留一个出口的圈栏之形,即"其四周帀";"𤘺"内或牛、或羊、或马等,商承祚《殷墟文字类编》引罗振玉曰:"牢为兽栏,不限牛,其字或从羊。""牢"为会意字,《说文》小篆作"𤘴",并无"冬"构形字素,许慎析"冬省",乃因秦简写法而误增一笔,而与"𡕀(冬)"偏旁相似,遂以为从冬省①。甲骨卜辞"牢"并无本义用法,其义为"圈养的专供祭祀之牛"②,如"燎三牢(屯817)",又"御母小牢(《合集》21805)"等。"牢"的本义见之于铭文,铭文作"𤘺(牢爵)""𤘺(貉子卣)"等形,其义为"养家畜之圈,特指专养祭祀用牲之圈"③,如《貉子卣》:"𣪚(治)王牢于厰,咸宜。""牢"既为圈养祭祀之牲,故必严防其逃脱,因而使圈坚牢,由此引申,为"坚牢、牢固"义,如:《韩非子·难一》:"东夷之陶者,器苦窳,舜往陶焉,朞年而器牢。""牢"的字形只有一个出口,并无通风通光之窗,再加之坚固,因此通过隐喻,把罪犯关押之处称为牢(监狱),这样既能防止罪犯逃脱,又

---

① 李学勤:《字源》上册,天津古籍出版社,2012年,第72页。
② 刘兴隆:《新编甲骨文字典》,国际文化出版公司,1993年,第50—51页。
③ 张世超:《金文形义通解》,中文出版社,1996年,第142页。

示惩罚与侮辱。"牢"引申为"监狱",其用例见之于汉代文献,如汉司马迁《报任安书》:"故士有画地为牢,势不可入,削木为吏,议不可对,定计于鲜也。"但是《汉语大字典》、《汉语大词典》首书证时代滞后,不过《汉语大词典》收双音词"牢狱",此"牢"为"监狱"义。《汉语大词典》例举的首书证为战国时期的语料,如《管子·度地》:"虚牢狱,实廥仓。""牢"单用作"监狱"用例在秦代出现,如《睡虎地秦墓竹简·法律答问》:"可(何)谓'署人'、'更人'? 耤(藉)牢有六署,囚道一署濫,所道濫者命曰'署人',其他皆为'更人'。"后世文献沿用不废,如老舍《茶馆》第二幕:"从牢里出来,不久就赶上庚子年。""牢"不仅可单用为"监狱"义,也可构成法律语义的双音词,在秦简出土文献中习见,如:

1. 即令令史己往执。令史己爰书:与牢隶臣某执丙,得某室。(《睡虎地秦墓竹简·封诊式·告子》)

2. 即令令史某往诊。令史某爰书:与牢隶臣某即甲诊,男子死(尸)在某室南首,正偃。(《睡虎地秦墓竹简·封诊式·贼死》)

3. 令史某爰书:与牢隶臣某即甲、丙妻、女诊丙。(《睡虎地秦墓竹简·封诊式·经死》)

上3例之"牢隶"皆双音词,其义为管理牢房的官吏。"牢"的语素义为"监狱"。

4. 盈日,可以筑闲牢,可以产,可以筑宫室、为啬夫。有疾,难起。(《睡虎地秦墓竹简·日书甲种》)

"牢"、"闲"连用,许慎正以"闲"释"牢"。

5. 人恒亡赤子,是水亡伤(殇)之,乃为灰室而牢之,县(悬)以,则得矣。(《睡虎地秦墓竹简·日书甲种》)

"牢"单用,动词,囚禁义。《汉语大字典》未立此义项,当补。

犴(犴) 《说文·豸部》:"犴,胡地野狗。从豸,干声。犴,犴或从犬。《诗》曰:'宜犴宜狱。'"

"犴"本非法源词,由于《说文》训诂元语言引《诗》"宜犴宜狱",故考释之。犴是豻的或体,"犴"的本义谓威猛有力的野狗,《集韵·翰韵》:"犴,野犬,犬所以守,故谓狱为犴。"古代监狱大门前多塑有狴犴,或者画之于狱门,以之守卫,后来转指监狱。最初指乡亭的拘留所,后泛指监狱。《诗·小雅·小宛》:"哀我填寡,宜岸宜狱。"陆德明《经典释文》:"岸,韦昭注《汉书》同《韩诗》作'犴',音同。云:'乡亭所系曰犴;朝廷曰狱。'"文献中很少单用"豻"或"犴"表示监狱,一般作为构词语素,形成双音词表示法律语义。

"犴""豻"与"狱"连用构成双音词"狱犴"与"豻狱",有三义,一是指监狱,如汉桓宽《盐铁论·刑德》:"幽隐远方,折乎知之,室女童妇,咸知所避。是以法令不犯,而狱犴不用也。"东汉荀悦《申鉴·俗嫌第》:"狱犴若居,有罪者触之。贞良入焉,不受其罚也。"《后汉书·崔骃传》:"所至之县,狱犴填满。"二是指诉讼之事,如《汉书·刑法志》:"原狱刑所以蕃若此者,礼教不立,刑法不明,民多贫穷,豪桀务私,奸不辄得,狱犴不平之所致也。"又如蔡东藩《前汉通俗演义》第八回回目:"葬始皇骊山成巨冢,戮宗室豻狱构奇冤。"三是指刑狱定罪的法令。《荀子·宥坐》:"三军大败,不可斩也;狱犴不治,不可刑也,罪不在民故也。"杨倞注:"狱犴不治,谓法令不当也。"

陛 《说文·非部》:"陛,牢也。所以拘非也。从非,陛省声。"

"陛"之本义为监狱。《玉篇·非部》:"陛,陛牢也,所以拘罪人。"徐灏《说文解字注笺》曰:"'拘非',《广韵》引《说文》作'拘罪',《玉篇》亦云:'拘罪人。'今本非字,疑涉非声而误。《广韵》又作狴,与陛同。云:狴犴,兽也。"[1]张舜徽认同徐灏的观点,曰:"传写者误脱罪字上半,而成非耳。罪人被拘,则与众隔离矣,故

---

① 丁福保:《说文解字诂林》,中华书局,1988年,第11513页。

陲字从非。"①徐灏之说可以存参，但"非"字并不必误，因为"非"乃"罪"语源义，"非"有罪义，如《吕氏春秋·安死》："吾不非斗，不非争。"高诱注："非，犹罪也。"又《吕氏春秋·长见》："不以吾身爵之，后世有圣人，将以非不谷。"高诱注："非，犹罪也。"《说文·网部》："罪，捕鱼竹器也。从网、非。秦以罪为皋字。"马叙伦曰："严可均曰：'非声。'……王筠曰：'鱼有何非而网之哉？'当增声字耳。"②严可均、王筠皆未察出"非"之"罪"义，仅仅以为"非"为声符，表读音。"罪"当是《说文》中的"亦声字"，即"非"既表音，又示义，应该增补"非亦声"，即改"从网、非"为"从网、非，非亦声"，否则也只是"得其一半"、遗漏了"一半"。另外"罪"字本义并非"捕鱼竹器"，因为此义既于古书无载，又难以言说其构形理据。"罪"的构形义当是网罗（或惩罚）违法犯罪之人，故其本义与"皋"同，是"皋"的同义词，两者取像不同，但殊途同归。"陲"之语源义正是张舜徽所说，"非"有"分离""隔离"义。"陲""狴"同源，两者古音近，义相同。"狴"，《说文》未收，亦是一种凶猛的狗。《玉篇·犬部》："狴，兽名。"一般与"犴"连用，指凶狂的狗，转指"监狱"，如"狴犴，狂犬也。亦谓之狱者，以其为犬所守耳。"③"陲"，叙述文献未见用例，仅见字书、辞书、韵书与古注之中，常用"狴"。

圉　《说文·幸部》："圉，囹圄，所以拘罪人也。从幸，从口。"

"圉"之本义谓监狱，段玉裁于"圉"字下注曰："幸，为犯人，口为拘之，故其字作圉。"甲骨文作"▨""▨""▨""▨"诸形，释为

---

①　张舜徽：《张舜徽集·说文解字约注》，华中师范大学出版社，2009 年，第2885 页。

②　古文字诂林编纂委员会：《古文字诂林》第七册，上海教育出版社，1999 年，第 128 页。

③　宗福邦：《故训汇纂》，商务印书馆，2003 年，第 1419 页。

"圉";亦见之于铭文,如""(《墙盘》)""(《圉方鼎》)。"繁文象双手戴铐于狱中,或口中只有一铐,省文也。"①王襄《簠室殷契类纂》:"(甲骨文)从执,从口。执,许说'捕罪人也。'口,古围字。捕罪人而拘于围中,圉之谊尤塙。"②卜辞用作监狱,如"壬辰卜,贞,执于圉"(《合集》5973)。"圉"的四周封闭紧固,以禁止犯人逃脱与不相干的人进入,故有"禁止、禁制"义,如《尔雅·释言》:"圉,禁也。"郭璞注:"禁制。"《管子·霸言》:"按强助弱,圉暴止贪。""圉"在"禁止"义上,与"御"有相同的源义素,又"圉""御"皆为疑母鱼部字,两者上古音同,故"圉""御"同源,《字汇·口部》:"圉,与御同。止也,扞也。"其实,笔者查检"圉"在先秦的用例皆为"抵御"义,几乎无"监狱"的用例,《汉语大字典》无先秦用例以证"监狱"义,而是举《汉书》为首书例,证"圉"之"监狱"义,即《汉书·王褒传》:"昔周公躬吐捉只劳,故有圉空之隆。"颜师古注:"一饭三吐食,一沐三捉发,以宾贤士,故能成太平之化,刑措不用,囹圉空虚也。"一个词由于具有多义素特征,"圉"与"狱"亦同源,因为两者具有共同源义素"监狱",同时两者上古音近,"圉"的上古音为疑母鱼部,"狱"的上古音为疑母屋部,"屋部、鱼部"具有近邻的旁对转关系。

"圉"之"监狱"义与"抵御"义在今出土秦汉简帛文献中有用例,但不多见,例如:

1. 今夫毃(系)者,小圉不下十数。(《银雀山汉墓竹简·尉缭子·将理》)

"圉"为名词,"监狱"义。

2. 合杂,所以圉裹也。(《银雀山汉墓竹简·孙膑兵法·

---

① 刘兴隆:《新编甲骨文字典》,国际文化出版公司,1993年,第368页。
② 汉语大字典编纂委员会:《汉语大字典》,湖北辞书出版社、四川辞书出版社,1990年,第720页。

官一》)

"圉"为动词,"抵御"义。

囹 《说文·囗部》:"囹,狱也。从囗,令声。"

"囹"之本义谓监狱。刘熙、应劭、徐锴等人曾推求"囹"的语源义,刘熙《释名·释宫室》:"狱,又谓之囹圄。囹,领也;圄,御也。领录囚徒禁御之也。"应劭《风俗通义》曰:"周曰囹圄。囹,令也;圄,与也。言令人幽闭思愆改恶为善因原之也。"①徐锴《说文解字系传·囗》:"囹者,梐也,栊槛之名。"词语具有多义特征,多义特征可能由多个同音词显示,因此从声训角度探源,可能出现多种结果,但是以最接近被释词本质特征语义的声训词来探源是最合理的声训。以上的被释词是"囹",探源的声训词有"令""领""梐"等。以上三者比较,刘熙、应劭的探源过于迂曲,且未得"监狱"之要义,牵强过甚,我们认为徐锴之声训最能体现"监狱"初始形状特征与功能。"梐"与"囹"古音近,"梐"的外形是疏密相间之横木或直木而成的格子,如《说文·木部》:"梐,楯间子也。"此义与"栊槛"相通,《说文·木部》:"栊,槛也。"朱骏声《说文通训定声》:"栊,《三苍》:'栊,所以盛禽兽栏槛也。'今囚栊字当作此。"《玉篇·木部》:"栊,槛也,牢也。"总之,"囹""圄"皆为监狱,"圄"是以会意方法造字,记载"监狱","囹"是则通过形声方法造字而显示"监狱"义。

上古"监狱"义,多用"囹圄","囹"几乎不单用,而是与"圄"连用,构成双音词"囹圄"以表"监狱"义,但中古语料有"囹"单用表示"监狱"义的用例,如唐韩愈《答张彻》诗:"下险疑堕井,守官类拘囹。"宋陆游《晚凉述怀》诗:"屏医却药疾良已,破械空囹盗自消。"也许这些诗文句子由于受到字数的限制,而单用"囹"。

---

① 宗福邦:《故训汇纂》,商务印书馆,2003年,第400页。

圄 《说文·口部》:"圄,守之也。从口,吾声。"

许慎此条训释未能显示"圄"之"监狱"义,但是《说文·口部》:"圉,囹圄,所以拘罪人也。"故可知"圄"有"监狱"义。"圄"之语源可从声符"吾"求得。"吾"声示源义"御","圄""御"上古音同,皆为疑母鱼部。"御"有"守御"义,许慎以"守之"释"圄",隐含了"吾"声的"守御"义。监狱乃守御重地,严防罪犯逃脱与无关人进入,唐代孔颖达亦有此看法,如《礼记·月令》:"〔仲春之月〕命有司,省囹圄,去桎梏。"孔颖达疏:"囹,牢也;圄,止也,所以止出入,皆罪人所舍也。"孔颖达以"止"释"圄",并谓"止出入",乃义训,并非声训探源,但是"止出入"与"御"之义相通,故"监狱"可名"圄"。"圄"在上古可单用表"监狱"义,如《晏子春秋·谏下一》:"景公藉重而狱多,拘者满圄,怨者满朝。"《尉缭子·将理》:"今夫决狱,小圄不下十数,中圄不下百数,大圄不下千数。"不过上古多用双音词"囹圄"表示监狱义,如《管子·法法》:"惠赦加于民,而囹圄虽实,杀戮虽繁,奸不胜矣。"《吕氏春秋·仲春纪》:"命有司,省囹圄,去桎梏,无肆掠,止狱讼。"《韩非子·三守》:"至于守司囹圄,禁制刑罚,人臣擅之,此谓刑劫。"《汉书·礼乐志》:"祸乱不作,囹圄空虚。"上之"囹圄"皆为上古秦汉时期的用例。

埩 《说文·土部》:"埩,徒隶所居也。一曰女牢,一曰亭部。从土,肙声。"

许慎所释有三义,一为古代徒隶罪犯所居的土房;二为女牢,此是传世文献中首次用词语明确记载我国女监牢。齐文心认为殷商时期就有女性监狱,"圉又作𡖊,应隶定为圂,是圉字的或体,象戴手梏的女奴隶作跪形被囚禁在监狱里的象形"[1]。胡留元赞同齐文心的观点,"齐文心释作像戴手梏的女奴隶作跪形被

---

[1] 齐文心:《殷代的奴隶监狱和奴隶暴动——兼甲骨文"圉"、"戎"二字用法的分析》,《中国史研究》,1979 年第 1 期,第 64 页。

囚禁在监狱里的象形。……从甲骨文圉字形及其异体来，殷代不仅有狱，而且有男监女监之别"①。齐文心之说未必可信，因为甲骨文"图"的人未必是女人，很多甲骨文构形即使是女人，表义也是泛指人，不分男女老少。明确指称女性监狱的是汉代的"永巷"。"永巷"本是帝王宫内连接殿舍的长巷，后又专指汉代皇帝与诸侯王妻妾所居后宫，如《史记·吕太后本纪》："吕后最怨戚夫人及其子赵王，乃令永巷囚戚夫人，而召赵王。"司马贞注曰："永巷，别宫名，有长巷，故名之也。"由于戚夫人与一些宫女曾经被囚禁于永巷，故"永巷"转称为"监狱"。由此可知"永巷"由宫名转义为监狱名，并非本义。三为乡亭基层的牢狱，即"亭部"，段玉裁于"圂"字下注曰："亭部，盖谓乡亭之系也。"以上三义看似有别，实际一也，皆是"监狱"的别名。"圂"之语源义为"圈（畜圈）"，"圂"的上古音为见母元韵部，"圈"的上古音为群母元韵，见母、群母同类，故"圂""圈"两者音近。张舜徽曰："古之徒隶，即罪人也。罪人所居谓之圂，犹养畜之闲谓之圈耳。此与牢本闲，养牛马之名，亦称罪人所居曰牢，同意。"②张舜徽所言极是，"圈"隐喻为监狱，如同"牢"可隐喻为监狱，两者皆为恶劣污浊的存活之所。但是文献中未见"圂"字用例，仅见之于字书、韵书与古人注释著作，如段玉裁于"圂"字下注曰："圂，陛牢，所以拘罪者也。其拘女者曰圂。"马叙伦《说文解字六书疏证》曰："钱坫曰：'此圜土字也。'王筠曰：'一曰女牢者，今京师有此语也，但不专为女耳。'"③《广韵·铣韵》："圂，女牢。"

由上可知，"狱""牢""豻""陛""圉""圀""圂""圂"等是一

————————

①　胡留元、冯卓慧：《夏商西周法制史》，商务印书馆，2006 年，第 124 页。

②　张舜徽：《张舜徽集·说文解字约注》，华中师范大学出版社，2009 年，第3368 页。

③　古文字诂林编纂委员会：《古文字诂林》第十册，上海教育出版社，1999 年，第 288 页。

组同义词。"监狱"是其同,不同体现在多方面:第一,"圉""圄"
"狱"为一组同源词,三者不但语义相同,语音亦相同。这三者又
有不同,从现今文字记录方面看,文献先有"圉"的用例,见于殷
商卜辞,后有"圄"的用例。"圄"字单用在春秋战国时期语料出
现,但与"囹"连用为"囹圄"出现的次数最多;"狱"于周代的《诗
经》出现,但是很少使用。从词义来源看,"圉""圄"的本义为监
狱;"狱"字本义并非监狱,引申义为监狱,且在秦汉才多用"狱"
表示"监狱"。第三,"牢""埒""囹"之间并非同源词,也与"圉"
"圄""狱"等词不同源。"牢""埒""囹"演变为"监狱"的途径与
机制不同。"牢"通过隐喻机制演变为监狱;"埒"的命名来源于
"圈",即"埒""圈"为同源词,由于"圈"通过隐喻机制演变为监
狱,故"埒"亦有"监狱"义,也许由于监狱词汇系统分工性质,使
得"埒"专称"女监狱";"囹""棂"同源,牢房由于具有"棂"的特
征,因而改换"圉"中的"幸"为"令",产生了"囹"。"囹"的产生
展现了监狱多方面的特征。从语用方面看,"牢"在战国末期或
秦可作"监狱"义,但是秦以前很少单用,迄秦以后可单用,也可
构成较多的双音词,"囹"在先秦以前几乎不单用,但与"圄"构成
双音词"囹圄"在先秦习见;"埒"则是特指女性监狱,未见叙述文
献用例,只是见之于字典、词典、韵书与注释著作中。第四,"豻
(犴)"演变为"监狱"是法律文化因素促成,几乎不单用,"狴"
"犴"常连用为"狴犴";"陛"与"狴"同源,叙述文献未见用例。

　　《说文》中还收了个表示囚犯越狱的字,《说文·土部》:"儓,
囚突出也。"张舜徽《说文解字约注》:"今语称囚突出为越狱。"由
于文献罕见用例,仅录存参。

第三章 《说文》与中国古代法律文化

　　《说文》是中国古代文化的渊薮,或明或隐地折射中国古代
诸多文化的类别,中国古代法律文化踪迹亦可从中寻觅。古今众
多的学人多角度、多层次地发掘《说文》所存留法律文化的化石,
如中国古代学人辑佚汉朝律令,十分重视《说文》。因为《说文》
不仅保存了上古法律文献,如《司马法》、汉朝法律法令条文等内
容,清人胡玉缙、王仁俊相继撰写《〈说文解字〉引汉律令考》。胡
玉缙之文辑录《说文》所引汉律令 23 条并详加考证。王仁俊
《〈说文解字〉引汉律令考》被《〈说文解字〉研究文献集成·文本
研究》收录,但收录不全,有上卷而无下卷。王仁俊之文晚成于
胡玉缙之文,且多采胡氏之长,对所辑条文进行编次、归类,同时
有所增补①。《说文》反映古代法律文化,不仅在于其保存法律史
料,而且体现在许慎通过其训诂元语言反映了古代法律思想。
《说文》是东汉许慎所撰的我国第一部字典(词典),许慎所立字
(词)目是对象语言(目标语),许慎用来释义的词语、语句(包括
解构字形、标记读音和所引古文字、文献等语句)是元语言。前
者称为语符元语言(释义元语言、基元词、训诂元语言),后者属
于语句元语言。字典、词典使用语符元语言之目的是尽可能以最

①　胡玉缙、王仁俊撰,张忠炜辑较:《清人〈说文解字〉引汉律令考辑校二种》,
《中国古代法律文献研究》第八辑,社会科学出版社,2014 年,第 425 页。

少的词汇量解释某种语言的词汇量,达到释义的准确;语句元语言即通过更多的语料,以补充说明释义的依据或者可靠性。符号元语言和语句元语言亦能承载文化或思想,古人所使用的元语言尤甚。下面从注释学与阐释学的角度勾勒许慎对《说文》中的法律词语的认知,这些认知包括符合文字的本义与不符合文字的本义,因为皆是许慎的看法,这些认知皆可观照或折射中国古代法律文化,尤其是汉朝的古代法律文化。

众多学者对"法律文化"概念进行过界定,但是至今难以有权威的定义,不过有个突出的特点集中在"法律"范畴内,与"法律"的关系明显,颜吾芟之"法律文化"的定义与一般学者的定义迥然有别,其或大相径庭,即:"法律文化应该指人们在以法律为核心内容的一切规则限定之下的相关实践活动及其成果的总和。"①颜吾芟的定义不仅包括"法律"内涵,更为重要的是突破"法律文化"所具有的法律范畴,延伸到一切成文或不成文的限定性规则、规范等,如银行"一米线后等待",乘坐公交车"排队上车""先下后上"等,这些明显不属于法律范畴,但是颜吾芟归之于法律文化的内涵,因为人们对以上规则的态度关乎对法律的态度,二者紧密相连。我们认为颜吾芟对"法律文化"的定义更能与古代法律文化特征相符合,因为古代法律、法令、习俗、规则,甚至权威人物的日常话语、行动等常常具有法律效力或者是法律规范。我们对《说文》所反映的古代法律文化的归纳正是基于此。

第一节　君权至上,法自君出

法律是统治阶级意志的体现,君王的地位处在统治阶层的上层,他们日常生活习惯、行为的方式也赋予法律内涵,或者形成不

---

① 颜吾芟:《中国法律文化概论》,清华大学出版社,2013 年,第 7 页。

成文的法律规则,从而具有法律效力。"文字者,经艺之本;王政之始",文字关乎政治法律,因此文字创制与法律制度、法律思想等息息相关。

《说文·口部》:"君,尊也。从尹;发号,故从口。"

《说文·王部》:"皇,大也。从自。自,始也。始者,三皇,大君也。"

《说文·王部》:"王,天下所归往也。董仲舒曰:'古之造文者,三画而连其中谓之王。三者,天、地、人也,而参通之者王也。'孔子曰:'一贯三为王。'"

君、皇、王三者形异义近,皆为古代最高统治者,他们位尊权重,发号施令,握"生杀予夺"的大权,是法的化身。许慎以"尊"释"君",体现了对古代君王唯我独尊、至高无上的认知。"从尹;发号,故从口"则是对君王施行法律方式的诠释。"天下所归往"为声训,许慎揭示了"王为天子,能贯通天地人"乃古人的共识,正如班固在《白虎通义·爵》所说:"王者、父天母地,为天之子也。"①君王不仅对整个国家政治、经济、法律等有绝对的话语权,而且对语言文字拥有独特权,因此不仅可以改字、造字,还有专门的用字,而且对其名不能直呼或直书。许慎于此也有阐释:《说文·辛部》:"辠,犯法也。从辛,从自。言辠人蹙鼻,苦辛之忧。秦以辠似皇字,改为罪。"秦始皇认为辠与皇字形相似,有辱君王的尊严,故改辠为罪,以致"辠"后来弃用。君权至上不仅体现在他们为所欲为,而且体现在其名不能直呼或直书,从而立为法律制度。如《说文·禾部》:"秀,上讳。"又《说文·艸部》:"莊(庄),上讳。"《说文·火部》:"炟,上讳。"《说文·戈部》:"肇,上讳。"《说文·示部》:"祜,上讳。"以上 5 字,分别是汉代皇帝"刘秀、刘庄、刘炟、刘肇、刘祜"的名。许慎均未详注"秀、庄、炟、肇、

---

① 班固:《白虎通义》,中华书局,1985 年,第 1 页。

祜"之义,仅略书"上讳"二字。许慎为何这样做呢? 这亦是汉朝法律制度的反映。"汉承秦制",但是又有重大的改革,汉律中增添了一些新的罪名,其中有"不敬罪和大不敬罪……触犯帝王的名讳,侵犯皇帝的人身都属于'不敬罪'或'大不敬罪',要处以重刑"①。即汉代以前人们著书立说、交谈时,不直写或直呼皇帝的名字而避讳,是一种礼的约束,到汉朝时则明文规定为法律了。故许慎不敢以身试法,但是以上诸字在不得不收入字典这种情况下,只好略注"上讳"而已。

"法自君出",是君王左右着国家法律、法令,其诏敕常常直接成为法律,君王可修改、废止任何法律。如《说文·辟部》:"辟,法也。从卩,从辛,节制其辠也;从口,用法者也。"许慎以"法"释"辟",是凸显"辟"之法制观念,因为相对"辟"之本义"行刑、惩罚",更能激活读者从宏观或者上位概念角度去联想法律之内涵,毕竟"行刑、惩罚"乃执法行为之一,处于下位概念。"辟"之"法"义,不唯许慎所认知,如《周礼·秋官·小司寇》:"以八辟丽邦法附刑罚。一曰议亲之辟,二曰议故之辟,三曰议贤之辟,四曰议能之辟,五曰议功之辟,六曰议贵之辟,七曰议勤之辟,八曰议宾之辟。"上之"辟"皆"法"义,八种之法是周制规定对"亲、故、贤、能、功、贵、勤、宾"八种身份的人犯罪时可酌情赦免。"节制其辠"则解构了法的功用,"从口"是指君王之口,"用法者"则指实施或制定法的方法,体现了古代君王言出法随之特征,即法自君出。"辟"另有"君王"义,如《尔雅·释诂一》:"辟,君也。"又《诗·大雅·文王有声》:"丰水东注,维禹之绩。四方攸同,皇王维辟。"郑玄笺:"辟,君也。"由于《说文》的释义绝大多数只有一个义项,故我们未能在《说文》中见到"辟"的引申义——君。"辟"之所以能引申出"君"义,其原因正是古代"法自

---

① 汪石满:《中国法律》,安徽教育出版社,2002 年,第 53 页。

君出"在"辟"的投影,即"法"由"君"生,"君""法"同体。刘泽华亦说:"主宰一切的人必然被视为秩序的化身。古代的政令法律是转化为国家意志的君主意志,君主言出法随,赏戮由心,因此君主又称为'辟''辟君''辟王'。"①

第二节　立法以礼,重誉与孝

"立法以礼"是指以礼作为立法的基本原则或者理论。"立法原则"即"是指立法者在法的创制过程中,应该遵循的基本准则,它是立法思想在法的创制过程中的具体化、实践化。"②《说文》虽无明确地记载以礼立法的细则,但是收录了一个专门表示立法活动的词,即"建",《说文·廴部》:"建,立朝律也。从聿,从廴。"

"建"之本义,若依据《说文》为"立朝律",即设立国家朝廷法律制度。段玉裁注曰:"今谓凡竖立为建。许云:立朝律也。此必古义,今未考出。从聿,律省也。从廴。廴省也。"段玉裁赞同许慎的观点,认为是古义,后之学者未能考释归纳出来罢了。虽然今天较多的学者不以"立朝律"为"建"的本义,我们通过详细考证,也认为"建"的本义并非"立朝律",而是"树立"。但是这不能否定许慎没有立法的概念,况且前面我们已经阐释《说文》收录立法形式的词语有"灋(法)""宪(憲)""刑""辟""律"等。这些立法词语就是立法成果的体现,即是立法思想在法的创制过程中的具体化、实践化。

《说文》也收录了"礼",《说文·示部》:"礼,履也。所以事

---

① 刘泽华:《中国的王权主义——传统社会与思想特点的考察》,上海人民出版社,2000年,第231页。

② 张文显:《法理学》,法律出版社,1997年,第344页。

神致福也。从示、从豊,豊亦声。"《说文》关于"礼"的元语言虽然并未明确告知我们古代立法理论或原则,仅仅强调人必须履行"礼"及阐释了"礼"起源于祭神而求福,但征之于古文献可以反映出其内容和功用。《礼记·曲礼上》:"道德仁义,非礼不成;教训正俗,非礼不备;分争辩讼,非礼不决;君臣、上下、父子、兄弟,非礼不定;宦学事师,非礼不亲;班朝治军、莅官行法,非礼威严不行;祷祠、祭祀、供给鬼神,非礼不诚不庄。"由此可见"礼一开始就是和神权、族权紧密联系的,并含行为规范的意义……它上至国家的立法、行政、各级贵族和官吏的权利义务,下至衣食住行,婚嫁丧娶,迎往送来,几乎无所不包。特别重要的是,其中不少规范实质上具有法律甚至国家根本大法的性质。"①若从古代立法理论发展史看,是"由单一的神权法到百家争鸣再到诸家融合……立法以制礼和制刑为其形式,礼刑合一"②。换言之,以上立法成果"灋(法)""宪(憲)""刑""辟""律"等皆是基于"礼"的基础上而产生。

"重誉与孝"是指重视名誉(荣誉)和孝道,这既是古人符合礼的基本要求,也是古人自律的表现。"出礼入刑",在法制上主要通过耻辱刑而达到目的。"耻辱刑是指以犯罪人人格为主要毁损对象,使犯罪人感受到精神痛苦的刑罚总称。国家法律采用某种强制手段刻意将犯罪人的罪犯身份公之于众,以达到鼓励社会成员贬损罪犯人格,使其感受精神痛苦的目的。耻辱刑的对象是受刑者的人格而非其肉体、自由或财产,犯罪人在精神上感受到被社会唾弃的精神痛苦。"③《说文》于此有所反映。

---

① 张国华:《中国法律思想史》(新编),北京大学出版社,2005年,第29页。
② 史广全:《中国古代立法文化研究》,法律出版社,2006年,第38—41页。
③ 杨鸿雁:《中国耻辱刑考略》,《法学研究》,2005年第1期,第127页。

黥 《说文·黑部》:"黥,墨刑在面也。从黑,京声。"

斀 《说文·攴部》:"斀,去阴之刑也。从攴,蜀声。《周书》曰:'刖劓斀黥。'"

髡 《说文·髟部》:"髡,剃发也。从髟,兀声。髡,或从元。"

耏 《说文·而部》:"罪不至髡也。从而,从彡。耐,或从寸。诸法度制字,从寸。"

徇 《说文·彳部》:"徇,行示也。从彳,匀声。《司马法》:'斩以徇。'"

辜 《说文·辛部》:"辜,皐也。从辛,古声。𣲲,古文辜从死。"

磔 《说文·桀部》:"磔,辜也。从桀,石声。"

"黥"是古代墨刑,用刀在罪人的额头或颧骨上刻划深深的印痕,继之涂以墨汁。施行的部位在面部,即"墨刑在面也",于施刑部位较为宽泛,"从黑,京声"就具体些,尤其是"京声"则明言施刑于人的面部最高之处,即"额"或"颧骨"。这是由"京"显示出来的,因为"京声"之"京",不仅表音,且表义。"京"有"高"义。《说文·京部》:"京,人所为绝高丘也。"《尔雅·释丘》:"绝高为之京。"那么人的面部之高处即是"额"或"颧"。

"黥"是古代五刑之一,就肉体遭受苦痛而言,相比其他四刑较为轻,伤口亦容易愈合,但由于那一道道难以磨灭的黑划痕高高居于罪人之面部,一望便见,人的精神上遭受痛楚,终生无法解除,使得遭受"黥"刑的罪犯一生声名狼藉,名誉扫地。

"斀"虽是肉刑,也具有耻辱刑的性质,宽泛地说所有的刑罚都具有耻辱性质,只是耻辱性程度强弱不同罢了。"去阴之刑"即毁坏罪犯的生殖器之刑罚,男子被割势或女子被闭塞其生殖器。斀刑又名宫刑,因施行斀刑之地常常在窨室。《说文·宫部》:"宫,室也。"沈家本曰:"宫刑为淫刑也。男子之阴名为势,割去其势与椓去其阴事也同也。本制宫刑,主为淫者,后人被此罪者,未必尽皆为淫。……汉除肉刑,除墨、劓、刖耳,宫刑犹在。……宫是次死之刑。"①宫刑是次死之刑,指给人精神上所造成的巨大伤害,并非肉体上的损伤或生命的丧失。遭受斀刑之后,不能生育子女了,无法延续家族,违背了古代最大的孝,古人云:"不孝有三,无后为大。""在中国古人看来,人之德最大莫过于孝,人之恶最大亦莫过于不孝。因而,重孝,即褒奖孝行,严惩不孝便自然成了中国古代法律的特点及重要任务之一。"②因此古代通过"斀"刑根绝罪人的生育能力,乃剥夺了人行孝的权利,故使罪人颜面扫地,生不如死。司马迁遭受宫刑之后曾悲痛欲绝,《汉书·报任安书》:"故祸莫憯于欲利,悲莫痛于伤心,行莫丑于辱先,而诟莫大于宫刑。"由上可知古人重视孝的原因了。

"髡"本是剃去头发,"耏"本是剃掉颊须,此二者引申为法律词语,变为刑名,其根源也在于中国古代孝文化。因为古人认为人之身体发肤受之父母,是父母的象征或是父母的化身,损伤之即伤害父母,必不孝顺父母。因此在古代剃光罪犯的头发或剃去其颊须,其核心并不在于这种惩罚有多重,而是使罪犯在身体头部、面部与常人有异,羞辱罪犯及其亲人,从而警戒他人。由于"髡""耏"的处罚较轻,因此常常作为附加刑,而不是主刑。

"徇",不是一种刑罚,是行刑的方式,此种行刑方式之目的主要有二,一是惩罚罪犯,二是教育或警戒罪犯氏族其他成员,当然还对全社会成员有警诫作用。"徇"又作"狥",段玉裁注曰:"古匀、旬同用,故亦作狥。"狥,《广雅·释言》:"狥,巡也。""徇"即围绕某地来回走,所以古代斩杀罪犯时往往押着罪犯或用车载着罪犯围绕某地示众以羞辱之。此种行刑方式于古书文献习见:

① 沈家本:《历代刑法考》,中华书局,2006年,第183—184页。
② 侯欣一:《孝与汉代法制》,《法学研究》,1998年第4期,第134页。

《左传·僖公二十八年》:"杀颠颉以徇于师。"《史记·司马穰苴列传》:"庄贾惧,使人驰报景公请救。既往,未及反,于是遂斩庄贾以徇三军。"《汉书·高帝纪上》:"杨熊走之荥阳,二世使使斩之以徇。"颜师古注:"徇,行示也。《司马法》曰:'斩以徇。'言使人将行遍示众士以为戒。"以上施刑在前,"徇"则在后,当然亦有"徇"后,再斩杀,如《新唐书·藩镇传·吴元济》:"帝御兴安门受俘,群臣称贺,以元济献庙社,徇于市斩之。"此例为"先徇,后斩"的行刑方式。"徇"之施刑方式,还有另一种,徐锴《说文解字系传》:"徇,且斩且行,以令于众也。今人作徇。"此种行刑方式为一边斩杀罪犯,一边载着罪犯尸体巡行。不管怎样,"徇"之施刑突出施刑的示众与警戒作用。

　　《说文》用同训的方式注释"辜"与"磔",两者行刑方式有共同之处,即皆是古代示众的两种残酷刑罚,均是杀死罪犯后,在一定时间内不准给罪犯收尸,或者根本不允许给罪犯收尸,任罪犯尸体干枯。"辜"之语源在"干枯",杀死罪犯使其尸体干枯,"磔"是杀死罪犯,张挂罪犯尸体让其干枯,这比"辜"的示众更明显,因为张挂尸体于高处,人们可远观之,故警示的作用要大。

　　示众罪犯的行刑方法在中国源远流长,尧、舜、禹时代的"象刑"便是后来惩罚罪犯而示众的肇始。"象刑"即是对罪犯不加以真正的处罚,只是让罪犯在其应受刑的部位加以标记或穿戴与众不同的服饰[1],《尚书大传》:"唐禹之象刑,上刑赭衣不纯,中刑杂屦,下刑墨幪,以居州里,而民耻之。""象刑"在后来得以衍生而变得残酷,如在公众面前对罪犯施刑并弃之于市,如《礼记》曰:"刑人于市,与众弃之。"当然,此种行刑方式,不唯中国古代有,许多国家在其历史上都曾采用,如古希腊时大城市的中央广

---

① 　颜吾芟:《中国法律文化概论》,清华大学出版社,2013 年,第 224 页。

场常树立一根"耻辱柱",在上面钉着未捕获归案罪犯的缺席判决书。俄罗斯帝国则直接将罪人钉在这样的柱子上,当众宣布罪状,任凭围观者辱骂,这种刑罚在欧洲一直到 19 世纪才取消①。可见此种行刑方式的普遍性和长久性。

第三节　严刑酷罚,刑有等级

"严刑酷罚"是指法律条文细致严密和惩罚罪犯手段严厉残酷。中国古代刑法,虽然不同的朝代依据自身的社会发展,出现从宽量刑、约法省刑、宽猛相济、废除肉刑等情况,但是总体上是严刑酷罚。此与中国法律起源有关,深刻影响着古人的立法思想。"氏族晚期,刑作为经常性的威慑、处罚和镇压的暴力手段应运而生。它起初用以处置怀有敌意的被征服者和俘虏,随后也用以对付氏族内部成员。从夏朝开始直至战国商鞅变法前,一般将'法'称为'刑',这段时期的法律形式以刑为主体,称之为刑时代,它是中国古代社会前期法律残酷性的体现。"②此言不假,许慎就是以"刑"释"灋(法)",《说文·廌部》:"灋,刑也。"《说文》虽没有以"法"释"刑",但是于汉代注释语料中可见:《诗·大雅·抑》:"罔敷求先王,克共明刑。"汉代毛亨传:"刑,法也。"又《诗·周颂·我将》:"仪式刑文王之典。"汉代毛亨传:"刑,法也。"古代"法""刑"同体法制思想在很大的程度上造成了古代严刑酷罚。古代的严刑酷罚在《说文》中的体现除了上述的"斀"刑外,另有"辜""磔""斩""轘""绞""缢""跀""剠""职""耿"等,下择其一二考释,以窥见一斑。

---

① 颜吾芟:《中国法律文化概论》,清华大学出版社,2013 年,第 226—227 页。
② 谢冬慧:《试论我国主体性法律形式之变迁》,《社会科学辑刊》,2010 年第 1 期,第 127 页。

辜　《说文·辛部》："辜,辠也。从辛,古声。𣀇,古文辜从死。"

磔　《说文·桀部》："磔,辜也。从桀,石声。"

斩　《说文·车部》："斩,𢧵也。从车,从斤。斩法车裂也。"

轘　《说文·车部》："轘,车裂人也。从车,瞏声。《春秋传》曰:'轘诸栗门。'"

许慎"辜""磔"互训,并以元语言词"辠"释"辜",可知"辜""磔"皆为法律语域词语,但许慎未能明确告知"辜""磔"之刑罚残酷。"辜"作为一种刑罚,是处置犯重罪的人,施以死刑。故许慎引古文"𣀇",并曰:"古文辜从死。"但是此种刑罚的残酷体现在哪?为何又言"辜""磔"呢?《周礼·秋官·掌戮》:"杀王之亲者,辜之。"郑玄注:"辜之言枯也,磔也。"郑玄以声训方法,即"辜之言枯也",探求了"辜"之语源为"使尸体干枯",即处死罪犯后,弃市暴尸。虽然郑玄亦用"磔"释"辜",两者同义,但是两者有别。"磔"作为惩处方法,比"辜"更残酷。"磔,中国古代分裂肢体后悬首张尸示众的一种酷刑。"①"磔"有"悬挂高处"和"刳裂尸体"之义。"磔"之"高"义从形符"桀"可求。《说文·桀部》:"桀,磔也。从舛在木上也。"徐灏《说文解字注笺》:"磔当作傑(杰),字之误也。桀、傑古今字……同在木上,取高出人上之意。"徐灏指出了"桀"有"高"义,但"字之误"不妥,其实"桀、傑、磔"从语源上看是一组同源字,同源字之间可以互训,故以"磔"释"桀"不误。"桀"字,战国文字有作"𣥯"形,汉简作"𣥵"。从"木"与从"土"同意。"𣥯"像张开双足站在树枝上,"𣥵"像双脚张开站在土台上。故"桀"有"高""张开"义。"桀"之"张开""分

---

①　《法学词典》编辑委员会:《法学词典》(增订版),上海辞书出版社,1984年,第962页。

开""分割"等义来源于"舛"。沈家本曰:"舛字向背,象人肉分解之状,在木上者,磔枭于木上。"①段玉裁于"桀"字下注:"通俗文曰:'张伸曰磔。'舛在木上,张伸之意也。"又于"磔"字下注曰:"按凡言磔者,开也,张也。刳其胸腹而张之,令其干枯不收。"由上可知,"辜""磔"虽同为死刑,但是"辜",仅仅是弃市暴尸,令尸体枯干;"磔",还刳裂罪犯尸体,张挂其尸,令其枯干。两者相较,"磔"要残酷十分。

"斩"与"轘"最初皆为古代残酷死刑,俗称五马分尸。"斩"最初是车裂之刑,是效法车裂之刑而创制,即许慎所言"斩法车裂也"。后谓斩首或腰斩,"斩,中国旧时刑罚的一种。对判处死刑的犯人斩头或腰斩。源于车裂"②。也许由于"斩"后来专指斩首或腰斩,故古人为车裂之刑另创"轘"字,即"车裂人也"。《左传·桓公十八年》:"七月戊戌,齐人杀子亹而轘高渠弥,祭仲逆郑子于陈而立之。"杜预注:"车裂曰轘。"

"刑有等级"指古代一种公开的不平等的特权法,是一种等级特权的刑罚原则,减免古代王室的亲贵、故旧、贤能、功勋等人的刑罚,这背离了战国时代法家提倡的"刑无等级"原则,即违背了壹刑思想。"刑有等级"的刑罚原则,可以通过许慎对"罷(罢)"的训诂元语言明确地了解。

罷(罢) 《说文·网部》:"罷,遣有辠也。从网、能,言有贤能而入网,而贳遣之。《周礼》曰:'议能之辟。'"

徐灏《说文注笺》:"许意'入网'犹犯罪也。有贤能而犯罪,则贳其罪而罷遣之。"许慎所引《周礼》之"议能之辟",见今之《周礼》。《周礼·秋官·小司寇》:"以八辟丽邦法附刑罚。一曰议亲之辟,二曰议故之辟,三曰议贤之辟,四曰议能之辟,五曰议功

---

① 沈家本:《历代刑法考》,中华书局,2006 年,第 113 页。
② 蒲坚主编:《中国法制史》,北京大学出版社,2000 年,第 1003 页。

之辟,六曰议贵之辟,七曰议勤之辟,八曰议宾之辟。"贾公彦疏:
"案《曲礼》云:'刑不上大夫。'郑注云:'其犯法,则在八议轻重,不
在刑书。'若然,此八辟为不在刑书,若有罪当议,议得其罪,乃附邦
法而附于刑罚也。"即有才德之人获罪可以赦免而不予追究罪行。

第四节　神明裁判,公平公正

神明裁判是指"在司法鉴定技术和证据学不发达的古代社
会,司法官员在原、被告双方真假曲直难以判明时,往往求助于神
的力量,依据神意来审查证据和裁断案件"①。即神明裁判是借
助神的力量断定疑难案件,其实质是追求司法的公平公正。神明
裁判不仅见之于人类远古时期,而且在人类进入文明的早期,许
多国家、民族地区的司法实践中依然普遍采用。神明裁判在中国
源远流长,在时间与地域上跨距大,时间跨距上可以说从有司法
实践的远古,到近代的清朝都存在神明裁判,绵延五千年;从地域
上看,从远古到中古时期,官府、民间并存使用神明裁判,到近代,
甚至 20 世纪五六十年代在少数民族地区有的依然运用神明裁判
以审定是非与断定案件。郑显文把中国古代的神明裁判分为三
个时期,"其一是先秦时期,是神明裁判兴盛时期;其二是秦汉至
唐宋,笔者称之为沉寂时期;其三是元明清时期,由于元明清司法
制度黑暗,民间许多地方神明裁判又重新复活"②。汉朝离上古
不远,东汉时期的《说文》反映了中国古代的神明裁判。

灋　《说文·廌部》:"**灋:刑也。平之如水;廌(廌),所以触
不直者,去之,从去。法,今文省。佥,古文。**"

由上观之,"法"是"灋"之简体。许慎以"刑"释"灋"反映了

_____

① 郑显文:《律令时代中国的法律与社会》,知识出版社,2007 年,第 1 页。
② 郑显文:《律令时代中国的法律与社会》,知识出版社,2007 年,第 19 页。

古人对法的早期认知,或者是中国古代法律的发展,因为古人对法的认识,历经由"刑"至"法",然后到"律"的三部曲。"平之如水"解构"灋"字为何从"水",即告诉我们法律应该公平,许慎对"水""準(准)""灝"的训释也透露信息,可相互参证。《说文·水部》:"水,准也。"《说文·水部》:"准,平也。"即可推出:"水"为"平"义。段玉裁注曰:"谓水之平也,天下莫平如水。"《说文·水部》:"灝,议辠也。从水、獻。与法同意。"即"灝"从水与"灋"从水,取意相同,都应该蕴涵公平。我们亦可从许慎收录字的情况及古人对"灝"之异体字"讞(谳)"的比较来说明"法"之从水体现法律的公平性质。《说文》未收"讞",但"讞"有议罪义,即审定案件,断定罪之大小。如《广韵·狝韵》:"讞,议狱也。"《集韵·线韵》:"讞,议罪也。"《汉书·景帝纪》:"诸狱疑,若虽文致于法而于人心不厌者,辄讞之。"《说文》收"灝"字,《说文·水部》:"灝,议辠也。从水、獻。与法同意。""与法同意"即是"灝"字从水与法字从水的构形原则相同。许慎之所以不收"讞"字而收"灝"字,我们推测许慎向读者传递法律追求公平之核心,因为"讞"字是常用字,在汉代出现,但是"讞"字未能凸显司法公平公正,而"灝"字凸显了法律司法之公平公正。如《字汇·水部》:"灝,与讞同。按:此字有从言者,从水者。从言,以言议罪也;从水,议罪如水之平也。议各有取。""讞"虽然有"议罪"之义,但是未凸显公平之义,所以《字汇》的按语曰:"议各有取。"主观性很大,导致公说公有理,婆说婆有理;而"灝"之从水,则以公平为准绳,为司法所具备的核心之一。

"水"能体现公平,但是许慎未能明言个中缘由。其实,"水"乃易见到的液体,具有变易性、流动性,随物赋形,其平稳性不容易知晓,其公平义更是隐晦。水之平稳性是由其变易性、流动性体现出来的,因为置水于不平之物上则流动,反之物平则水不流,故"水"能测出物之平与不平,今天我们尚在利用"水平仪"测物之平否。"水"不动时，就是平稳时。"平稳"则无偏无颇，齐等划一，即公平。《玉篇·亏部》："平，均也；齐等也。"故许慎认为法律制度应该像"水"一样能够具有公平性，法律面前人人平等，执法者也应该秉持公平，坦然无私。

　　法律体现公平，另从许慎对"律"的说解可窥见。《说文·彳部》："律，均布也。从彳，聿声。"许慎释"律"为"均布"，即平均（公平）施行。《汉语大词典》收"均布"一词，释义为"普遍分布"，例证是：《汉书·董仲舒传》："故受禄之家，食禄而已，不与民争业，然后利可均布，而民可家足。"我们认为《汉语大词典》当补"平均（公平）施行"之义项。其实许慎所释的"均"应该作"平均、公平"解。《说文·土部》："均，平，徧（遍）也。从土，从匀，匀亦声。"由上可知许慎对"均"所释的义项有2个，一是"平"，二是"徧"。"平"义在前面，"徧"义在后。另"布"有"施行"义。《广雅·释诂三》："布，施也。"《庄子·列御寇》："施于人而勿忘，非天布也。"王先谦《庄子集解》："施于人则欲勿忘，有心见得，非上天布施之大道。"①故"均布"作"平均（公平）施行"是优选的义项。《汉语大词典》释"均布"为"普遍分布"，其"均"取"遍"义，"布"取"分布"义。要之，"均布"指法律的施行应该公平。

　　法律不仅要体现公平性质，且具有正义性，这两者是辩证统一的，乃法律追求的终极价值。许慎引用灋之古文"佱"正是体现法律的正直、正义性质。"佱"从亼，从正。"亼"有汇集义，《说文·亼部》："亼，三合也。从人、一，象三合之形。读若集。"《六书正讹·缉韵》："亼，古集字。指事。凡会合等字从此。"故"佱"为汇集正直之义。法律之正直需要操作者来执行，特别是对疑难案件的决断，此操作者为"廌"，即神兽决狱。

　　神兽决狱或神明裁判，指古时对疑难讼狱难以决断时，求助

---

　　①　王先谦：《庄子集解》（第2版），中华书局，2004年，第459页。

神兽。神兽之所以能执法公平、判断是非曲直,乃神之本性所定。神兽是一种"性识有罪"、不偏不倚的独角兽,所以神兽只触撞两造双方中有罪或理亏的,触了有罪一方后,马上去(离开)。"廌,所以触不直者,去之。""廌"即"解廌",又名"獬豸",似"山牛"。《说文·廌部》:"廌,解廌,兽也,似山牛,一角。古者决讼,令触不直。象形,从豸。"其实神判者之"神"还有"羊""鹿""麟""马""豹""独角鸟""犀牛""独角龙""独角虎"等①,或许"牛"为神之常见,故有"山牛""犀牛"之说,因此许慎以"山牛"释"廌"。许慎以"牛"或者以"牛"构成汉字入训诂元语言而对汉字解读,也从另一方面反映"神判"。

告　《说文·言部》:"告,牛触人,角箸横木,所以告人也。从口,从牛。"

诉　《说文·言部》:"诉,告也。从言,斥省声。《论语》曰:'诉子路于季孙。'"

证　《说文·言部》:"證(证),告也,从言,登声。"

诏　《说文·言部》:"诏,告也。"

诰　《说文·言部》:"诰,告也。"

以上诸词,尽管有的在今天变为两栖词或者不常用,甚至消失了,但皆为法律语域词语。对以上诸词释义,虽然许慎皆用了符号元语言——告,但不能仅从词的理性义去理解,要从神判的角度去思量以上诸词的构形与意义,否则许慎之良苦用心枉费了。如段玉裁于"告"字下注曰:"牛、口为文,未见告义,且字形中无木,则告意未显。"破读以上诸词意义,关键要抓住"牛触人",然后联想到古之神判有取"牛"之意象,即"用牛触人",此如同"廌所以触不直",故"告"演变为法律词本源于神判。许慎以"告"释"诉""證""诏""诰"亦给读者透露了神判之思想。只有从神判的

---

①　武树臣:《中国法律文化大写意》,北京大学出版社,2011 年,第 127—128 页。

角度去理解,我们心中所存的疑惑才涣然冰释,也不会指责许慎析形或释义不确。征于文献,以上诸词表示法律意义的用例颇多。《礼记·文王世子》:"其刑罪则纤剸,亦告于甸人。"郑玄注:"告,读为鞠。读书用法曰鞠。"《汉语大词典》释此例之"告"为"审讯定罪"。《玉篇·言部》:"诉,讼也。告诉冤枉也。"《汉书·成帝纪》:"刑罚不中,众冤失职,趋阙者告诉不绝。"《汉语大词典》引此书例,释义为"控告"。《广雅·释诂四》:"诏,书也。"王念孙疏证:"诏者,《独断》云:'天子命令,一曰策书,二曰制书,三曰诏书,四曰戒书。'"又《史记·秦始皇本纪》:"命为'制',令为'诏'。"裴骃《史记集解》引蔡邕曰:"诏,诏书。"《周礼·春官·大祝》:"作六辞以通上下亲疏远近,一曰祠,二曰命,三曰诰,四曰会,五曰祷,六曰诔。"《正字通·言部》:"诰,秦废古称'制''诏',汉武帝元狩六年初作诰,然不以命官。"上例之"诏""诰"成为具法律效力之文书。

第五节　贱讼无讼,追求和谐

"贱讼无讼"是指古人不齿争讼之事,轻视争讼,甚至不愿"讼",更不愿意有争讼之事发生。这并非后世认为的穷人因打官司耗费巨大和衙门黑暗,故不愿意打官司,而是认为人与人争讼与狗咬狗无异,且"争夺、斗讼是道德败坏的表现或结果,是固有的善端丧失了或固有的恶端没有得到改造的结果"①。下面我们看许慎对"狱"之注释:

狱 《说文·㹜部》:"狱,确也。从㹜,从言。二犬,所以守也。"

许慎对"狱"训诂的元语言"从㹜",则刻画争讼人的丑态,折

---

① 范忠信、郑定、詹学农:《情理法与中国人》,中国人民大学出版社,1992 年,第 125 页。

射了古人对诉讼的态度。"从狀"何意?《说文·狀部》:"狀,两犬相啮也。从二犬。"徐灏《说文注笺》曰:"犬不喜群,两犬相遇,往往相啮,故从二犬。"即"从狀"如同两犬相咬,比喻形象生动,争讼人之丑态毕露。"从言"则进一步告诉我们"狱"有"争讼"义,为法律语域词语。《说文·言部》:"言,直言曰言,论难曰语。从口,辛声。""辛声"中的"辛"隐含了法律意义,因为"辛"是惩处罪犯的刑刀。又《集韵·原韵》牛堰切:"言,讼也。""言"包含的法律意义,此不详考,上文已经详细阐释。"争讼"义虽然未能像"狀"十分明确地体现古人贱讼厌讼心里,但其中蕴含的法律文化很值得我们思考。

"均布和谐"是指法律的制定,或者刑罚的施施不但要公平公正,且其主旨是为了维持社会的和谐。许慎对"律""均"的注释则于此有所反映。

律 《说文·彳部》:"律,均布也。从彳,聿声。"

均 《说文·土部》:"均,平,徧(遍)也。从土,从匀,匀亦声。"

许慎释"律"为"均布",即平均(公平)施行。《汉语大词典》收"均布"一词,义项只列一个,即"普遍分布"。书证是:《汉书·董仲舒传》:"故受禄之家,食禄而已,不与民争业,然后利可均布,而民可家足。"我们认为《汉语大词典》当补"平均(公平)施行"之义项。理由如下:许慎所释的"均"应该作"平均、公平"解。虽然许慎对"均"所释的义项有2个,一是"平",二是"徧",但是"平"义在前面,"徧"义在后,即"平"为首选义;"布"即"施行"义。《广雅·释诂三》:"布,施也。"《庄子·列御寇》:"施于人而勿忘,非天布也。"王先谦《庄子集解》:"施于人则欲勿忘,有心见得,非上天布施之大道。"①故"均布"作"平均(公平)施行"

---

① 王先谦:《庄子集解》(第2版),中华书局,2004年,第459页。

是优选的义项。《汉语大词典》释"均布"为"普遍分布",其"均"取"遍"义,"布"取"分布"义。"普遍分布"虽与《汉语大词典》所举的书证相一致,但与许慎所释不切合。要之,"均布"指法律的施行应该公平。

"律"之"均布"义,不仅隐含了法律之公平,而且也体现古人向往和谐社会。《玉篇·土部》:"均,平也。"《论语·季氏》:"不患寡而患不均,不患贫而患不安。""均"不仅有"平"义,亦有"调和、调节"义。《诗·小雅·皇皇者华》:"我马维骃,六辔既均。"毛亨传:"均,调也。"即"法律"最终之目的是调节争讼,达到社会和谐。公平与和谐是相互联系,互为一体。法律的均布不仅是施行法律的一种手段,也是达到和谐社会之目的。法律只有公平施行,才有可能达到和谐之社会。

其实,贱讼是古人低级目标,无讼乃高境界,追求社会和谐为终极目标。古代儒家、法家、道家,皆主张向往和谐社会。儒家中的《礼记·礼运》:"大道之行也,天下为公,选贤与能,讲信修睦。"两造纷争、对簿公堂,信用不讲,亦是和睦的背离。故孔子曰:"听讼,吾犹人也;必也,使无讼乎!"法家主张严刑酷罚,乃是以刑去刑,《商君书·画策》:"故以战去战,虽战可也;以杀去杀,虽杀可也;以刑去刑,虽重刑可也。"道家则采取逃避现实的方法而达到和谐,《老子》八十章:"小国寡民,使有什佰之器而不用,使民重死而不远徙。虽有舟楫,无所乘之;虽有甲兵,无所陈之。使民复结绳而用之。甘其食,美其服,安其居,乐其俗。邻国相望,鸡犬之声相闻。民至老死不相往来。"无讼为古人在法律事务中之高境界,《论语·颜渊》:"听讼,吾犹人也;必也,使无讼也。""虽然几千年来,大同世界虽未曾有一日实现,但是一直是中国文明所努力讴歌和追求的对象。确实,对一个道德社会来说,它的魅力是无穷的。所以西周以来,一代又一代的思想家、一部又一部的法典,都在为大同世界,特别是这个世界中的'谋闭而不兴,盗窃乱贼而不作,故外护而不闭'的和谐、安定、平静、秩序的社会而精心构作。在这里,我把中国传统法律文化所追求的这个理想或者价值取向称之为'无讼'。"①

　　《说文》训诂元语言所折射的古代法律思想,或明或隐。笔者探微索隐,庶几离许意不远。但"横看成岭侧成峰,远近高低各不同",笔者管窥蠡测,见到的是《说文》中的"近"与"低",其中的"远"与"高",俟博学君子焉。

---

①　张中秋:《中西法律文化比较》,南京大学出版社,1990年,第320页。